La philosophie est une réflexion pour qui toute matière étrangère est bonne, et nous dirions volontiers pour qui toute bonne matière doit être étrangère.

Georges Canguilhem

Territoires du sens

JEAN-MICHEL SALANSKIS

Territoires du sens

Essais d'ethanalyse

VRIN

Matière Étrangère

Directeur de collection :
Bruce Bégout

ISBN 978-2-7116-1885-9

introduction : le projet ethanalytique

Dans ce livre, on comprend l'ambition de la philosophie comme celle de « rendre compte » de l'expérience humaine, dans sa richesse et sa diversité. « Rendre compte », ou peut-être, de façon plus évocatrice, parcourir, décrire, célébrer, cartographier, comprendre. L'optique choisie est d'étudier l'expérience humaine comme une sorte de patchwork de territoires du sens, ou de « religions » du sens : de commencer l'étude ethno-géographique des diverses fidélités à la fois indépendantes et superposées auxquelles nous nous rattachons le long des intermittences de nos vies.

Tout ce que nous faisons, vivons, pensons se rassemble en effet dans plusieurs « cohérences » qui signalent un sens partagé, auquel se réfèrent nos mots, nos pratiques, nos vécus. Le sens est sûrement le nom d'une énigme philosophique : tout effort pour le cerner, le définir, le théoriser nous envoie au-delà du « sens commun ». Mais on essaie ici de s'aider de cette notion décisive et difficile pour comprendre et décrire les mondes ordinaires de notre vie, où s'engage volontiers notre passion : tels les mondes du *politique*, de l'*amour* et du *sujet* (ou de la subjectivité), dont on s'occupera respectivement dans les trois chapitres qui suivent. A chacun de ces « lieux » du sens partagé entre les hommes, nous allons essayer d'associer un faisceau de coutumes, d'enjeux, de concepts, d'actes et de sentiments, composant ce que nous appelons un « ethos ». Selon notre hypothèse, la vie humaine expose à entendre l'appel de plusieurs sens, à suivre le fil des enjeux liés à chacun de ces sens, et donc à s'insérer dans les mœurs qui relèvent le défi de ces sens, dans les « ethos » corrélatifs. D'où le nom d'*ethanalyse* pour cette nouvelle sorte d'enquête.

Tout ceci, bien entendu, passe par un certain point de vue sur le sens lui-même, sur ce que nous venons d'appeler l'énigme du sens. Essayons donc d'abord de clarifier notre vision ou compréhension du sens.

le registre du sens

La conception du sens qui prévaut ordinairement – et dans la tradition philosophique – est la conception *intentionnelle*, selon laquelle le sens est sens d'un objet, et se définit comme mode de présentation de cet objet, mode d'accès à lui, s'exprimant dans ou par la flèche de notre *rapport à* (lui) en général. La compréhension du sens que j'essaie de promouvoir en revanche prend l'*adresse* comme la circonstance prévalente et directrice : un sens fait sens dans la mesure où il m'interpelle, où je le reçois comme une certaine tension portant sur ma compréhension. Mais cette tension, qui est au principe de toute une dramaturgie typique de l'expérience du sens, doit être reconnue comme de l'ordre de la demande : le message qui fait sens n'agit pas comme une cause ou comme une force sur moi, mais il me demande une réponse attentive à sa demande, venant au devant de sa demande, il me demande un relais du sens « fidèle » à ce coup dans le jeu du sens qu'il était (et un tel relais est ce que l'on appelle *compréhension*).

Nous n'aurons pas besoin, pour suivre le projet ethanalytique, d'analyser en général la « dramaturgie typique » évoquée à l'instant, d'en décrire les moments caractéristiques [1].

Il nous suffit de garder à l'esprit la lecture du sens dans l'optique de la demande : un sens appelle une compréhension, mais une compréhension est un relais, fût-il infime, quasi-immobile, qui entend la demande du sens en esquissant une réponse fidèle ou se donnant comme fidèle. Nous avons le moyen, vis-à-vis des demandes du sens, de manifester notre sensibilité à ces demandes

1. *Cf.* J.-M. Salanskis, *Sens et philosophie du sens*, Paris, Desclée de Brouwer, 2001.

comme telles, en instituant une réponse comme adaptée à de telles demandes : en déterminant ainsi, avec toute la liberté qui est la nôtre, ce qui compte comme fidélité, nous avons à l'évidence la possibilité d'être très désinvoltes vis-à-vis de celle ou celui qui s'annonce derrière la demande. C'est pourquoi la vie du sens n'est pas la vie éthique. Telle quelle, néanmoins, avec les degrés de liberté infinis qui sont les siens, cette vie du sens diffère absolument de la vie théorique, en tant qu'elle n'est plus régie par l'horizon ontologique. Ici notre point de vue est tributaire de la perspective tracée par Emmanuel Levinas dans l'ensemble de son œuvre : en déterminant le sens en relation avec la demande, en le comprenant à la lumière de l'adresse et de la *tension de demande* qui la signe, qui l'authentifie auprès du destinataire, nous détachons le sens de l'affaire ontologique. Les « sens » ne se vérifient pas auprès des étants qu'ils visent, ils se comprennent et se relancent dans une dramaturgie intersubjective mue par le principe de fidélité (librement interprété). Un « sens » n'a pas de réalité que l'on puisse capturer en vue de sa description, de quelque manière que l'on envisage de déterminer cette réalité : comme celle des référents pour une vérité préparée par la visée de ce sens, comme celle de ses effets, ou encore comme celle de la configuration ou du régime psychologiques internes aux sujets supposés être les porteurs et les émetteurs du sens en cause. Un sens n'a cours que dans l'intervalle de la transition éthique, le faisant passer comme demande d'un sujet à un autre, et, dans cet intervalle, sa teneur de l'ordre du devoir-être plutôt que de l'être, est déontique plutôt qu'ontique : le sens se confine en quelque sorte, en retentissant, dans le *hors être* d'un devoir de *relance*, c'est en tant que j'assume de *ré-adresser* à partir de ce que j'ai reçu que je témoigne du sens. C'est constamment dans l'élément de la requête et par la focalisation sur ce qui est requis (quant à la ré-adresse ou relance pertinente) que le sens circule, c'est-à-dire est compris.

Nous arrivons donc à cette idée pour nous extrêmement importante que le sens relève de la dimension du *hors être* mise en avant par Levinas, que l'*autrement qu'être* de l'éthique est constamment présupposé par la vie et le transit du sens, que la responsabilité sémantique qui nous incombe depuis les messages reçus est fille de la responsabilité éthique héritée du visage d'autrui. Et pourtant, la différence entre les deux ordres est infinie ; dans l'ordre du sens nous instituons constamment des modes de relance sans être tenus par la détresse de l'autre homme ou l'autorité de sa parole comme enseignement, nous évitons complètement le poids de la morale. Ou plutôt c'est encore une morale que la morale du sens, dans la mesure où nous avons à répondre en tant que nous sommes destinataires, mais c'est une morale mince et formelle où nous bénéficions de toute la miraculeuse richesse de la demande venant de l'ensemble de l'humanité, présente et révolue, sans rien devoir à cette humanité en tant que telle (nous n'avons d'autre devoir qu'entendre et relancer, perpétuer les chaînes du sens). Mais la « morale du sens » prend un poids tout différent dès lors que nous assumons la relance d'un sens spécifique, en solidarité avec un collectif humain et dans l'ouverture d'une histoire : dans la suite du livre, on s'intéresse à de tels sens corrélatifs de façons typiques de relancer, partagées dans un « ethos » collectif.

voies et problèmes de la description ethanalytique

Le point de départ de la description ethanalytique est par suite la simple identification de *régions* du sens. La notion de région est reprise de Husserl, et l'on sait que chez lui, une région correspond à une classe d'objets. Couvrir une région au plan phénoménologique, c'est chez lui, par exemple, déchiffrer le mode intentionnel qui nous donne le passé historique comme tel, et apparaît donc comme présupposé par la discipline qui traite de la région de l'étant historique, à savoir l'histoire ; ou encore, expliciter en termes intentionnels le propre de l'étant psychologique, pour promouvoir la région psychologique en région justiciable d'une connaissance, et au-delà d'une science.

le sollicitant et l'ethos

Nous ne saurions prendre la région dans les mêmes termes objectivistes et épistémiques. Une région est pour nous le domaine de résonance, de retentissement, de transmission d'un sens. On repère une région en partant de ce que j'appelle un *sollicitant* : un mot qui se donne à entendre sous l'angle de la demande et pas sous l'angle de la référence, qui ne se comprend pas en termes d'une classe d'étants visés, mais qui fait signe vers une demande qu'il nomme et avec laquelle les hommes essaient de s'accorder. Un tel mot enveloppe un programme : autour de lui essaie de se disposer une coutume humaine, un *ethos*, définissable en rapport avec des formes linguistiques, des modes et contenus de la conscience, et des pratiques typiques. A certains égards, tout est pratique, expressions linguistiques et formes de conscience renvoient aussi à des gestes phénoménologiques ou linguistiques, mais il est bon de jeter sur l'ensemble des actes un regard pluriel comptant avec les diverses manières de les déterminer comme actes : je peux comprendre quelque chose comme acte par le truchement de l'expression linguistique dans laquelle il résulte, par le truchement d'un état interne qui l'accompagne ou qu'il amène, ou par le truchement d'une configuration matérielle produite par l'acte, ce qui correspond à l'acte proprement dit si l'on veut. L'ethos qui est pour ainsi dire la caisse de résonance du sollicitant est implicitement et constamment mesuré à la demande qui s'annonce par le sollicitant : celui-ci vaut donc au sein de l'ethos comme un programme, comme une injonction motivant les formes et les régularités variées qui se manifestent en cet ethos.

Une autre manière de dire cela est de souligner que le sollicitant fonctionne comme indicateur d'idéalité : sous son empire les circonstances particulières et locales sont rapportées à une mesure idéale. Pour autant que le sollicitant nomme, qu'il réfère, il réfère plutôt à ce qui n'est pas mais qui doit être : à ce qui sera convoqué dans son sens d'idéalité « au-dessus » de chaque occurrence dans l'ethos (langagière, conscientielle ou purement pratique) pour juger la conformité de cette occurence à une attente, un enjeu, qui sont toute l'affaire du sens et que le mot qu'est le sollicitant exprime. Le sollicitant est donc, si l'on veut, un *mot d'idéalité*, un mot qui dit une mesure au-delà de l'expérience plutôt qu'une chose ou un fait, et que nous entendons spontanément à ce niveau.

Chaque sollicitant appelle une description ethanalytique : la description de l'ethos se disposant autour de lui dans la perspective du programme par rapport auquel cet ethos doit être évalué selon le sens. Le sens est cette dimension qui demande que nous comprenions les manifestations du type *ethos* non pas en termes de l'être qui s'y dispense, montre, consomme, produit, non pas en termes des objets, processus et configurations qui y ont cours ou qui y affleurent, mais en termes du programme sous-jacent, de ce qui est demandé, de ce qui est attendu, de ce qui est espéré. L'ethanalyse est donc le genre de savoir qui prétend satisfaire à la demande du sens à propos des *ethos*.

Un élément terminologique doit encore être élucidé : la présence du suffixe *analyse* dans le mot *ethanalyse*. Pourquoi dire que l'étude de l'*ethos* du point de vue de son programme sous-jacent est une analyse ?

Il faut, pour répondre, préciser quelque peu le type de recherche que nous avons à l'esprit. Ce qu'il s'agit de faire, pour nous, c'est purement et simplement de décrire le programme, c'est-à-dire de porter à l'explicite ce qui est requis pour que la région ait cours, pour que l'*ethos* puisse être considéré comme « exprimant » l'effort pour satisfaire les attentes de sens enveloppées dans le sollicitant. Autant dire que la région est regardée du point de vue de l'éventualité de l'oubli pratique des attentes en question : nous envisageons chaque région comme une tradition susceptible de mourir. Il pourrait se faire que l'humanité cesse de tenir à l'élément de sens indiqué par le sollicitant, que la région n'ait plus cours, que l'ethos se dissolve. Si, jusqu'à présent, il n'en est pas ainsi, c'est en vertu d'une certaine « observance », dont les voies sont repérables. Nous pouvons mettre en lumière certains comportements (linguistiques, phénoménologiques ou purement pratiques, à nouveau), qui sont autant de manières de répondre à l'attente enveloppée dans le sollicitant ; qui, plus exactement et plus modestement, valent comme comportements plus ou moins fidèles, se situent dans l'enjeu de la satisfaction des attentes. L'ethanalyse n'a pas d'autre but que de décrire dans leur généralité de tels comportements, ou plutôt, en prenant appui sur eux, d'arriver à expliciter ce qui serait l'attente pure incluse dans le mot d'idéalité qu'est le sollicitant : à partir des comportements, notablement défaillants en général, mais dont le caractère défaillant renvoie en tant que tel aux attentes, au programme.

la sémance

J'appelle en général *sémance* l'explicitation de cette sorte de programme, de la conjugaison des attentes implicitement évoquées par le sollicitant, constituant dans leur système la mesure idéale dont il est le mot.

Le mot sémance est formé en analogie avec le mot essence : si une essence est ce qui régit l'étant d'un certain type, ce qui instruit le *quid* de son *quod*, ce qui configure l'être de cet étant en tant que tel, une sémance est, similairement, ce qui régit une aire du sens, ce qui la commande, la configure en tant que telle. L'emploi du mot *sémance*, dans mon approche, indique la volonté de maintenir un parallélisme avec la phénoménologie transcendantale husserlienne : lorsqu'il a affaire à une région, Husserl recherche les dispositifs de donation pour des objets de la région, et cette question est posée *a priori*, en telle sorte que ce qu'il cherche à déterminer, c'est un *eidos* fixant la limite de l'attestation possible d'objets de la région, soit encore un schéma essentiel, par exemple une essence de l'objet perceptif déterminant la configuration de sa donation. C'est parce qu'un objet perceptif est essentiellement corrélat de l'appréhension unitaire d'une multiplicité de data hylétiques que la configuration noématico-noématique gouverne la donation des objets perceptifs. Et qu'un objet perceptif soit essentiellement cela, nous l'apprenons en variant imaginairement les dispositifs de conscience, et en éprouvant comme nécessaire ceci que, chaque fois que nous nous exceptons d'une telle configuration, nous perdons la donation.

Dans le cas ethanalytique, nous cherchons les conditions de l'avoir cours du sens, c'est-à-dire une formule directrice du sens sans l'autorité de laquelle le sens régional disparaît. Nous pouvons donc prétendre que nous procédons à une sorte de variation eidétique : nous cherchons le faisceau des demandes, des tensions sémantiques hors l'acceptation de principe desquelles la région n'a plus cours, en telle sorte que sa tradition se dilue et se perd. Pour prendre un exemple qui sera beaucoup plus sérieusement travaillé dans un de nos chapitres, un raisonnement plausible au sujet de l'amour est le suivant : si l'on ôte du commerce amoureux l'exigence de fidélité, alors le sens de l'amour est perdu, on ne pourra pas durablement jouer le jeu sexuel infidèle en prétendant jouer le jeu de l'amour. L'exigence de fidélité, si cette remarque est corroborée, apparaît comme faisant partie de ces « demandes » incompressibles, de l'entente desquelles dépend l'avoir cours de la tradition de l'amour : elle fait partie de ce à quoi un comportement s'efforçant de relancer l'ethos de l'amour répond toujours, soit encore du sens déjà adressé de l'amour, de ce noyau de sens dont la persistance de l'adresse fait l'ethos de l'amour, soutient la région de l'amour. La recollection des exigences de cette sorte, si elle est bien faite, dessine un « noyau de sens » enveloppant l'ensemble des demandes dont l'entente constitue l'ethos de l'amour : lorsque ces demandes ne sont plus comprises, le sens de l'amour ne transite plus, elles identifient la limite de la réception de ce sens. Ce noyau caractéristique du valoir d'un sens parmi les hommes, je l'appelle *sémance*. L'ethanalyse cherche donc à chaque fois à expliciter la sémance gouvernant la région, la constituant comme telle, délimitant en quoi consiste l'adresse de son sens. L'ethanalyse de l'amour est en quête de la sémance de l'amour, dont fait peut-être partie l'exigence de fidélité. Le raisonnement en quête de la sémance doit être un raisonnement *a priori*, comparable de ce point de vue à la recherche de l'essence en phénoménologie : il s'agit de se demander *a priori* du rattachement à quelles exigences dépend le fait que nous nous tenions pour répondant au et du sens de l'amour, que nous puissions nous voir comme comprenant ce sens, avec la dimension pratique que la compréhension comporte nécessairement suivant notre conception du sens.

Venons en donc à la question du suffixe *analyse* du terme ethanalyse. Ce qui le justifie est simplement ceci : l'ethos de l'amour, le sens de l'amour sont rencontrés et originairement vécus de manière holistique. Le point de départ est le sollicitant, notre entente du sollicitant comme tel pour être plus exact : écoutant le mot amour, le laissant résonner, nous « comprenons » que le mot enferme une exigence, qu'il est un mot d'idéalité soumettant le monde humain au défi d'un au-delà, et pas un mot référentiel acceptant ce monde dans son être et se bornant à effectuer une coupe extensionnelle ou un montage intentionnel en lui. La tâche de l'ethanalyse, son éventuelle vertu, consiste à décomposer ce sentiment global d'une exigence en un ensemble peut-être organisé de demandes élémentaires : le passage du sollicitant à la sémance apparaît ainsi comme une analyse au sens d'une décomposition. Seulement cette décomposition n'est pas ontique, elle est déontique : on divise une exigence en un faisceau d'exigences élémentaires en lesquelles elle se résout, et l'on dégage en même temps, éventuellement, la structure qui articule ces exigences (par exemple, une exigence peut apparaître comme analogue d'une autre dans une dimension différente, plusieurs exigences peuvent apparaître comme se rattachant à une exigence supérieure dont elles sont les moyens, etc. – je ne veux pas préjuger dans cette introduction des modes de structuration possible des sémances).

Ceci est une justification du suffixe analyse. On peut, bien sûr, penser à une seconde justification : l'ethanalyse serait un mot valise formé sur *éthique* et sur *psychanalyse*. Si l'on suit cette suggestion, l'investigation en quête de la sémance ressemblerait à cet étrange cheminement qui conduit, dans la cure analytique, vers quelque chose comme un chiffre de la subjectivité et de sa souffrance, à en croire la présentation de Serge Leclaire dans *Psychanalyser*[1]. Je ne pense pas qu'une telle reconstruction soit en dernière instance correcte. L'ethanalyse est analyse au sens de la décomposition du sollicitant, cela est à mes yeux suffisant. Ce qui est vrai, c'est que l'ethanalyse, sans doute comme la psychanalyse dans la cure, et comme la phénoménologie, passe nécessairement par la déclaration « révélationnelle » de ce qui vaut : par la revendication de conclusions pour ainsi dire comme des « vérités révélées »[2]. Ce qui forcément, fait problème.

une connaissance « révélationnelle »

On sera tenté, en effet, d'adresser la demande suivante au programme que j'ai dessiné : qu'est-ce qui garantit la justesse des résultats ethanalytiques ? Quelqu'un ne peut-il pas, ainsi, prétendre que tels et tels éléments font partie du programme implicite enveloppé dans le mot *amour* sans le faire à bon droit ? Cela semble en effet possible : disons, par exemple, que celui qui soutiendrait que le programme de l'amour est celui d'une relation non sexuelle, sans intensité émotionnelle, conjugable en parallèle avec de nombreuses personnes, chaque fois liée en principe à un contexte éphémère auquel elle est *a priori* supposée ne pas survivre, nous surprendrait beaucoup. Pourtant, la méthode pour atteindre la justesse, dans cette matière, ne va pas de soi. Nous ne devons pas, en effet, basculer en faveur d'une conception empi-

1. *Cf.* S. Leclaire, *Psychanalyser*, Paris, Seuil, 1975.
2. Je tiens cet usage du néologisme « révélationnel » de Jean-François Lyotard (tradition orale).

riste de la sémance : les prescriptions constitutives de l'amour ne sont pas à lire comme un étant de quelque nature que ce soit. L'observation du comportement moyen des individus, en particulier, n'est pas directement instructif : ce comportement peut fort bien, dans l'immense majorité des cas, être infidèle à un sens par ailleurs compris et « reconnu » (c'est très sûrement le cas pour l'amour, nous y reviendrons dans le chapitre dédié). Idéalement, il faudrait qu'il y ait quelque part un texte de loi, cultivé et médité comme *le* texte de la sémance ; que les docteurs élaborant cette « loi de l'amour » soient investis par l'immense collectivité des amoureux potentiels, de telle manière que leurs enseignements aient en effet force de loi, suivis ou non. Une telle situation n'est pas en général donnée. La communauté humaine se règle sur des sémances de manière informelle et implicite, sans que les docteurs de la loi soient désignables. Dans le chapitre consacré à l'amour, je me suis beaucoup fondé sur les situations de certaines séries télévisées, sur les paroles de certaines chansons d'amour, et sur la tradition littéraire de l'amour. J'ai considéré que dans cette dispersion de sources résidait une sorte d'équivalent informel d'un bréviaire de l'amour. Mais bien sûr, quelqu'un pourrait trouver matière à redire à une telle démarche.

La difficulté est que, si l'on veut bien y réfléchir honnêtement, on ne peut pas éviter, dans un tel sujet, la voie « révélationnelle » : quelqu'un prend la parole – dans les limites de ce livre, son auteur – et déclare ce qu'il en est de la sémance de l'amour par exemple, comme s'il en avait l'autorité. L'autorité, en un sens il l'a, dans la mesure où il entre dans le partage de l'amour [1], où il est de ceux qui sont concernés par sa sémance, s'attachant à vivre l'amour et à relayer son défi. Mais il ne l'a pas au sens d'une quelconque éminence de cette participation.

1. Il n'est pas dans le cas de celui à qui, cruellement, Schiller dit « [*Und wer's nie gekonnt, der stehle*], [*Weinend sich aus diesem Bund*] » ; « [Et que celui qui n'a jamais connu cela s'éloigne] [En pleurant de notre cercle].

Qui a qualité à se faire l'interprète de ce qui est demandé dans notre culture ? De ce qui, comme tel, signe la spécificité des grandes sphères de comportement qui la cartographient, des « régions de sens » selon notre terminologie ? On peut avoir envie de répondre : personne. Pour autant que cette affaire n'est pas une affaire de savoir et de vérité, de vérification, d'enquête, de cohérence argumentative, une affaire de science en bref.

Je soutiendrai plutôt que la place d'une telle compétence, que nous sommes en train de dessiner sans trop y croire, est justement la place du philosophe, place improbable et sujette à controverses. Le philosophe n'est pas le savant d'une science, soit d'une science ordinaire, de premier rang, soit d'une science philosophique imaginée « au dessus » des autres, il n'est pas le technicien éminent d'une sorte de vérité. Beaucoup, depuis l'aube de la tradition philosophique, ont essayé de le prétendre, mais jamais avec succès : toujours, leur façon de procéder, les types de désaccords radicaux dans lesquels ils sont entrés ont immédiatement prouvé que leur exercice était d'une autre nature. Le philosophe est dans une relation spécifique et essentielle à l'ensemble du savoir, notamment celui de la science : il est supposé avoir traversé et enduré l'ambition universalisante méthodique de la science, et « maintenir » en quelque sorte la volonté de l'universel « au-delà » de cette traversée. C'est-à-dire à la fois, l'assumer par rapport au champ plus absolument vaste des choses de toute espèce, non calibrées comme objets de telle ou telle science, et l'assumer dans une situation où l'on ne bénéficie pas des mêmes outils méthodiques que dans le contexte scientifique. La mémoire du savoir, de la part finie, mais que nous devons supposer aussi grande que possible, qu'il en a traversée, fait
de lui un homme qui « en sait long », comme disait autrefois J.-F. Lyotard : cela ne veut pas dire seulement qu'il a une grande quantité de savoir « derrière lui », mais que ce bagage est digéré en lui, mélangé à une prudence, à une expérience au sens le plus

général (expérience de la vie, si l'on veut, expérience multidimensionnelle en tout cas). Et depuis cette position du « en savoir long », on peut essayer d'interpréter les sémances du monde humain, de dire ce qui est important, ce qui est requis, vis-à-vis de tel ou tel domaine de ce monde. Cette sorte de prise généraliste sur le monde de la culture est ce que l'on prête généralement, je crois, au philosophe : c'est exactement en ces termes que l'on peut qualifier la compétence particulière et résiduelle qu'on lui suppose (lorsqu'on lui en suppose une !). Donc, il est en position d'énoncer l'ethanalyse d'un domaine, si quelqu'un l'est : c'est-à-dire que sa faillibilité est supportable, acceptable dans un tel rôle, et non pas qu'il va toucher juste à chaque fois. Il a le droit de nous administrer sur le mode révélationnel le contenu d'une sémance. Nous ne pouvons accéder aux sémances que de cette manière : à travers ceci que quelqu'un d'attentif à elles dans leur globalité et leur pureté s'attache à les dire. Aucun témoignage de cette sorte n'est parole incontestable ; bien entendu, il reste à toute personne qui ne « reconnaît pas » dans cette déclaration la sémance à laquelle il a part la possibilité de prendre la posture philosophique pour rétorquer une contre-révélation. Mais c'est dans un tel réseau de témoignages philosophiques, de tentatives d'expliciter l'universel d'un faisceau de prescriptions caractérisantes pour un monde du sens, que réside notre seul – partiel et perfectible – accès aux sémances.

Est-ce à dire que l'on ne puisse pas argumenter une sémance ? Ce n'est pas tout à fait le cas, pour deux types de raisons.

1) *De facto*, on le verra en lisant les chapitres qui viennent, on argumente la sémance principalement en utilisant des situations imaginaires (des épisodes d'existence en contexte), dont nous affirmons qu'elles satisfont ou non le sollicitant, ce qui nous permet de conclure localement à l'exclusion ou l'inclusion de certaines prescriptions de la liste de la sémance. On remonte en quelque sorte des cas jugés légaux ou illégaux à l'explicitation d'une stipulation de la loi. Il est bien clair que de telles voies ne

sont pas complètement argumentatives, au moins parce qu'elles en appellent au partage « évidentiel » des jugements de satisfaction ou de non-satisfaction. La compétence spécifique de celui qui, en position de philosophe, « révèle » la sémance, se manifeste peut-être plus particulièrement par une capacité à « imaginer » les situations qui cernent la sémance, parce qu'il en « sent », c'est-à-dire « anticipe » les limites. Mais il est obligé de s'en remettre à un partage d'évidence qu'il présuppose et revendique tout à la fois.

2) Par ailleurs, il faut supposer une articulation entre sens ethanalytiques et sens intentionnels : une science bon teint « repose » sur l'édifice commun et partagé d'un sens intentionnel (c'est la thèse transcendantaliste), mais un tel sens doit parfois « recouvrir » pour partie quelque chose de cerné par un sens ethanalytique. Les sciences qui objectivent quelque chose de l'amour ou du politique (ou du sujet) ne peuvent pas le faire sans avoir égard à la dimension de sollicitant du mot. L'opération de la constitution d'un regard scientifique oblige le basculement du sollicitant vers une valeur référentielle, qui lui est d'ailleurs toujours déjà accordée dans une certaine mesure par le langage ordinaire. En dépit de cette dernière concession, il ne peut s'agir d'une opération fidèle au sollicitant : produire un sens intentionnel « par dessus » un sens ethanalytique est forcément une trahison, une « violence » si l'on aime ce genre d'usages abusifs (violents !) du mot violence. Mais la « violence » en question ne peut pas ne pas poser le sens intentionnel d'une manière relative en quelque manière au sens ethanalytique, elle se décale et se distingue de lui tout en le recoupant d'une certaine façon, tout en lui reprenant quelque chose. Nous pouvons donc « vérifier » dans une certaine mesure la justesse de nos sémances en montrant que les objectivations tentées et réussies « dans » la région qu'elles déterminent en retiennent quelque chose.

« fait » de la sémance ?

Une difficulté importante tient à ceci que la description des prescriptions de la sémance, en tant que telle, la traite comme un fait, comme une partie de l'être. Une fois que j'ai identifié la sémance de l'amour à telle liste d'injonctions formant son programme, je crée le sentiment que les tables de la loi de l'amour sont une réalité, déposée quelque part et consultable : que ma description de la sémance de l'amour était la description d'un être parmi d'autres, en attente d'une vérification par confrontation avec cet être. Mais ce n'est pas la bonne façon de prendre les choses. Comme l'ont toujours argumenté les propagandistes de la liberté absolue, rien n'est écrit, ce qui signifie plus profondément que les injonctions n'ont aucun appui dans l'être. Ou encore ce qui les soutient est seulement leur observance dans une communauté humaine : à ce niveau, sans doute elles deviennent tangibles, mais le sens injonctif veut que nous ne puissions pas reconstruire la loi en fonction du comportement. Parfois, nous devons la conjecturer tout au contraire « contre » les comportements. La loi du sens régional ne se détermine pas, en effet, de manière ontique, parce que sa demande n'a pas besoin de l'observance ; notre expérience authentiquement humaine des lois du sens est l'expérience de demandes qui valent comme telles en dépit du fait que nous ne les suivions pas, même majoritairement. Pour reprendre l'exemple de la sémance de l'amour et de sa règle de fidélité, il me semble plausible d'affirmer que dans la société où je vis et j'écris cette règle n'est guère suivie : mais elle n'en est pas moins connue et reconnaissable comme telle. Donc, lorsque je présente un texte de la sémance d'un sollicitant au terme d'une enquête ethanalytique, la description que je propose ne doit pas être comprise comme description d'un référent effectif, existant quelque part, mais comme la proposition d'explicitation d'un faisceau de demandes qui circulent entre les hommes. Ils vivent avec ces demandes, dans le jeu de leur humaine et mutuelle dépendance, et s'efforcent de se régler sur elles, de manière le plus souvent défaillante.

Pourtant encore, cette nouvelle formulation n'est pas ultimement satisfaisante, puisqu'elle paraît déterminer la sémance comme un *fait* de circulation, qui serait vérifiable par une âme traversant toutes les âmes à la fois. Le fond de l'affaire est que le statut *injonctif* des injonctions de la sémance n'est pas factuel, il revient aux libertés humaines d'accréditer ou non cette valeur injonctive. La sémance est donc fonction à chaque instant de notre choix existentiel silencieux et parfois inconscient, nous réglons ce qu'il en est de l'amour en donnant forme à ce qui y est attendu : par notre attitude qui éprouve et prend en vue un certain visage de ce qui est attendu, et répond ou non à cette attente. En dernière analyse, la sémance est donc tributaire de nos comportements, nos consciences, des mots de notre compréhension, et du même coup, elle renvoie à l'arbitraire de notre liberté comme à la source qui lui donne toute sa contenance entre nous. Pourtant, si je boucle l'affaire dans l'ordre ontologique en décidant qu'à travers toute la complexité des médiations, je suis – comme membre du collectif – l'auteur des prescriptions de la sémance, et qu'elles ne me tiennent qu'autant que je les crée, je sors purement et simplement du sens de la sémance. Authentifier le sens de l'amour, ce n'est pas agir conformément à une règle de l'amour que l'on invente : cela aussi, on le sait sans hésitation possible. C'est, plutôt, reconduire, nécessairement dans une variation personnelle singulière, un sens reçu comme se monnayant en diverses exigences implicites. C'est donc uniquement par le maintien de la transcendance hors-être des injonctions du sens, de la sémance, que nous restons dans le cadre conceptuel adéquat à l'idée d'une *relance* par chacun de nous transmettant les sens de régions : une telle relance s'égale en fin de compte à la *compréhension* de ces sens, puisque les comprendre, c'est s'ajuster de manière existentielle à leur transmission.

Il y a une façon, il est vrai, de répondre à l'exigence sans doute rationnelement irrépressible de celui qui réclame un lieu pour les sémances, et veut ainsi procurer une sorte de lieu au hors être, si paradoxal que cela puisse paraître. On peut, en effet, invoquer « le langage » comme un nom propre déjà disponible dans la langue « laïque », la langue partagée, de tout de monde, et qui ne désigne pourtant rien qui soit (encore moins l'être de ce qui est). Vincent Descombes commence un de ses livres[1] par une discussion sur la référence du mot *langage*. Il oppose le langage et la langue, plus ou moins suivant la tradition saussurienne, bien que son intention soit autre : la langue est le système d'unités conventionnelles et de règles, dont le langage nomme l'ensemble des usages. Cette glose convient à nombre d'emplois, par exemple à celui de la locution « faculté de langage » ; ou « vous me tenez un étrange langage ». Elle se justifie aussi par le sens du suffixe *-age*, qui renvoie bien, ordinairement, à une activité, à un usage. Il me paraît certain, néanmoins, qu'elle ne couvre pas parfaitement notre emploi du mot. Elle nous engage presque forcément, pour garder *a priori* au mot une valeur universelle, à lui faire désigner la totalité de l'usage passé, présent et futur de toutes les langues, soit un étrange « ensemble » énorme, illimité, et mal déterminé du même coup du côté du futur, partiellement inactuel. L'usage philosophique du mot excède déjà cette « définition » : nous nous servons du mot pour dénommer une instance, un niveau, nous en faisons un terme qualitatif qui vient flirter avec les substantifs fragiles et surchargés de la métaphysique. Dans une phrase comme « La conception du langage de Wittgenstein est révolutionnaire », le mot enveloppe la langue, l'activité de langage, ainsi que, je crois, le problème du sens et de la vérité : je veux dire que ce n'est pas la peine d'aller chercher Derrida et la

1. *Cf.* V. Descombes, *Grammaire d'objets en tout genre*, Paris, Minuit, 1983, p. 33-55.

french thought pour que le mot prenne la pose ubiquitaire, insituable, trop signifiante dont je parle ici.

Dans l'expression « l'origine du langage » – en ayant à l'esprit notamment le problème scientifique que pose cette origine – le mot *langage* désigne, il me semble, le fait qu'ait cours entre les hommes une convention du langage, douée d'efficace. Le mot *langage* désigne le commerce linguistique, dont il n'est pas clair que nous sachions le désigner d'une manière qui le caractérise sans recourir au mot *langage* justement. Cette dernière formulation est l'occasion de se rapprocher du point vers lequel tend le présent raisonnement. En effet, que recouvre donc la demande exprimée à l'instant, d'une caractérisation de ce que désigne le mot *langage* permettant de le reconnaître et de l'identifier ? Précisément, l'idée d'une formule qui monnayerait la chose langagière en termes de mots référentiels, qui, dans sa structure et par son énonciation, rapatrierait le langage dans l'ordre des choses qui sont, qui lui procurerait sa place dans le système infiniment complexe de l'être avec ses multiples strates. Or, ce que nous appelons langage, ce n'est au fond pas autre chose que l'avoir cours de la valeur linguistique entre les hommes. Pas exactement le format ontique des différents phonèmes, mais le « fait » que des émissions acoustiques soient reçues comme occurrences d'une valeur qui les dépasse au moment où elles les instancient. Pas exactement un texte des règles de la grammaire, mais le « fait » que les modes de construction et de flexion qu'elle incorpore sont reconnus, vécus, transmis comme légaux. Le mot *langage* fait signe vers cette sorte de « faits » qui n'en sont justement pas du tout, qui n'ont pas de lieu, qui ne sont rien d'effectif que l'on puisse consulter pour en opérer la description « perceptive » fidèle.

Ce que je suis en train d'exprimer est dans une certaine mesure connu de la tradition de la réflexion sur le langage, sous le nom d'*idéalité* du langage. Mais la tradition en question ne « voit » l'idéalité que dans la différence entre l'occuence d'un type (le *token*) et le type lui-même, dans l'inaccessibilité de principe du type : à quoi l'empiriste essaiera toujours de répondre que le type est simplement l'ensemble des *token*, ce qui assure « déjà » la distinction d'avec chaque *token*. Commence alors une discussion sans fin, où l'on cherche à savoir si le type peut vraiment – au regard de l'ouverture a priori qui est la sienne (puisqu'il est toujours prêt à accueillir une nouvelle occurrence) – se voir inclus dans une ontologie suffisamment prudente.

Ce que cette discussion néglige à mon sens, ce qui lui procure à mes yeux son défaut de proximité avec le fond de la chose linguistique, c'est que l'idéalité du type réside principalement dans sa normativité. La raison pour laquelle un type, une valeur, un constituant générique de niveau quelconque du langage s'impose comme tel n'est pas une quelconque éminence ontologique : elle tient plutôt à l'appel à reproduction conforme qui s'associe à chacun d'eux, ou bien encore aux jugements d'acceptabilité que ces types, valeurs, constituants génériques motivent. Le phonème n'est pas tant ceci ou cela que je spécifie – en relation avec ses occurrences – qu'une exigence d'occurrences, supportant effectivement une idéalité : tant il est vrai que cette idée d'injonction, de norme, d'exigence, se séparant de toute actualité, s'évadant du registre de l'être, est ce qui signe le plus intimement le propre de l'idéalité, bien que la tradition n'y ait sans doute pas insisté comme il convenait.

C'est pourquoi nous retrouvons le problème de « localisation » de la sémance, exactement tel que nous le formulions, à propos du « fait » du langage, en tant que celui-ci est, à y bien réfléchir, un fait éthique : le fait du langage est le fait de la commune inclinaison d'un collectif humain vers un pôle de normativité, de légalité, dont la reconstruction du contenu devient un objectif sensé dès qu'il est reconnu. Mais ce fait n'est pas un fait. L'obligation de parler selon les règles du langage, de laisser sa vocifération obéir aux canalisations, formatages, restrictions de degrés multiples qui la promeuvent au rang de performance linguistique

« n'existe pas », n'est pas identifiable à une influence causale imputable à quelque super-entité, et d'ailleurs il n'y a aucune nécessité à l'observance linguistique, chacun peut à chaque instant opter pour tout cri, tout babil, toute incantation. Comme tout ce qui est prescriptif « entre les hommes », la « loi du langage » est intégralement à la merci des libertés humaines.

Comme nous l'avions remarqué en discutant de la sémance, on ne peut pas redéfinir la règle par l'observance factuelle. Cette difficulté a son pendant du côté de la définition de ce qui s'appelle grammaire, vis-à-vis de la manifestation linguistique. Les linguistes contemporains prétendent établir des grammaires qui ne reflètent pas la volonté normalisatrice d'un petit groupe d'usagers, mais qui rendent compte de l'usage factuel du plus grand nombre. Les règles de la grammaire ne seraient pas celles que l'on fait l'effort de suivre, mais celles que l'on suit sans le vouloir et sans y penser du simple fait que l'on participe à une communauté de langue. Chez Chomsky, cette intention est explicitement formulée, puisqu'il prétend faire accéder à la « vérité » de l'usage simplement en rendant la théorie d'une langue conforme aux « jugements d'acceptabilité » que n'importe quel usager de cette langue est disposé à émettre. C'est le recours à ce qui s'appelle, sauf erreur, la *compétence*. Mais qu'est-ce qu'un jugement d'acceptabilité ? C'est un jugement où j'affirme que n'importe quel locuteur de mon groupe reconnaîtrait la séquence en cause comme acceptable. C'est donc, pour commencer, une description dont l'objet est une valeur déontique (le *permis*) : j'énonce quelque chose comme « Il est permis de dire P ». Et c'est aussi, bien évidemment, un acte dans lequel j'idéalise la convergence de tout mon groupe. Je ne peux donc pas directement produire une grammaire comme le compte rendu d'un fait, je dois faire appel à des jugements élémentaires qui sont en quelque sorte des jugements ethanalytiques, qui disent ce qui « circule » entre les hommes comme permis. Je ne peux pas me contenter de regarder les énoncés effectivement produits, dont je n'ignore pas qu'ils manifestent l'incontrôlable liberté des idiolectes, qu'ils accueillent les déformations induites par les circonstances. Je mets en fait la convergence idéale-ressentie dans mon objet, je la présuppose dans les jugements d'acceptabilité auxquels j'ai recours. Cela veut dire, en particulier, que je vais exclure les témoignages des mauvais locuteurs de la langue que j'étudie : fort souvent, je vais, à vrai dire, me contenter du témoignage du linguiste que je suis, et faire fond sur une variation des séquences possibles *de mon crû*, accompagnée de mes jugements d'acceptabilité et d'inacceptabilité. Ou bien je vais m'appuyer sur une « coupe » empirique de la performance, m'exposant alors à des objections méthodologiques : à quel titre puis-je prétendre à une représentativité pour mon échantillon ? D'un bout à l'autre des options méthodologiques, la difficulté est que, quand je pars d'un segment de performance, je ne sais pas jusqu'à quel point les performances extraites sont légales, et, quand j'essaie de partir de jugements certifiant la légalité, je me mets sous la dépendance de ceux qui les ont émis, je les prends comme sources « révélationnelles » au sens de tout à l'heure quant à la légalité. Nous reconnaissons ici les difficultés déjà examinées, en tant que difficultés de « saisir » un ethos dans la supposée authenticité de la prescriptivité qui le caractérise, c'est-à-dire encore de lire la sémance des ethos.

On arrivera donc à la conclusion, décevante du point de vue de l'idéal scientifique d'objectivité externaliste, que les grammairiens décident dans une certaine mesure de la légalité grammaticale, que les « bonnes » normes, celles qui définissent les langues et encadrent leur usage, ne peuvent jamais être connues avec une autre sorte de certitude que celle qui est la mienne en cet instant lorsque j'écris que « par contre » n'est pas une expression légitime, à la différence de « en revanche » : je suis placé dans un réseau où cette évaluation circule, et je me fie à ce réseau, tout en assumant de valoir comme autorité transmettant ce jugement d'acceptabilité relative vis-à-vis de mes voisins dans le réseau humain. Il « pourrait » se faire que je me trompe du tout au tout, que je sois placé dans le circuit d'un « faux bruit » à l'égard de la norme, et que la rencontre d'un autre réseau, dont l'autorité en la matière m'apparaîtrait de manière évidente, me détrompe dans un futur proche (peut-être même cela s'est-il produit avant que ce livre ne soit publié !). Mais toutes les « explicitations » de la norme sont en dernière analyse tributaires de cette sorte de pari. Il n'y a pas de poste de supervision depuis lequel nous puissions saisir ce qui prévaut normativement « à bon droit ». Ou encore, un tel poste peut être en un sens aménagé : vis-à-vis de la chose linguistique nous avons l'Académie française, dont la responsabilité semble être exactement celle-là, au niveau du lexique en tout cas. Mais elle a le défaut, dans le cas considéré, de n'être pas universellement écoutée et approuvée dans ses arrêts, en sorte qu'il n'est pas certain que ce que nous vivons comme la normativité du langage soit vraiment incarné – au moins en matière lexicale – par le dictionnaire de l'Académie française. Et s'il faut intégrer les prescriptions touchant les matières syntaxiques ou prosodiques, par exemple, nous aurions plus de mal à cerner les « sages » auxquels l'inscription des règles fixant la langue sous ce rapport incombe. Tout ceci pour dire que la tâche de rendre le système des règles visible peut être déléguée à un petit groupe de docteurs, sous réserve que cette délégation soit authentique, c'est-à-dire que le grand groupe environnant se tienne vis-à-vis du petit groupe des décisionnaires dans la relation pertinente. Le résultat sera alors que « l'on sait bien » que l'arbitrage des docteurs dit le droit, mais dans ce « l'on sait bien » réside encore l'abîme ethanalytique, l'irrésorbable de la révélation en matière d'accès à ce qui fait déontologie entre les hommes, c'est-à-dire à ce en quoi se noue ou se joue le basculement de l'être vers le hors-être.

Un « contenu de hors-être » – du genre que recherche l'ethanalyse – se laisse rejoindre par une sensibilité maximalement accueillante à toutes les façons dont la légitimité, le droit, se signalent et se disent dans notre expérience, une sensibilité enregistrant en particulier les délégations qui comptent, qui sont pertinentes. Il ne peut jamais qu'être *proposé*, dans une version que le groupe concerné est en mesure de confirmer *a posteriori*, mais les « confirmations » ou les « infirmations » posent les mêmes problèmes de circonscription, parce qu'elles entrent dans le cercle extra-ontologique elles aussi : ce qui mérite à proprement parler d'être appelé une infirmation est un rejet de telle ou telle clause dans une liste supposée identifier une sémance *qui a autorité comme rejet*, ou du moins qui a une autorité suffisante, donc qui a un retentissement dans l'ethos approprié. En sorte que ce que cette clause posait comme requis n'est pas tenu comme tel dans l'ethos.

Enfin, nous voyons que dans l'affaire linguistique la mutabilité de fait de la règle intervient pour tout compliquer. En dernière analyse, il n'est pas vrai non plus que le système qui fait norme soit absolument indépendant de ce qui est concrètement agi. Comme les linguistes contemporains y ont insisté, l'usage déplace tout, déplace très précisément ce qui s'appelle *valeur* chez Saussure. Les pratiques de langage, dans leur systématicité, semblent bien apporter du nouveau, non seulement en matière de fait, mais aussi en matière de norme. Pourtant, le problème de l'identification de la norme ne s'en trouve pas dissout, parce qu'à tout moment, la pratique de langage a lieu comme quelque chose qui est en relation avec une norme vis-à-vis de laquelle elle peut être défaillante. La « liberté » est donc bien, si l'on veut, la « source » de tout, mais cette *ratio essendi* n'informe pas ce qui vaut comme déontologie (hors *esse*) pour elle en chaque contexte temporel, ou du moins elle ne l'informe pas comme telle, directement, dans sa performance brute.

On pourrait, je pense, parcourir de mille manières les méandres de cette difficulté, soit en la traitant à l'intérieur de l'affaire linguistique, soit en explicitant l'identité de l'aporie linguistique avec celle de l'ethanalyse. Dans le cadre de cette introduction, je voulais seulement donner une idée à la fois de l'ambition et de la fragilité des analyses qui viennent, ainsi que, peut-être, suggérer des façons pertinentes de les contester ou de les corroborer. Expliquer par avance, aussi, l'étrange cheminement d'exemples à certitudes parachutées qui va se montrer comme la « méthode » de nos enquêtes ethanalytiques.

le champ, la réduction

Il reste à mentionner deux tâches ou problèmes spécifiques dont l'enquête ethanalytique doit en principe s'occuper, bien qu'elle ne le fasse que de manière partielle et relativement aléatoire dans ce qui suit : 1) la tâche d'exhibition du champ dans lequel affleure ce qui est soumis à la sémance, concernée par elle ; 2) la tâche de compréhension de ce qui, vis-à-vis de la région du sens en cause, fonctionne comme « réduction ».

Ces deux tâches nous sont suggérées par le précédent phénoménologique. Chez Husserl, pour « poser » de manière fondationnelle le statut des objets d'une région, je dois revenir au champ de toute « donation » qu'est le flux héraclitéen des vécus. La façon d'y revenir est ce qui s'appelle réduction phénoménologique, et consiste essentiellement en la suspension de la validation d'existence qui surgit « spontanément » à partir du champ des vécus. Une telle suspension fait apparaître le champ en cause, et nous permet de « voir » les prestations qui s'accomplissent en lui.

Vis-à-vis d'une région du sens, définie ou délimitée par un sollicitant, nous avons aussi à procéder à une réduction pour revenir à un champ. Le champ est celui des « expériences » au sens le plus large dont « dépend » la relance ou ré-adresse du sens régional, auxquelles sa persistance traditionale est suspendue. Ces expériences ne doivent pas être prédéterminées comme des vécus ou agencement de vécus, ou des énonciations linguistiques, ou des actes concrets envisagés hors conscience et hors langage, bien que chacun de ces « types » soit *a priori* acceptable et susceptible d'être retenu. L'hypothèse de l'ethanalyse est que l'on ne peut pas dire *a priori* « où » se joue la relance-compréhension du sens régional, par quel type de circonstances elle passe, quel aspect de l'existence humaine est mobilisé à cette fin. C'est un des enjeux de l'enquête ethnalytique que de déterminer le champ regroupant ces aspects, ces circonstances : les clauses de la sémance, les prescriptions configurant l'ethos ne peuvent se formuler que par rapport à un tel champ.

Pour accéder à ce champ, une réduction est nécessaire. Son principe est de se placer dans l'hypothèse où le sens en cause serait perdu : d'imaginer que ce dont il retourne dans le politique ou l'amour disparaisse de la mémoire des hommes ; que l'enjeu de valoir comme sujet ne soit plus compris de personne. Si nous habitons avec authenticité de telles hypothèses, alors nous sommes dans la bonne posture intellectuelle pour accéder à l'ensemble des comportements qui, relayant le sens régional et transmettant l'enjeu lié au sollicitant, conjurent tous les jours cette possible perte.

Une telle définition de la réduction est déjà claire et satisfaisante. Mais elle passe sous silence une difficulté que l'on rencontre, sans doute, dans chaque cas d'enquête ethanalytique : généralement, le sollicitant fait l'objet d'une interprétation ontologique, le liant à certains faits et processus, à une dynamique sociale ou naturelle dont il nommerait certaines choses ou configurations résultantes. La réduction suppose donc que l'on désidentifie le sollicitant d'avec sa ou ses interprétations ontologiques, afin de commencer vraiment à envisager le sens régional corrélatif comme suceptible d'être perdu : « avant » une telle désidentification, les choses ou configurations résultantes, et donc les sens, paraissent « garantis » par la permanence des faits et processus mis en avant par l'interprétation ontologique. Cet aspect de la réduction n'admet évidemment pas de formule générale : ce qu'il faut faire dépend à chaque fois des circonstances non généralisables imposées par le sollicitant.

Nous avons donc cette propriété importante de l'ethanalyse : pour elle, la question du champ et de la réduction est posée région par région, elle nécessite un travail spécifique interne à chaque enquête et ne peut pas être résolue *a priori* d'une façon universellement valide. Il y a là évidemment un trait distinctif fort de l'ethanalyse vis-à-vis de son « modèle » phénoménologique.

Dans les trois études qui suivent, on le verra, la question du champ et de la réduction n'est abordée que dans le cas du politique et de l'amour, et encore, elle ne l'est que de façon partielle dans le second cas. Il m'a pourtant semblé important de dire en introduction qu'elle figure toujours en principe au cahier des charges.

ethanalyse du politique

Ce qui suit n'est évidemment pas, ne peut pas être une contribution de philosophie politique. Nous ne cherchons pas à utiiliser la ressource philosophique pour exprimer une pensée politique, pour prescrire des politiques possibles aujourd'hui et demain, ni même pour élaborer *a priori* le problème de l'organisation politique de la société : de ce qui peut être une modalité juste, non violente, de l'exercice collectif du pouvoir, de la liberté et de la responsabilité, en quête du meilleur pour chacun et pour tous.
Nous allons en fait nous pencher sur le politique d'une tout autre manière, en essayant d'entendre le mot politique comme un *sollicitant* au sens de l'introduction. Il n'irait pas de soi que l'humanité vive « du politique », que l'enjeu, l'attitude et le régime comportemental du politique soient redonduits. Le politique ne serait pas seulement un aspect nécessaire de la réalité, appelant des évaluations et prises en charge spécifiques, il serait aussi le nom d'une région de sens, très ancienne sans doute, qui amène les hommes à se situer de manière politique, à exister et fonctionner de façon politique, à « transmettre » la tradition politique en accomplissant son exigence.
Chercher à prendre la mesure de ce niveau, c'est, en un sens, prendre acte de l'importance extraordinaire qui est celle du politique dans nos existences contemporaines : c'est se tourner vers ce qui, du politique, détermine une coloration possible de plus ou moins n'importe quel aspect de la vie humaine (économique, intellectuel, relationnel, etc.), bien au-delà de ce que l'on comprend comme pratique politique au sens strict. Avec notre entrée « phénoménologique » et « anontologique », nous rencontrons donc quelque chose de la stature exceptionnelle que la

chose politique a pris dans notre monde, de façon assez évidente même pour le sens commun, au niveau de la vie ordinaire. L'intérêt ethanalytique pour le politique s'écarte absolument de la préoccupation de la philosophie politique, mais il peut dévoiler des aspects importants du politique pour nous, dans le monde où nous vivons chaque jour.

Le premier problème d'une ethanalyse du politique, essayant de dégager la sémance qui gouverne la région de sens du politique, de décrire ce qui nous fait appartenir au politique, l'animer, le relancer, est tout naturellement de comprendre la « donation » du politique, de comprendre quelles circonstances précipitent l'ethos politique à bon droit. Nous réfléchissons donc au problème suivant : sous quelles conditions jugeons-nous ordinairement que nous sommes « dans le politique », que nous avons accédé au registre politique ?

A cette question, je pense pouvoir donner une réponse qui m'est suggérée par un souvenir. Au cours des événements de mai-juin 1968, en France, un « journal du mouvement » avait vu le jour, qui portait le nom significatif de *Action*, et qui était distribué gratuitement, dans la rue manifestante et sur les lieux de la vie sociale exceptionnelle, en suspension, du moment révolutionnaire. Dans ce journal, le dessinateur Wolinski faisait ses premières armes, en donnant une petite saynète, figurant toujours sur la première page à gauche. Cette saynète montrait régulièrement deux « bourgeois réactionnaires » au café, en train de consommer de manière douceâtre et complice de l'alcool et de discuter. L'un d'eux était pire que l'autre, assumait plus ouvertement l'ignominie que son comparse, si bien que la conversation consistait à faire émerger en lui, sous l'influence du questionnement naïf et vaguement honnête de l'autre, l'opinion insupportable. Mon sentiment est que ce dispositif fait émerger le politique, nous fait accéder au politique, et ce, par le biais d'une procédure très particulière, celle de la projection d'un « camp » adverse. Ce que la lecture de la saynète de Wolinski donne à

éprouver, c'est qu'un ensemble de gens dont on a au même moment et pour cette raison envie de se séparer, à qui l'on veut s'opposer, s'identifie dans les opinions (mauvaises) mises en scène. Il s'agit, dans cette advenue du politique, d'une cristallisation d'identité, seulement l'identité en cause est une identité-contre, elle contient originairement la visée d'une autre identité à laquelle elle s'oppose. L'identité que l'on constitue pour s'y inclure n'est pas dite dans aucun des contenus qui pourraient la définir, et n'en a pas besoin. En revanche l'identité que l'on constitue pour s'y opposer en la mettant en scène est forcément dépeinte, présentée via tel ou tel contenu (émotion, thèse, etc.).
Mon hypothèse est que cette « genèse intentionnelle indirecte » de l'identité est précisément le primitif du politique, la procédure par le biais de laquelle il est originairement éprouvé : la réception mesurant son sens.
Comment pourrions-nous argumenter cette première thèse sur la sémance du politique (sans oublier ce que nous avons expliqué en introduction sur la difficulté inhérente à toute telle argumentation et sur l'impossibilité d'une réelle justification empirique ou déductive) ?
Nous pouvons d'abord nous appuyer sur notre savoir de la circonstance perçue généralement comme typiquement politique dans notre monde démocratique : celle des « élections nationales ». Dans de telles élections, nous considérons usuellement qu'un véritable espace politique est ouvert seulement par une situation authentiquement démocratique. Et c'est en tout cas un critère pour l'effectivité d'une telle situation que l'offre aux votants ne soit pas limitée à un seul parti. Deux partis, à la limite, suffisent. Nous sommes habitués à considérer que les élections à parti unique ne sont pas démocratiques, certes, mais, plus encore, qu'elles n'ouvrent pas un choix politique aux citoyens, c'est-à-dire en fin de compte ne font pas de la procédure électorale un moment politique, un moment du politique. La raison en est-elle que, pour nous, le politique se caractériserait par le choix dans la

diversité ? A l'évidence il n'en va pas ainsi : nous considérons aussi que, s'il n'y a qu'une marque de téléviseur sur laquelle porter notre choix d'acheteur, un certain tort nous est fait, mais nous ne ressentons pas l'offre conjointe de Grundig, Samsung et Sony comme une offre politique. En revanche, dans une association de psychanalystes, lorsque deux groupes se constituent avec chacun un leader revendiquant la direction – ainsi que, généralement, une sensibilité, et une conception de la transmission analytique – nous jugeons que la situation est devenue politique. Ou encore, dans une élection à la présidence d'une université, si s'opposent un candidat moderniste-réformiste et un candidat traditionnaliste-républicain, nous considérons l'opposition comme politique.

Il me semble que le point décisif, signalé par ces divers exemples, est l'existence d'une diversité où la particularité de chaque option se pose et se comprend en termes de la répudiation de l'autre. Le « divers politique » est un divers de camps, chaque déterminité comporte comme moment constitutif le fait de viser chaque autre et la rejeter. Dans l'association de psychanalystes, des hommes et des femmes qui se considéraient comme homologues (parce que membres du même groupe lacanien par exemple, et parce qu'ils suivaient un même modèle théorico-éthique, incarné par le leader du groupe), vont se découvrir non pas simplement différents, mais en alternative métaphysique, en « distribution complémentaire » diraient les linguistes générativistes. Se référant à deux héritiers numériquement différents du leader historique, ils vont reconnaître dans ces deux modèles des contenus qui se visent pour s'exclure mutuellement. Et, chacun le sait, le divorce « politique », une fois reconnu et assumé, peut être d'une violence extrême, même au nom d'une « petite différence » : ce n'est pas la taille de la différence qui compte, c'est le fait qu'elle est investie de la procédure du « je vise l'autre comme ce dont je me sépare, devenant ainsi moi-même ». Même la concurrence des marques devient politique si cette procédure intervient, comme on le voit, à un certain degré, avec l'opposition Windows/Mac OS.

Il ne faut pas confondre cette caractérisation du politique, non plus, avec une sorte de banalité de base holistique, hégélienne ou structurale : l'idée qu'un contenu, quel qu'il soit, ne se comprend que dans la confrontation à un extérieur co-posé. On peut aussi dire, c'est sûr, que, par exemple, la phénoménologie et la philosophie analytique se comprennent, dans leur émergence en Allemagne au début du vingtième siècle, par rapport au néokantisme et à la « philosophie de la vie », qui forment leur contexte de détermination ; on peut dire, à la Hegel, que toute chose n'acquiert sa détermination que dans l'affirmation d'une limite de sa qualité, qui implique et mobilise son autre ; on peut dire enfin, à la Saussure, que le fait d'une langue comme système est toujours le fait d'un « valoir pour » différentiel de chaque signe, qui passe par ses oppositions avec tous les autres signes. Toutes ces pensées, respectables et connues, se situent sur le plan de l'ontologie, et soulignent et revendiquent, chacune à leur manière, la dépendance ontologique irréductible de toute chose sur un « contexte » logico-ontologique.

L'idée du politique que je tente de circonscrire ici n'est pas de même espèce. Pour m'appuyer sur un exemple lié à l'histoire des idées, ce qui rattache le marxisme au politique dans ma perspective n'est pas que celui-ci, dans son être et son apparition, dépende de l'historicisme du dix-neuvième siècle sous toutes ses formes, ou que sa position comme essence comporte, selon la vraie présentation du concept, la négation du libéralisme. Ce n'est pas non plus qu'il se laisse seulement saisir au sein d'une sémiotique des conceptions du monde via un système fin d'oppositions avec l'autoritarisme et l'individualisme par exemple, tout cela est vrai sans que l'on ait commencé à utiliser le marxisme comme emblème politique (ce qui n'a, au fond, rien de nécessaire). Lorsque le marxisme se fait politique, ce qui en témoigne est que les descriptions du capital, de sa logique, de ses présupposés, de son mouvement historique, sont prises comme des descriptions qui intentionnalisent un « camp adverse », et permettent, du même coup, l'auto-identification silencieuse et sûre du « camp de ceux qui luttent ».

En d'autres termes, la séparation du camp « politique » d'avec le camp qu'il vise est intentionnelle, et elle roule sur une dissymétrie : du côté de ce qui est rejeté, les prédicats, les contenus théoriques, les raisons et les critères s'accumulent ; du côté de l'identité qui est fondée en revanche, aucune construction explicite d'un contenu d'identité n'a lieu. Je suis suffisamment défini comme identité politique émergeante par ma visée-se-séparant-d'un-camp. Ensuite, éventuellement, je vais rationaliser ma position comme liée à tel ou tel contenu, mais ceci correspond, déjà, à une retombée du pur politique dans le domaine rationnel, dans le domaine des options et évaluations soumises à la forme et au critère rationnels.

Cette exposition originaire du politique est, telle que je la formule ici, encore très insuffisante. Je vais la compléter en une série de rubriques, qui apporteront un ensemble de précisions susceptibles, d'un côté, de rendre plus clair le niveau d'appréhension du politique que je propose, de l'autre, de compléter la « fresque » du politique, afin que, je l'espère, chacun en vienne à le reconnaître. Mais d'abord, une brève clarification pourra être utile.

type de l'expérience originaire du politique

Elle concernera ce que j'ai appelé dans l'introduction le *champ* correspondant à la région du politique, champ qui est par principe le lieu où s'offre à la considération tout ce qui compte en vue de l'explicitation de la sémance.

D'après notre récit, le « lieu » d'apparition de ce qui va compter comme politique semble être celui de l'écoute distanciée d'un dialogue : c'est en entendant le dialogue des deux personnages de

Wolinski, mis en scène par ce dernier, que nous entrons dans le politique. Dans la mesure où la présentation de ce dialogue est, sans nul doute, théâtrale, ce lieu paraît donc être celui de la « distanciation » brechtienne. Le politique commencerait toujours dans une prise de recul à l'égard de nos dialogues, à la faveur de laquelle un « autre » est exhaussé au rang de type d'abord, mais plus encore, de camp contre lequel le nôtre se détermine. Dans l'immédiateté du dialogue, fût-il éminemment conflictuel, l'interlocuteur en désaccord avec nous reste un interlocuteur singulier, ce qu'il dit et soutient résulte d'une manière que nous ne savons pas exactement calculer d'une alchimie de circonstances intellectuelles et de déterminations affectives, sans même compter le rôle que peut jouer la façon absolument particulière dont se noue l'intersubjectivité duelle entre lui et moi (ce qu'il dit peut être lié à moi). En tout cas, tant que la conversation reste vraiment dialogue, exposition mutuelle d'individualités par la grâce du langage, la valeur du type et du camp n'est pas là, elle est constamment empêchée par l'insistance même d'autrui dans sa particularité, autrui qui est pris comme raison suffisante de ce qu'il me dit, du moins pour autant que je vis le dialogue de manière « authentique ». Mais la prise de recul, l'ajout de la distance théâtrale, permet la substitution du type et du camp à cet autre qui persistait dans l'interlocution et refusait son dépassement.

Le champ d'apparition du politique, c'est donc le champ du dialogue théâtralisé. Dans les situations concrètes, il n'y a pas toujours le support d'un dialogue réel, même pas d'un dialogue fictif textuellement mis en scène. Une tribune libre dans le journal *Le Monde* évoquera une idée « actuellement fort répandue », pour exhiber la valeur typique impliquée en elle dont on doit se séparer, que l'on doit vivre comme valeur d'un camp que l'on doit rejeter. Le déploiement du dialogue sera purement et simplement présupposé. En fait, le politique n'évoque le dialogue que pour produire la distanciation. En un sens, le champ d'appa-

rition semble donc celui de l'écrit, qui produit la distanciation, la caricature synthétisant les prédicats de camp : il semble être peu différent du champ littéraire ou du champ conceptuel. Mais je crois que nous devons restituer l'élément dont on se distancie, qui tend naturellement à être effacé : l'élément du dialogue.
C'est que la finalité du politique est de « revenir » dans le champ du dialogue, d'investir les dialogues vivants pour les subordonner à la vie politique, qui est la « vie de camp ». Nous y reviendrons. Cela suffit en tout cas pour que l'on comprenne que le dialogue fait partie de ce qui définit le champ. Le champ des apparitions politiques, pour nous résumer, est un champ de discours, ou en tout cas de montages théâtraux, produisant une distance à l'égard de dialogues mis en scène. L'expérience originaire du politique s'inscrit dans la prise de recul à l'égard du dialogue vers une profondeur théâtrale.

le politique et le savoir

Je vois plusieurs relations du politique avec le savoir, qui sont à décrire :
1) Un rapport « originaire », typiquement phénoménologique, suivant lequel l'opération du politique est par elle-même savoir, savoir irréfragable de l'actualisation du politique et de son enjeu.
2) Un rapport instrumental, suivant lequel le jeu et la joute du politique mobilisent des savoirs et passent par le critère argumentatif de la science.
3) Un rapport passif, inverse du précédent, suivant lequel le champ politique est thématisé sur le mode scientifique.
Ce que j'ai à l'esprit, pour ce qui concerne le premier point, est simple : le politique engendre une certitude du politique et de son enjeu. Lorsque je suis en train de vivre le politique, en accomplissant politiquement une mise en scène ou en agissant pour un camp dont je suis imprégné au sein d'une discussion, je sais irréductiblement, et sans marge de doute possible, que je vise le

camp adverse dont l'adversité compte, je sais, plus indéfinissablement, que j'adhère à l'enjeu politique du moment. Lorsque je lis un article dans *Le Monde* où François Hollande définit le futur du PS, je peux douter s'il trace un avenir souhaitable et viable pour son parti, je peux douter si ce parti exprime un camp qui puisse être le mien, mais normalement je ne doute pas que je suis habilité à me placer dans l'espace des alternatives pertinentes relativement à ce discours, à comprendre le « positionnement » de ce discours vis-à-vis de la droite, vis-à-vis des autres courants du PS, vis-à-vis des autre partis de la gauche, etc. De même, je me présuppose toujours compétent par rapport à tout enjeu interne au débat *dans la mesure où* le débat est politique. Savoir ce qu'il y a lieu de faire pour le système des retraites dans un pays à l'évolution démographique vieillissante peut, en tant que savoir technique, passer largement ma compétence, et je peux le reconnaître. Mais s'il faut juger du « courage politique » résidant dans l'abord ou le non abord du problème, ou dans son abord selon telle ou telle mesure, ou, même, s'il faut qualifier politiquement telle ou telle mesure de conservatrice, égalitaire ou réformatrice au sein d'une grille politique, de cela, je me présuppose capable. Le moment où une discussion devient politique coïncide ainsi avec le moment où elle devient de la compétence de tout le monde. On peut penser que cette propriété découle de la règle du suffrage universel : puisque chaque voix vaut et compte autant que chaque autre, puisque nous vivons en démocratie et pas en méritocratie, le politique fait forcément l'objet d'une appropriation égale et universelle. Le principe de la certitude politique apparaîtrait ainsi comme une norme instituée et pas comme une propriété ethanalytique. Mais j'en appelle à l'expérience du politique pour dire que ce principe est « manifestement » vécu indépendamment de cette norme. Les jeunes qui ne votent pas encore « entrent » au sens ethanalytique dans le politique, notamment en prenant en charge cette certitude, alors même que, dans leur cas, le statut de « responsabilité électorale » n'est pas encore atteint. Cela dit, l'argument le plus fort est ici l'argument en première personne. Il me semble que nous pouvons tous témoigner de cas où nous avons entendu quelqu'un défendre une optique de gestion, dans une assemblée, et nous avons « su » soudain et d'emblée que la vision ou la mesure défendue par cet orateur était identification de camp et auto-constitution en camp, nous incluant dans la mauvaise identité ainsi construite : ce « savoir » est très fort, il peut nous motiver à intervenir et combattre pied à pied, il peut nous faire oublier mille autres choses qui normalement nous tiennent plus à cœur, mais le point que je souligne ici est surtout qu'il est sans faille. Nous ne doutons pas de la politicité du comportement politique par lequel nous nous sentons minorisé.

Il y a, à vrai dire, plusieurs variantes de cette certitude, qui peut se produire aussi, par exemple, comme certitude d'une intention. Pour un marxiste classique, la certitude que l'intention de toute personne comptant comme rouage du monde en place est une intention de profit est une certitude inentamable. Pour un anti-impérialiste actuel, la certitude que toute intervention géopolitique des Etats-Unis est dictée par l'intérêt économique, notamment par l'intérêt pétrolier, fonctionne de manière à peu près semblable. Pour un conservateur de droite typique, le déchiffrage de toute intention d'un gouvernement de gauche comme intention de collectivisation et d'étatisation va de soi. Le cas de la certitude d'une intention est intéressant, parce que, en dehors du cas politique, nous professons une grande incompréhension à l'égard des intentions des autres, et même des nôtres. (Et ce, pour d'excellentes raisons, les intentions, comme la philosophie analytique et la phénoménologie y ont consensuellement insisté, sont insondables).

Passons maintenant au second « rapport » du politique avec le savoir, celui où le politique instrumentalise le savoir, et tâchons de décrire de quoi il s'agit. Le jeu politique, en fin de compte, se joue dans l'intersubjectivité non violente, soit, par excellence, celle de la discussion, et se soumet *a priori* à la règle logique de l'argumentation : notre thèse est que ces deux propriétés sont des propriétés d'essence, ce qui veut dire ici qu'elles sont à situer au niveau de « ce que nous comprenons et vivons comme le politique », elles sont une forme de l'ethos qui atteste le sens politique.

Intersubjectivité non violente : certes, la politique au sens usuel suscite et contrôle la guerre, est le lieu de légitimation ou la source de la plupart des guerres et des violences de nos jours, même si, souvent, c'est une politique qui se déguise sous le visage du religieux. Pourtant ce que nous appelons le niveau proprement politique, même au sein d'un contexte où le passage à la violence est permanent et connu comme tel, est le niveau non violent de la simple expression des différences, oppositions, conflits.

L'exigence d'une discussion politique ayant cours sous la règle logique s'en déduit-elle ? Je ne crois pas, c'est ce qui fait tout l'intérêt de ce point. On pourrait imaginer que la discussion politique soit poétique ou spéculative, je n'y vois pas d'impossibilité de principe. Il y aurait même une légitimité à cela, s'il est vrai que ce qui est utilisé comme contenu déterminant des camps échappe très souvent au champ « rationnel » ou en tout cas « cognitif ». Mais le fait est, cela me semble même un fait éthique essentiel, que nous somme supposés défendre une position politique dans un débat par des moyens logiques. Se suggère alors l'idée de lier ce fait à l'idée que la politique est l'administration de la cité, et que chacun ne peut que chercher à recommander à son sujet ce qui coïncide avec « l'intérêt général ». Or, dira-t-on, la mesure logique est la seule mesure commune que l'on puisse poser *a priori* dans la recherche de l'intérêt général.

Une parenthèse levinasienne pourra éclairer notre discussion. On peut en effet avoir le sentiment que la clef de ce que je viens de dire est donnée par Levinas dans ses développements sur le *tiers*. Comme on le sait, Levinas soutient, tout aussi « absolument », que le sens premier de la morale est à trouver dans une intrigue éthique duelle, où autrui m'accuse de sa demande, *et* que la justice, le droit, et pour commencer peut-être le langage et la logique, trouvent leur motivation dans ceci que, dans notre expérience, l'horizon n'est jamais limité à cette intrigue duelle : la « comédie humaine » comporte toujours la comparution du tiers, qui est autrui à la fois pour moi et pour autrui. L'intervention du tiers, sur un plan quasi formel, introduit deux éléments absolument nouveaux dans ce qu'on pourrait appeler « l'herméneutique de la demande » : d'une part je suis amené à comparer ce que je dois à autrui et au tiers, qui, pour moi, tiennent *a priori* avec la même légitimité la position d'autrui, et, d'autre part, sans doute en conséquence de cette première mise en balance, je me trouve obligé d'accéder à un point de vue selon lequel je suis moi-même tiers et autrui, pour d'autres. Je dois donc adopter une perspective de la justice en troisième personne où mon intérêt et celui de tout autrui sont mis en regard du point de vue de leur légitimité. Il est alors clair que la question de la justice qui se pose au plan du tiers et la question de la responsabilité éthique stricte qui se pose au plan de l'intrigue duelle ne sont pas les mêmes. On peut même dire que les orientations sont jusqu'à un certain point radicalement opposées entre l'un et l'autre des registres : la comparaison de la légitimité de ma demande et de celle d'autrui, de mon intérêt et du sien, à laquelle le point de vue de la justice et du tiers me conduit nécessairement, est l'immoralité même dans le contexte de l'intrigue duelle, où, en quelque sorte, tout ce qui est à comprendre est que je suis sollicité par autrui comme détresse et hauteur sans limite et sans réciprocité. Si, dans la rencontre de la demande, j'objecte que je me fais tort à moi-même en répondant, et « qu'il n'y a pas de raison » que je privilégie autrui sur moi, ce à quoi je m'abandonne est précisément ce qui s'appelle thématisation et évitement théorique de l'éthique chez Levinas. Mais, dit Levinas, je ne peux assumer la responsabilité éthique pleinement, dans tout son champ de validité, sans entrer dans le niveau du tiers et la problématique de la justice. On recherche donc, en fin de compte, quelque chose comme un monde où l'assujettissement à autrui s'équilibre universellement. Mais toute la différence est à faire et à voir entre un monde qui cherche l'équilibration des libertés et des désirs et un monde où se cherche l'équilibration des dévouements : ce qui veut dire que l'effort pour normer un monde dans le sens de la justice est à certains égards moralement vain s'il ne s'agit pas d'un monde des dévouements, soit, si l'intrigue éthique dans son irréversibilité primitive infinie n'a pas été comprise et admise.

Cela dit, revenons à notre problème de l'usage de la logique « universelle » de l'argumentation dans le débat du politique. Elle paraît s'imposer pour des raisons pour ainsi dire lévinasiennes, s'il est vrai que ce qui est en discussion dans le politique, c'est la règle de ce que chacun doit à chacun dans l'intersubjectivité humaine, c'est le problème de la justice, appartenant au niveau du tiers, et pas du tout l'épreuve fondamentale d'autrui. Or la logique, la grammaire sont précisément mises en scène par Levinas comme les briques fondamentales de la pesée juste des demandes : il faut une intelligence profonde et fine de l'affaire humaine dans toutes ses ramifications pour arbitrer, c'est à vrai dire le projet de la science lui-même qui est ici validé au nom de la science de l'homme (l'argument serait : le niveau du tiers exige la comparaison infiniment intelligente des cas – infiniment intelligente de peur de passer à côté d'une condition soutenant une demande – donc nous avons besoin d'une grande science de l'affaire humaine, or celle-ci ne peut s'assurer de son impartialité qu'en empruntant sa méthode à une science des choses non humaines, désintéressée). Et l'objectivité de la science passe par la logique et son plan de rectitude.

Donc la logique et l'argumentation rationnelle universelle s'imposeraient pour ces raisons déjà formulées chez Levinas. Mais le débat politique n'est pas le débat de la justice, contrairement à ce que nous avons facilement tendance à croire. Certes, le champ du débat politique apparaît, en surface, comme celui de la question du pouvoir et de son attribution différentielle et provisoire ou non à des individus et à des groupes : c'est là que chacun voit usuellement l'objet du politique. Dans notre interprétation cependant, le champ du politique est plutôt déterminé comme celui des mises en scènes d'identité passant par le biais de la thématisation du camp adverse. Les deux lectures se croisent et se superposent, d'ailleurs, parce que la justification du pouvoir est la façon dont il « rassemble » autour de lui ou derrière lui, ce qu'il ne saurait faire autrement qu'en produisant une identité de camp suscitant chez une majorité le désir de l'habiter. Mais ce n'est pas notre objet pour le moment. Ce qui nous intéresse est le sens ethanalytique de l'argumentation politique. Notre point de vue à cet égard est qu'on argumente, en politique, sur la légitimité des imputations de camp. Une option politique représente les options adverses comme fâcheuses, et le fait en travaillant à démontrer les mauvaises conséquences, dans le cas le plus pacifique, les mauvaises intentions dans le cas plus franchement agonistique, qui s'attachent à cette option adverse, laquelle se voit nécessairement construite comme identité en fin de compte. La logique universelle intervient donc ici comme logique du déchiffrement des identités comme volontés : on l'utilise pour établir ce à quoi tend un groupe, à quelle transformation du monde il pousse. La rationalité universelle est supposée en mesure de nous dire les suites de la volonté qu'on peut construire comme « celle du groupe », que ce déchiffrement des suites ait lieu en termes objectivistes (telles seraient les conséquences objectives des actes que le groupe promet) ou qu'il ait lieu en termes subjectivistes (voilà ce que veut vraiment cette volonté si j'analyse le désir qui la meut). On peut résumer les choses en disant que la logique universelle régit le politique en tant que logique générale de la volonté.

Je voudrais pour achever cette discussion contraster trois perspectives sur l'universalité « médiatisante » du logique, de l'argumentatif :

1) Chez Levinas, l'instrument rationnel permet d'arbitrer entre les dévouements innombrables qui sollicitent chaque sujet ;
2) Dans la conception occidentale standard du droit, la raison arbitre entre les intérêts des sujets, entre les exigences des libertés de chacun, entre les volontés de ces libertés ;
3) Au sein du politique, la même forme rationnelle sert à l'identification des volontés, à leur critique, infiniment et inlassablement nécessaire à la production d'identité de camp.

La différence entre 2) et 3) doit apparaître clairement : la volonté est interrogée quant à la limite qui doit lui être apportée au nom des autres volontés dans 2), alors qu'elle est dépeinte *a priori* dans son incidence néfaste sur le monde dans 3). Dans 2), la volonté est toujours bonne *a priori* bien qu'il faille la limiter, mais au nom d'elle-même. Dans 3) la volonté (de l'autre) est toujours mauvaise *a priori* parce que c'est sur la représentation de sa nocivité que se fonde l'expérience heureuse du camp.

Par ailleurs, la proximité entre le droit et la politique dans notre système occidental apparaît aussi. Elle réside dans ceci que l'objet est la *volonté* pour l'un comme pour l'autre : la face purement active de la subjectivité, et non pas sa face de passibilité à la demande comme en 1).

La mobilisation du savoir dans le registre politique, au-delà de la pertinence de principe que nous venons de reconnaître à la forme argumentative dans le champ politique, s'exprime en fin de compte comme mise à contribution de n'importe quelle connaissance de la science.

En principe, on sait bien pourquoi il en va ainsi : la discussion politique porte sur ce qui est la meilleure gestion du monde, elle vise les meilleures décisions possibles dans toutes les affaires humaines, la compétence du politique, dans nos mondes, n'ayant pas de limites. Le raisonnement qui paraît alors inévitable est simplement celui-ci : pour bien décider de quoi que ce soit, il faut connaître aussi complètement et profondément que possible l'affaire relativement à laquelle il faut décider. Ceci signifie que pour produire de bonnes lois économiques et sociales, il faut, en principe, un savoir illimité en économie et en sociologie au moins, pour produire de bonnes lois encadrant les pratiques sexuelles il faut à la fois une connaissance médicale et une connaissance psychologique de la sexualité, pour conduire une bonne politique de la recherche, il faudrait accéder à un savoir complet de l'état de la recherche dans toutes les disciplines, etc. Le lien postulé entre savoir et décision engage ainsi *a priori* le politique dans une responsabilité encyclopédique illimitée. Et on analysera comme la conséquence normale et rationnelle de ce lien le fait que, de manière observable, les discours politiques, que ce soient ceux des dirigeants ou ceux des contestataires, invoquent des savoirs.

Mais ce qui vient d'être dit l'a été « dans l'attitude naturelle » et non pas « sous réduction ». Or l'exigence ethananalytique veut que nous cherchions donc à comprendre comment nous nous trouvons enrégimentés au politique, et quelles deviennent nos fins si nous nous trouvons ainsi requis par lui. Et ceci suppose que nous rejoignons le sentiment et la perspective qui s'associent à la pensée qu'il pourrait ne pas y avoir de politique, que le politique pourrait n'avoir pas cours. Une telle réduction, nous l'avons vu en introduction, a besoin que soient inhibées les inférences qui reconstruisent l'expérience régionale à partir de la localisation ontologique usuellement associée au sollicitant : elle est d'abord inhibition de cette reconstruction tendancielle. Pour le politique, c'est la compréhension du politique à partir du *pouvoir* qui doit à mon sens être avant tout suspendue dans cette optique réductive. Il nous est en effet naturel de penser qu'*il y a* des relations de pouvoir dans le monde humain, que de telles relations sont absolument objectives, repérables en termes comportementaux et déjà attestées chez les animaux. Le mot *politique* nommerait donc la région du pouvoir et de l'action dans l'horizon du pouvoir. Le lien du champ politique avec l'encyclopédie se « déduit » alors de cette réalité même des relations de pouvoir, qui localisent le politique dans l'être : les relations de pouvoir ont un objet, et l'optimisation du traitement de l'objet du pouvoir requiert la connaissance de l'objet, comme nous venons de le dire.

Mais notre approche ethanalytique ne saisit pas le politique à partir du pouvoir, elle cherche au contraire à interdire *a priori* la compréhension en termes de pouvoir, pour accéder à ce qui apparaît alors comme le vif de notre expérience du politique comme tel : notre conditionnement au politique, notre accroche éthique et finale au registre politique. Le propre du politique, selon nous, c'est l'identité de camp, comme perspective qui s'ouvre dans l'inter-susceptibilité du dialogue et, s'ouvrant, nous requiert. Nous pouvons alors comprendre la légitimité du rapport du politique au savoir à ce niveau « originaire » : pour constituer l'autre comme membre de camp, il n'y a pas d'autre méthode que de le thématiser au sens levinasien, que de l'écraser sous toutes les déterminations scientifiques qui l'épinglent. Je discerne ici une continuité possible entre les « visions caricaturales » de l'autre sur le dos duquel se font les camps, bien connues de la mémoire historique, et les constructions rationnelles susceptibles de les alimenter : entre l'image typique du bourgeois capitaliste, avec son ventre, ses sacs de dollars, son cigare, et la plus fine des analyses marxistes du monde et du cours du monde, par exemple ; mais tout aussi bien, évidemment, entre la vision du militant communiste cynique et ascétique, ou celle des pauvres comme délinquants, grégaires, haineux et opportunistes d'une part, et la plus élégante des théories libérales du droit et de l'économie d'autre part. La science la plus intelligente et la mieux avertie empiriquement pourra être mobilisée pour dépeindre le monde aussi largement que possible dans des termes tels que l'identification du camp de l'autre s'en trouve confirmée. Et de la sorte, le savoir contribuera au politique, non pas à l'œuvre rationnelle de la décision politique, mais à cette intensité éthique singulière liée à la constitution de l'identité de camp dans le recul thématisant au sein du champ dialogal.

Ce que j'explique est dans son fond fort simple. Nous savons bien que les hommes politiques en position argumentative dans le débat politique invoquent volontiers des chiffres, mais qu'on leur répond qu'on peut faire dire n'importe quoi aux chiffres : on sent bien que la position de parole de la science n'est jamais possible dans la région du politique, ce qui se passe est comme « orienté » *a priori* autrement par l'option de l'identité de camp. Il faut dégager du réel les prédicats qui construisent le camp adverse, et ce réglage empêche la science de jouer comme telle, même lorsqu'elle n'est pas purement et simplement travestie, comme il arrive dans le discours du démagogue.

Il y a donc une immense ambiguïté de cette relation du politique au savoir. Il n'y a pas de limite à l'expertise invoquée par le politique, mais cette expertise est toujours traduite dans la perspective politique, et, donc, la situation lui échappe toujours dans ses enjeux. Il en va ainsi même pour des positions politiques apparemment construites sur un motif scientifique, comme c'est le cas d'une certaine écologie contemporaine : l'écologie ne peut jamais se contenter de 1) se constituer comme simple groupe de pression transmettant aux pouvoirs les recommandations rationnelles qui se déduisent de la prise en compte du nécessaire respect du support de la vie et de l'activité qu'est la terre ; 2) chercher à obtenir que les réformes souhaitables soient adoptées pour ces motifs rationnels. Elle ne peut qu'entrer dans une construction de l'« identité mauvaise » comme les autres, comme tous les mouvements politiques d'inspiration critique qui sont venus avant ; et se trouver à son tour divisée à l'intérieur d'elle-même par le jeu du rejet politique constituant (exemple : le « vrai » écologiste se définit par le biais de la construction de la figure – à rejeter – de l'écologiste affilié à la politique de gauche classique).

Dernier niveau de la relation du politique au savoir : celui de la constitution d'une branche spéciale du savoir qui est le savoir du politique (ce qu'on appelle « sciences politiques »). Il me semble que les sciences politiques sont épistémologiquement affectées par la spécificité ethanalytique du politique, telle que je la construis.

En effet, il leur faut premièrement se distinguer, en principe, des sciences sociales diverses qui couvrent à leur manière la réalité dont elles doivent traiter : de la sociologie, de la géographie, de l'économie, par exemple. Et le problème d'indistinction que je pose n'est pas vain : le livre de Jacques Levy, *L'espace légitime* [1], qui mérite sans nul doute d'être regardé comme un ouvrage épistémologique proposant une définition fondamentale de l'objet de la géographie en termes d'espace (dégageant le *chorotype* comme l'objet typique de cette science), n'en est pas moins publié par la Fondation pour les sciences politiques. Cela semble se justifier d'un côté par le fait que, traitant de la ville, Jacques Levy parcourt à vrai dire un aspect du débat écologique, de l'autre par le fait qu'un de ses « exemples » est consacré à la « géographie électorale », c'est-à-dire, plus essentiellement, à tout l'aspect social du problème politique de la représentativité.

Deuxièmement, les sciences politiques devraient aussi, en principe, se démarquer, d'une autre manière, de la politique elle-même, ainsi que de sa méditation fondamentale dans le cadre de la philosophie politique.

L'aporie inhérente à ce problème général de démarcation me semble la suivante : si les « sciences politiques » se situent vraiment dans l'horizon du savoir, alors elles deviennent non-politiques, elles traitent de réalités sociales, qui, comme telles, ne sont pas politiques : le politique commence avec le *polemos* du camp, avec l'intrigue du rejet constituant, *polemos* qui se surajoute toujours à la réalité, qui, en tout cas, n'est pas décrit tant que je n'aborde pas le plan spécifique du débat des identités. Même l'analyse des relations de pouvoir, qui sera donnée comme l'objet propre des sciences politiques dans un discours omettant ce que

1. *Cf.* J. Lévy, *L'espace légitime*, Paris, Presses de la FNSP, 1994.

j'ai appelé la « réduction », ne sera pas politique si elle omet le jeu de l'identité de camp, si elle décrit les relations de pouvoir dans leur simple mécanisme ou même dans le conflit portant sur la distribution du pouvoir qu'elles suscitent. Lorsque la nation défend ses pouvoirs contre l'Europe, par exemple, cela n'est vraiment politique que dans le contexte de la constitution de la mauvaise identité européenne (bureaucratique, globaliste, indifférente, économiste) ou de la mauvaise identité nationale (limitée, passéiste, xénophobe). Mais de l'autre côté, si les sciences politiques embrassent l'affaire politique, ne risquent-elles pas de perdre leur caractère scientifique ? Le politique, en privilégiant la constitution de l'identité de camp, est profondément et irréductiblement indifférent à la vérité, comme je viens de l'expliquer en soulignant l'ambiguïté de la référence au savoir dans le politique, de l'instrumentalisation du savoir par le politique. Peut-on décrire la conflictualisation de la pensée interne au politique sans en faire son enjeu : en restant « accroché » aux enjeu de la description et de la vérité ? Sans doute faut-il le maintenir, sans doute faut-il y croire, mais comment ne pas mentionner le risque ?

Un accommodement de la difficulté que j'ai rencontrée est le développement d'une science politique passant essentiellement par l'*analyse de discours* : elle va décrire les discours émis par les différentes instances, les différents acteurs, en mettant en relief la valence politique de ces discours, c'est-à-dire ce par où et par quoi ces discours construisent une légitimité de camp contre une autre, contre les autres. En particulier, elle peut, de la sorte, étudier les apparents montages intellectuels, présentés comme connaissance du monde, ou les apparentes formulations d'idéaux, et autres expressions de volonté de transformation positive du monde, pour mettre en évidence le rôle que tiennent ces discours dans un *polemos* politique sous-jacent. La plupart du temps, ce *polemos* est simplement évoqué comme lutte pour le pouvoir ; mais la vérité du politique trahie par toutes ces analyses est que le politique « veut » le *polemos* du politique, et qu'il le veut à vrai dire parce qu'il se définit en termes de lui. La croyance que le pouvoir est la grande affaire est le leurre ultime du politique, celui qui permet de rester politique dans un usage rationnel où l'on décrit le faux-semblant de la rationalité cognitive et normative des discours politiques, dans la mesure où l'on impute ce faux-semblant à un « engagment dans le pouvoir », et où l'on prend la critique déclinée comme « tremplin de camp ». L'approche que j'ai décrite est plus ou moins celle de l'ancienne « critique des idéologies », que nous retrouvons aujourd'hui comme forme méthodologique intacte, sans que le mot *idéologie* ne soit prononcé ni aucune référence au marxisme assumée. Cette approche touche en un sens très juste, mais en fin de compte, à mes yeux, elle rate des éléments essentiels. Refusant d'opérer la « réduction », elle valide l'enjeu du pouvoir, et, du coup, perd sur les deux terrains essentiels :

1) Elle méconnaît la consistance réelle des propositions rationnelles, qui, bien entendu, ont un sens indépendamment de la chose politique. Ainsi, pour prendre un exemple suggéré par une analyse sociologique – qu'il m'a été donné de consulter – des discours sur l'éducation de plusieurs grandes instances administratives et politiques, le projet de mettre en place une « formation tout au long de la vie » pour les citoyens des démocraties est plein de sens en lui-même, au plan de l'utopie pour ainsi dire ; on ne peut éluder cette consistance en regardant uniquement le facteur de distinction qu'était cette mesure dans la compétition Chirac-Jospin d'une récente élection présidentielle.

2) Mais elle méconnaît aussi le politique proprement dit, maintenu dans l'ombre par la lecture en termes de pouvoir, d'autant plus radicalement qu'elle le met peut-être en œuvre comme « critique de l'idéologie ».

autrui, la non-naïveté, l'englobement

Une figure à mes yeux fondamentale du politique est celle de la non-naïveté. On peut la décrire de deux manières : d'un côté, le politique se laisse décrire comme un univers où l'on est supposé de pas être naïf, sortir de la naïveté en fait ; d'un autre côté, l'actualisation du politique est à beaucoup d'égards conçue comme assurant par elle-même cette sortie hors de la naïveté.
Vivre et habiter de manière compétente le politique, en effet, cela veut dire notamment ne jamais prendre pour argent comptant ce qui se dit et ce qui se montre. Exemples : il n'y a pas une progression idéologique et politique du Front national en France fondée sur l'adhésion grandissante d'une partie de l'électorat à des idées détestables et des espoirs autoritaires, c'est Mitterrand qui manipule l'opinion pour faire barrage à la droite républicaine ; il n'y a pas intervention américaine en Afghanistan pour mettre la main sur Oussama Ben Laden et réduire à l'impuissance un régime dictatorial qui abrite et soutient les menées terroristes, il y a un projet d'encercler la Chine par l'alliance russe au nord, le Pakistan et l'Afghanistan au sud ; il n'y a pas un projet d'unification des systèmes d'enseignement et de diplômes européens s'exprimant par la proposition du schéma 3-5-8, ce qui arrive est la mise au pas du système universitaire, courbé aux volontés de l'entreprise libérale. On pourrait continuer indéfiniment. Chacune de ces non-naïvetés exprime une option politique. Le repérer, bien entendu, ne vaut pas comme réfutation. Le travail ici entrepris est, nous l'avons déjà fait valoir, « sous epochê », ce qui signifie aussi nécessairement qu'il ne faut jamais entendre la description ethanalytique du politique comme jugement politique valide. La réduction, dans le cas du politique, nous demande de résister à son auto-présentation spontanée en termes de pouvoir, nous l'avons déjà dit. Mais en fait, plus profondément, nous devons suspendre tout ce qui est certitude irréfléchie de disposer du politique. La certitude inquestionnée du politique se réalise

éminemment autour de la présupposition de l'enjeu du pouvoir comme affaire objective et transparente, mais elle se réalise aussi dans un certain usage politique de l'« expression de non naïveté », qui nous persuade que nous avons non seulement actualisé le politique, mais « eu raison » politiquement en formulant l'évaluation non naïve : comment le politique pourrait-il jamais manquer, dans des circuits à ce point « saturés » par lui ? Nous devons donc nous garder de croire arriver à une meilleure thèse politique en dévoilant les gestes du politique comme tels.

Je voudrais essayer de creuser un peu cette idée de la non naïveté, d'une part pour l'appréhender de manière plus essentielle, tout simplement, d'autre part pour la relier au noyau de la chose politique, dégagé ici comme la mise en scène thématisante de l'autre camp, promouvant l'identité de camp.

La pensée implicite à l'expression de non naïveté, on n'aura pas de peine à la dire, parce qu'il s'agit là d'un implicite transparent : ce qui se dit ne se dit pas au nom ou en vue de ce que cela dit, mais au nom d'un intérêt, qui est celui de certains et pas d'autres. Ne pas être naïf, c'est voir l'intérêt « devant » le discours. Du point de vue de la non-naïveté, la distinction entre description et prescription s'effondre : on renvoie à l'intérêt de la même façon ce qui se présente comme description du monde et ce qui se présente comme prescription portant sur ce qui est à faire. La logique de l'intérêt nous amène à considérer comme immédiatement équivalentes les descriptions et les prescriptions inspirées par un même intérêt. Au bout du compte, quel sens donnons-nous, dans notre quête politique de la non-naïveté, à cet intérêt tout puissant qui gouverne chaque énoncé de chaque homme en chaque circonstance ? Il me semble que l'analyse lévinasienne de l'intérêt comme persévérance dans l'être, effort pour se retrouver soi-même dans une exploitation infiniment égoïste de tout environnement, dépeint exactement l'intérêt que la vision non naïve de l'intersubjectivité veut débusquer constamment. Levinas, on le sait, « déduit » en partie cette conception de l'intérêt comme ressort de la « subjectivité athée » d'une entente étymologique de l'inter-*esse* dans le mot *intérêt*. Donc, actualiser le politique, ce serait ne jamais manquer à interpréter l'intersubjectivité comme « subjectivité » au sens de Levinas.

Est-ce à dire que la conscience politique coïnciderait en l'occurrence avec la perspective « éthique » de Levinas en philosophie ? Que la politique serait la critique de l'intersubjectivité en tant que soumise au régime de la subjectivité athée, critique qui en appellerait à la paix supérieure de l'assujettissement généralisé au visage ?

Il n'en est évidemment rien. La perspective « politique » n'attend nullement de quiconque et d'aucun groupe qu'il sorte de l'horizon de l'intérêt. Bien que le politique ait inspiré, depuis assez longtemps, les utopies les plus virulentes, et certaines transformations violentes et profondes du monde social et historique, il ne « mise » pas sur une motivation hypothétique allant au-delà de l'intérêt : seules la religion et la morale le font. Selon la formule qui était celle du débat entre christianisme et marxisme dans ma jeunesse, la religion pense que l'amélioration du monde a pour levier et pour prémisse la transformation du cœur de l'homme, alors que le marxisme – comme, dans une certaine mesure, le révolutionnarisme bourgeois antérieur – vise à une chirurgie directe des rapports sociaux, qui, non seulement, ne critique pas l'universel moteur de l'intérêt, mais fasse fond sur lui. Dans le cadre marxiste, le concept de dictature du prolétariat exprimait bien cette idée : le socialisme est simplement l'utilisation par le prolétariat de l'appareil d'état dans son intérêt. La thèse marxienne était que la position exceptionnelle de victime du prolétariat lui permettait, dans l'opération même de la réparation du tort que lui faisait l'ordre bourgeois, de jeter les bases d'un monde non dominé par aucun intérêt particulier. De même, la conception libérale de l'économie de marché postule que le jeu d'interaction de subjectivités intéressés, obéissant à des critères d'optimisation égoïste, produit un bien universel. Et la démocratie comme forme politique ne propose rien d'autre que l'équilibration générale des intérêts à travers la règle majoritaire, ce qui suppose, pour l'authenticité du compromis atteint, que chacun, chaque groupe en l'occurrence, lutte effectivement pour son intérêt.

Par conséquent, on doit comprendre que cette « réduction à l'intérêt » du discours de l'autre n'a pas du tout pour raison d'être l'appel à une motivation supérieure. L'idée de la non-naïveté me semble plutôt être de ne jamais céder au principe que paraît receler le discours de l'autre. Pour une part, cette « structure » de la réception politique du discours de l'autre s'exprime dans le geste, typique de l'interlocution politique, que j'appelle celui de l'*englobement* : il consiste à réfuter un interlocuteur, dans le dialogue politique, en énonçant les raisons de ce qu'il dit, en l'intégrant à une théorie causale de l'opinion qu'il fait mine de défendre avec toute la ferveur de sa liberté et de sa sensibilité devant nous. Dans ma jeunesse, l'englobement passait très souvent par l'usage magique de la catégorie d'individualiste petit-bourgeois : son emploi pour catégoriser l'interlocuteur avait facilement la puissance de faire perdre tout crédit à quoi que ce soit qu'il pût dire. Mais la récente formule de Jacques Chirac sur la « culture de l'excuse », répondant au peu habile aveu de Lionel Jospin concernant la politique de sécurité de son gouvernement, est tout à fait de la même eau. Et plus généralement, les invocations du type « On voit bien que vous, vous ne vivez pas dans une zone à risque ! » suscitées par le même débat.

L'englobement réalise la non-naïveté, il marque le refus soudain, de la part de celui qui « englobe », de prendre réellement l'interlocuteur comme quelqu'un qui se référerait à une règle ou un principe par lequel l'englobeur pourrait être concerné. Ce qui se joue ainsi sur la scène de la discussion *peut*, sans qu'il y ait là nécessité, se prolonger dans des comportements enfreignants les règles établies, supposées encadrer et limiter la controverse sur les dispositifs et lois du social sur le plan de la procédure tout en lui ouvrant un espace légitime : ces règles qu'on a pu désigner péjorativement sous le nom de règles de la « démocratie formelle ». Si l'autre et son discours doivent être expliqués et englobés plutôt qu'écoutés et réfutés, il se peut que, la force de résistance qu'ils constituent ayant été bien évaluée dans sa genèse à la faveur de l'englobement, on déduise qu'il faut la combattre de manière appropriée sans avoir égard aux principes statutaires et délibératifs forçant à respecter en eux un pouvoir de dissension et de débat. Un tel passage n'a pas lieu dans l'ordinaire de l'exercice du politique, plutôt constitué d'un pullulement d'empoignades où chaque partenaire englobe tout à tour l'autre, sans vergogne. Mais il devient licite dès que les choses sont plus « sérieuses », lorsqu'on a affaire à un mouvement de lutte politique *dur* (fasciste, communiste, etc.) : l'adjectif, dans son entente journalistique, suggère précisément la connivence de la non-naïveté et du passage à la violence.

Mais au bout du compte, l'englobement et le principe de non-naïveté doivent être compris par rapport à l'enjeu fondamental du politique : celui de l'identité de camp. Et ceci nous amène à ressaisir la procédure de la constitution de camp par rapport à la relation éthique lévinasienne.

Qu'autrui ne soit pas l'objet de ma théorie, c'est en effet l'article fondamental de la conception de l'éthique de Levinas : le fond de la moralité réside dans ceci qu'autrui s'impose à moi comme demande avant toute évaluation de ce qu'il est, dont résulterait la portée et la légitimité de ses « droits » sur moi, l'étendue de ce que je lui dois et l'imprescriptibilité de cette dette. Contrairement à la fausse compréhension qui prévaut souvent, ce n'est pas la théorie et le théorique comme tels que Levinas critique, mais la suspension originaire du « me voici » par l'empressement théorisant de la subjectivité athée (lequel empressement n'a, en général, pas du tout un visage « intellectuel »). Un aspect de cette conception de la moralité est que dans l'attitude éthique, autrui possède originairement pour moi le statut du maître d'étude. Je laisse donc son discours, les principes ou les généralités qui émanent de lui, agir comme loi pour moi, je me laisse couler dans un « être à l'école d'autrui » par lequel passe aussi éminemment la disposition éthique. Ceci ne veut pas dire non plus que, dans l'ordre théorique, je prenne le fait d'être dit par l'autre comme un critère du vrai : comme nous l'avons vu, la théorie relève de la perspective du tiers, qui est différente. Et, de toute façon, il ne peut pas du tout s'agir de critère à cet endroit, passer au plan du critère, c'est aussi, déjà, se désengager de la relation éthique. L'idée est simplement que ma disposition accueillante m'interdit la prise de distance, l'évaluation minimisante de la parole d'autrui. En fait, l'attitude éthique interdit purement et simplement, au-delà même de la phase ou strate théorique, que je conçoive autrui comme intérêt : si autrui est intérêt, il est replacé dans le monde, et n'est donc pas demande, détresse, ou hauteur du maître.

Par conséquent, il est littéralement correct de dire que la sortie hors de la naïveté via l'englobement détruit l'attitude éthique, si bien que le politique apparaît en cette occurrence comme anti-éthique. Mais les choses sont plus subtiles, essayons de le dire.

D'un côté, il en va vraiment comme nous le disons, parce que le ressort fondamental de l'identité de camp est la production d'une identité « sur le dos » de la thématisation « des autres ». L'identité ainsi promue, néanmoins, n'est pas purement et simplement celle de la subjectivité athée se délestant de son élection par autrui. D'abord, elle est identité d'un *nous*, d'autre part, le rebut de l'identité de camp n'est pas un sujet, mais un autre *nous*. Tout, dans le jeu du politique, se déroule déjà à la puissance du collectif, de l'intersubjectif. Ce jeu apparaît comme la récurrence, à l'échelle du collectif, du « problème éthique », si le problème éthique consiste dans le défi d'avoir à assumer la demande. Ce qui « fait politique » est une réponse qui serait l'immoralité même, si le problème éthique se retrouvait réellement tel quel au niveau intersubjectif et collectif. Sur ce point, il me semble que la doctrine lévinasienne est plutôt silencieuse : d'un côté, comment ne pas accepter l'idée que ce qui entre dans notre expérience comme un *nous* le fait pour une part selon l'analogie du visage, et que, donc, la requête éthique vaut encore pour un tel *nous* ? À titre individuel ou comme membre de n'importe quel groupe nôtre, nous serions ainsi infiniment en dette vis-à-vis du groupe autre. Mais, d'un autre côté, le *nous* supposé valoir comme visage, aussi bien qu'un *nous* auquel nous nous intégrons, requiert « constitution » au sens phénoménologique, c'est-à-dire qu'il faut qu'il possède un sens. Or ce sens mêle nécessairement à soi quelque chose des perspectives post-éthiques : celle de l'évaluation motivée par le tiers, au sens de Levinas, ou peut-être celle du politique lui-même, qu'il faut voir comme producteur de sens de groupes (dans son geste originaire de rejet le politique façonne le sens du groupe rejeté et du groupe rejetant). Dès lors que le nous est tributaire d'une telle donne de sens, il ne vaut pas purement et simplement comme demande et brisure du monde : l'impératif du secours et de l'écoute ne jaillit donc pas avec la même irrécusable autorité dans le cas de la rencontre du nous.

Mais nous avons aussi à lire d'une autre manière le sens du rejet constituant de l'identité de camp, et tout particulièrement à la lumière des fonctions de la non-naïveté et de l'englobement. L'englobement, et plus généralement l'attitude de non-naïveté requise par le politique, sont en effet une critique pessimiste en acte de la subjectivité athée, qui se voit reconduite en toute certitude et sans indulgence à l'intérêt. Par ce biais, le politique peut fonctionner comme ressource d'une sorte d'éthique négative, qui, interprétant le monde de l'intersubjectivité à l'aune du non-désintéressement, nous renvoie implicitement, toujours et inlassablement, à un accueil d'autrui et des autres *nous* selon la bonne passivité éthique. Certes, cette éthique négative ne procède jamais par auto-accusation, elle dénonce toujours l'intérêt chez l'autre. Mais il est vrai que, le politique étant mis en œuvre de tout côté,

on dispose en fin de compte, en juxtaposant les « accusations » des uns et des autres par les autres et les uns, d'un vaste et persuasif dossier de la culpabilité universelle.
Même si l'on doit concéder ce point, il reste, à mon sens, une faille éthique du politique, faille qui s'attache tout particulièrement à la fonction ici soulignée de la non-naïveté : le politique méconnaît systématiquement cette variante de l'intérêt qu'est l'intérêt de la dénonciation politique elle-même. Il nous apprend, à nous ses adeptes, à « oublier » que les identités de camp sont en dettes sur les identités externes auxquelles elles donnent sens en les thématisant sur le mode péjoratif, et que l'identité de camp définit pour nous un horizon de persistance dans l'être, de conservation dans le champ dialogique, tout à fait analogue aux horizons ordinaires de l'intérêt, que le discours politique se plaît à dénoncer (horizons ayant trait à la santé, la nourriture, la richesse, la consommation, la puissance, etc.).
Cette dernière considération nous invite, je crois, à tenter un examen plus attentif de l'identité de camp, des manières dont elle vaut et persiste pour nous, des affects qui lui sont liés aussi, d'ailleurs.

le camp : la bulle, le bonheur, la blessure

La première chose à décrire, c'est ce que j'appelle la *bulle* du camp. Elle est contemporaine de la constitution de l'identité de camp. Elle consiste dans le vécu de la certitude d'être un camp, sans que ce camp ne soit thématique le moins du monde, dès lors que la mise en scène dévalorisante de l'autre camp a lieu dans le discours. Tout discours qui avère, répète cette mise en scène, avec les moyens que nous avons signalés notamment (l'englobement, la non-naïveté) place le sujet dans une sorte de bulle identitaire, au sein de laquelle il jouit de l'identification à une figure supérieure (celle du camp) d'abord clandestine, implicite, et n'engendrant aucune responsabilité en raison de ce statut dérobé à l'attention. J'appelle « bulle » le contexte enveloppant de flottement agréable offert ainsi à l'habitation politique d'une identité de camp. L'expérience la plus caractéristique de la bulle, c'est celle d'une conversation où nous essayons de colorer nos répliques, sous tous les prétextes, du rejet d'un mauvais groupe. Il peut arriver, d'ailleurs, que, notre interlocuteur ou nos interlocuteurs n'ayant aucune intention d'en découdre avec nous, nos élaborations de rejet ne suscitent aucune réaction. Cela ne compromet pas la jubilation de bulle, qui consiste simplement en la stabilité, la solidité logique de ce à quoi on se sent identifié et par quoi l'on se sent ainsi porté. Kant explique bien comment, dans la connaissance, intervient nécessairement, si du moins l'expérience doit prendre la tournure objective, un *Je pense* pure fonction logique accompagnant chaque représentation. Et il explique aussi pourquoi le sujet empirique ne peut pas s'attribuer ce *Je pense*, simple fonction présupposée par l'analyse transcendantale (il est plutôt, pour ainsi dire, « gouverné » par lui). Eh bien le politique, en quelque sorte, nous offre l'identification à un *Je pense*. Dans le cadre de la mise en œuvre de la dévalorisation de l'autre groupe, je m'identifie comme camp, et cette identité se présente à moi comme non distincte de la pertinence discursive de ma thématisation négative : elle se présente à moi comme d'ordre rationnel si l'on veut. Je « passe » ainsi dans la bulle de cette identité de camp égalée *a priori* à une étroite batterie de jugements péremptoires. Tout ce qui est détermination de moi susceptible de contester ou relativiser cette forme de jugement reflue à l'arrière plan, seule subsiste la bulle, ce lieu détaché de toute réalité où je rejoins un collectif à l'abri de quelques jugements. Je pense ne pas dénaturer les faits, l'expérience, en décrivant comme *jubilation* l'habitation de la bulle, habitation active qui ne cesse de produire l'enclave dont elle jouit.

De cette bulle à la notion de bonheur, la transition est possible. On cite toujours, avec quelque émerveillement, la phrase de Saint-Just « Le bonheur est une idée neuve en Europe ». Elle montre la révolution sous un visage inaccoutumé, et la justifie ainsi mieux que toute autre considération, envers et contre toutes les critiques que l'on peut adresser à sa violence, à son esprit de systématicité, et finalement à l'odieux régime de la Terreur. La révolution, en effet, n'était-elle pas simplement l'effort pour reconstruire le monde en vue du bonheur des gens ? Au lieu que les petits, les humbles, soient vus comme « là pour servir une cause ou un ordre transcendant », ils seraient désormais pris comme fins : toute forme ou règle sociale n'aurait désormais sa justification que dans le bonheur de chacun et de tous. Le bonheur est en effet une idée neuve, qui surgit sur les ruines d'un monde dominé par la nécessité et le destin. Et l'on peut associer dans sa tête la phrase de Saint-Just aux ouvriers découvrant les vacances balnéaires en 1936 avec les congés payés.

Mais, sans critiquer cette entente de la phrase, tout simplement parce que, historiquement juste ou non, elle est souhaitable, je voudrais en suggérer une autre. On peut se demander en effet si la révolution française (un regard plus international et mieux informé trouverait sans doute d'autres sources, mais peu importe ici) n'a pas également inventé le politique, au sens précisément où nous essayons de le comprendre et le décrire dans cet article. Et l'on peut essayer d'interpréter la phrase de Saint-Just en rapport avec cette invention du politique. Ma première lecture fait comme si l'idée de bonheur allait de soi, ou plutôt, comme si elle était en continuité avec l'expérience commune de la joie. J'objecterai qu'il n'en est rien, que, par *bonheur*, nous entendons toujours autre chose que la joie. La joie est une intensité ou un flux qui, sans que personne puisse le calculer, le prédire, le contrôler, envahit, submerge, magnifie la vie dans des moments privilégiés. Ce peut être la joie de retrouver le bitume de l'avenue du Général Leclerc au sud de Paris, après le passage de la Porte d'Orléans et au retour d'un mois de vacances. Ce peut être la joie d'un premier baiser osé, donné et accepté, ce peut être la joie transmise de façon diffuse et étrangement cumulative par la série des toiles d'une exposition, ce peut être la joie liée à l'état de fatigue et à la retombée de l'excitation à l'issue d'une sortie en voilier, cependant que l'on dégrée le bateau, etc. En tout cas, ce sens de la joie, qui me semble premier et incontestable, n'enveloppe rien qui ait à voir avec l'identité. Je suis sorti d'une exposition de Nicolas de Staël dans un tel état de joie alors que je suis généralement incapable d'apprécier le beau pictural, et que cette joie, en conséquence, ne s'intègre à aucune couche reconnue de l'identité de moi que je fréquente. La joie d'une rencontre sexuelle doit sans doute être conçue, en tant que joie, comme quelque chose de par nature ponctuel, éphémère, de non nécessairement rattaché à une ligne de vie, et de merveilleux justement pour toutes ces raisons. Nous avons besoin d'une telle idée de la joie qui est simplement *heur* – qui tient dans une *hora*, une *tychè* favorable – et qui s'oppose sous ce rapport au bonheur : l'ajout du préfixe *bon* signifie en effet en tout cas que ce dont on parle acquiert le statut de la durée, de la stabilité. Le bonheur n'est pas seulement l'heur joyeux, c'est le maintien au fil du temps d'une structure d'ensemble de l'existence : qui, sans doute, accueille et garantit la joie, la provoque de manière interne et sans le besoin d'un facteur de rencontre. Ma conjecture serait qu'en effet, l'idée que la vie individuelle ait à rechercher une telle structure, à l'édifier, à la conquérir, est «neuve en Europe» au moment où Saint-Just parle, qu'elle est liée à l'émergence de l'individu dans le monde bourgeois, qu'elle est un aspect, sans doute extrêmement important, de cette «révolution capitaliste» dont on commence à comprendre ce que Marx pressentait déjà, à savoir qu'elle est la seule révolution qui eut jamais lieu, et que nous n'en finissons pas de vivre les mutations induites par elle. Je pousserai un peu plus loin cette conjecture, en suggérant qu'il n'y a, au fond, que deux formules du bonheur, de la réalisation de cette nouvelle notion du bonheur : l'amour et le politique. L'amour correspondant à la version passive, et le politique à la version active du bonheur.

Expliquons nous quelque peu. L'amour est supposé autre chose que le simple accord pour et dans la relation sexuelle. Deux personnes qui se conçoivent comme s'aimant en disent un peu plus sur elles que l'aveu de leur commerce sexuel. Or ce plus, de quelque manière qu'il faille le comprendre (c'est un autre grand sujet de l'ethanalyse, abordé au chappitre suivant), fait que l'amour procure le bonheur, qu'il y a un bonheur amoureux. Ce bonheur amoureux se laisse bien décrire par un propos comme celui du film *Paris-Texas* : « avec elle, tout était une aventure extraordinaire, même aller faire des courses au supermarché » (de mémoire, sans garantie). L'idée est que chaque petite chose de la vie, parce qu'elle est vécue et traversée dans l'amour, reçoit de ce dernier une *bénédiction*, au sens hébraïque originaire, un supplément relativement à toute attente. L'amour donne un relief à tout élement de vie, et lui procure, de cette manière, la puissance d'un bonheur qui est toujours le même, qui est le bonheur de l'amour. La vie acquiert une identité, elle est le plaidoyer silencieux et passif en faveur de l'amour et de son bonheur, l'affichage gratuit et splendide de ce bonheur de l'amour. Il y a donc bien une figure stable qui enveloppe la série des joies de l'amour, les joies intenses de la sexualité, les abandons bouleversant de l'émotion, et les tout petits plaisirs du quotidien (la soirée télé au lit avec les sachets de nourriture chinoise de Woody Allen et Mariel Hemmingway dans l'appartement avec la *brown water*). Ces joies sont mises en équivalence, elles sont saisies par l'homologie profonde de l'amour au sein de l'identité unifiante du bonheur amoureux. Ce bonheur de l'amour, est-il besoin de le dire, est *reçu*, personne ne peut le produire ou le construire, il procède de manière magique de la résonance imprévisible entre deux êtres : il émane d'un appariement infiniment subtil entre deux labyrinthes personnels.

Je voudrais maintenant décrire, de la même manière, le bonheur politique : la description sera nécessairement plus sèche.

Le bonheur politique commence dans l'assomption d'une identité de camp tout au long d'une discussion, avec un interlocuteur qui offre suffisamment de différence pour que la mise en œuvre de l'identité de camp fasse sens. Ce bonheur est un bonheur de retrouvailles permanentes de soi : au fur et à mesure que je dis ce que je dis, je reconnais ce que je dis comme enveloppé dans la répudiation à laquelle je m'identifie, et je *me* retrouve dans cette identité inaltérable et parfaite que je me suis attribuée. Mais ce peut aussi être un bonheur d'invention et d'interprétation, parce que, au fur et à mesure toujours, je crée le complément de sens qui exprime la répudiation de camp au-delà du contenu originaire qui la définit. Mon identité, comme identité de camp, a été déposée dans un texte, qui, comme tel, jouit d'une éternité et d'une irréfutabilité putative qu'aucun sujet d'existence ne possède : le texte de la répudiation de l'autre camp, le mettant en scène comme abject. Mais ce texte, qui m'offre une constance formelle, qui fait de moi une identité en un sens juridique, est, comme tout texte, support possible d'interprétation. Ma vie glissera en répondant de façon fine à la mouvance du monde sans quitter l'identité de camp, en l'interprétant seulement. De la sorte, mon bonheur consiste dans le cumul de la fixité formelle et juridique du texte et de l'indéfini renouvellement de l'interprétation : l'identité de camp relève par principe de ces deux régimes, et le bonheur politique, comme bonheur de l'identité de camp, les conjugue.

Le bonheur politique, cela dit, atteint sa vraie puissance lorsqu'il se distille au long d'une vie, au lieu de se réserver à une conversation : une personne s'attache à être de bout en bout, sur toutes les scènes où elle comparaît, le camp qu'elle a choisi, c'est-à-dire, en profondeur, la répudiation qui fait ce camp. L'identité de camp est alors exprimée de manière convergente par un métier, un certain usage du temps, une façon de vivre le couple, la famille, etc. La figure du militant, dont on risque d'avoir oublié, depuis le

Traité de savoir vivre à usage des jeunes générations [1], à quel point elle a pu être séduisante, correspond à ce bonheur total du politique. Bonheur dont il faut bien voir, naturellement, qu'il intègre et assume le tragique : la ligne de coïncidence à soi dans la confirmation interprétative de la répudiation de camp s'accomplit volontiers comme dévouement, abnégation, jusqu'à la mort. Il ne me semble pas faux et pas irrespectueux de dire qu'il s'agit tout de même d'une formule du bonheur : que l'on réussit le long de ce dévouement un bonheur qui transcende l'irrationnel contingent de la joie. Le bonheur politique, si l'on veut, c'est la bulle du politique prolongée à l'ensemble du champ humain, mais en telle manière qu'elle paraît absorber le concret de la vie, qu'elle échappe au bout du compte au reproche d'abstraction que l'on peut toujours adresser à l'identité de camp. À celui qui se drape dans l'identité de camp, on peut *a priori* objecter qu'il laisse un petit segment logique, un groupe fini de jugements solidaires, prendre le pas sur tout ce qu'il est par ailleurs, à son insu et de manière riche et vivante. L'accomplissement militant du bonheur politique essaie de prouver que l'identité de camp peut s'égaler à une vraie option humaine complète, peut innerver et animer une personnalité authentique.

Mais le bonheur n'est pas sûr dans l'option politique. Elle expose aussi à une forme de revers qui vaut à mon sens qu'on la décrive, et que j'appelle la *blessure*. L'expérience type à partir de laquelle je la comprends est celle de la discussion politique où l'on échoue à faire prévaloir son camp. Il faut cependant faire attention, et bien distinguer les malheurs possibles. Il y a le malheur narcissique standard, bien connu, qui réside dans le simple fait de faire l'expérience que quelqu'un est peut-être plus intelligent que nous. Cas typique d'un tel malheur : on perd deux parties d'échec de suite contre un ami que l'on n'avait encore jamais affronté,

1. *Cf.* R. Vaneigem, *Traité de savoir-vivre à l'usage des jeunes générations*, Paris, Gallimard, 1967.

mais en qui l'on espérait un adversaire à sa mesure. Et l'on reste après ces deux parties dans un étrange mal à l'aise, dans une insatisfaction profonde : on a le sentiment que le reste du temps passé avec cet ami nous est accordé avec condescendance depuis une puissance mentale supérieure, qui nous interdira désormais d'affecter cet ami, de compter pour lui. Telle est la folie que nous chante alors la blessure narcissique. Perdre, ne pas avoir l'avantage dans une discussion peut naturellement provoquer cette blessure, même lorsqu'il ne s'agit pas du tout du politique et de l'identité de camp. La blessure proprement politique à laquelle je pense correspond au cas où, nous semble-t-il, c'est notre identité de camp elle-même qui a perdu.

Je partirai d'un souvenir typique, pris sur le roman de ma jeunesse gauchiste. Je me souviens d'une discussion, probablement en 1969, avec un camarade d'hypotaupe qui adhérait à un nouveau mouvement nationaliste d'extrême-droite, venant de publier son premier bulletin-manifeste. J'avais lu ce texte, et je me souviens qu'il tentait de récupérer, au profit de sentiments et d'objectifs en substance « fascistes », l'esprit contestataire du gauchiste. Il le flattait en critiquant durement la médiocrité dominante, l'avilissement des individus dans le cadre de la société de consommation. Et il traçait pour le militant néo-fasciste un avenir héroïque et tragique (explicitement, le texte annonçait que « six pieds sous terre avec une balle dans la tête » était le futur probable des leaders de cette horde radicale). J'ai tenté de discuter avec mon voisin de classe (j'étais un des rares avec qui il communiquât), et plus précisément je me suis efforcé de rejeter son option fascisante dans la discussion avec lui depuis l'option ultra-gauche situationniste que j'aimais bien afficher alors : elle était mon identité de camp préférée. Et je me souviens que je suis tombé sur un bec. Mon interlocuteur était peu impressionné par les slogans et les jugements que je lui adressais. Mais plus essentiellement, mon identité de camp était dénuée de prise sur la sienne : elle était impeccable pour fustiger le communiste ou le gauchiste imparfaitement libertaire, imparfaitement subversif dans le champ existentiel, puisqu'elle se fondait sur une thématisation ironique de leurs postures, mises en scène comme captives du « vieux-monde ». Mais le fasciste rejetait lui aussi tout cela, le dépeignait dans des termes semblables, il affichait lui aussi la nostalgie de l'intensité, il vomissait lui aussi le capitalisme comme générateur d'un monde sans âme, sans qualité, sans grandeur. Le point différenciant se situait du côté de l'appréciation de la relation hiérarchique (vue comme bonne intensité du côté fasciste, comme inhibition, dissymétrisation absurde du désir du côté situationniste) et du côté moral de la relation à l'autre homme, à l'autre peuple (le côté situationniste assumant en principe, en tant que forme extrême de la mentalité de « gauche », l'ouverture à tout ce qui est humain, le côté fasciste revendiquant plutôt l'homogénéité et l'exclusion comme opérateurs régénérant l'histoire). Mais ces éléments différenciants ne figuraient pas au centre de l'identité de camp que je voulais jouer : ils étaient par trop empreints d'une morale classique que notre gauchisme d'alors se plaisait à fustiger, à présenter comme « répressive ». Ou bien, ils passaient par une élaboration théorique : il aurait fallu argumenter que la déresponsabilisation hiérarchique des « sans grades » du vieux monde était la raison essentielle de la « médiocrité ». Ce qui ne pouvait pas se faire purement et simplement sur le mode de l'identité de camp, du bombardement catégorisant immédiatement heureux et efficace des « autres ». Il fallait intégrer un moment de savoir, libre du politique, et passer sous le régime du théorique, à deux. Je ne me souviens pas du détail de la discussion, mais je me souviens de l'amertume, après-coup, de cette gêne et de cette déception extrême éprouvée par rapport à l'identité de camp dont j'avais ordinairement le bonheur, et qui m'avait été renvoyée dans cet échange comme une pose faible : non radicale parce qu'elle n'avouait pas aussi franchement son alliance avec la pulsion de mort que le fascisme, et profondément hypocrite parce qu'elle n'avait pas le courage de son moralisme traditionnel.

Il ne faut pas minimiser ce type de blessure : il laisse l'individu dont l'identité de camp est mise en défaut dans un profond état d'insatisfaction, dont le ressort est, je crois, la honte, ou quelque chose d'approchant. On souffre de ne pas avoir validé devant l'autre ou les autres la constitution objectivante des autres comme à rejeter, on souffre du « manque à gagner » en matière de jubilation. On soufre, en fin de compte, négativement du politique lui-même parce que l'on se rend compte, confusément, que c'est l'autre qui a fait camp sur notre dos : on garde du débat où l'on a échoué quelque chose comme une image répudiante de ce camp même que l'on pensait faire valoir, on se retrouve lié à des prédicats qui ont retenti dans la conversation, au lieu de coïncider avec le libre échappement à l'injustifiable, on est thématisé au lieu de thématiser. Ce trouble peut perturber l'individu longuement, le déranger au détour de moments d'oubli, il peut insister auprès de celui qui endure la blessure comme une sorte de tourment moral.

Il apparaît ainsi que l'identité de camp n'est pas seulement une bulle, une formule quasi-logique de l'infrangibilité de laquelle nous bénéficions, une procédure discursive dans l'impersonnalité et l'universalité de laquelle nous nous coulons. Elle est aussi un impératif : elle devient ce que nous avons à être, à produire, à faire valoir. Et si nous n'y arrivons pas, c'est tout notre être qui se trouve frappé à la fois de déréalisation et d'inauthenticité : d'un côté, nous nous sentons amoindri parce que notre camp est balayé, pris au piège, comme mis à nu sous la lumière dialogale, de l'autre nous nous sentons inauthentique parce que notre impuissance à le défendre prouve que nous n'adhérons pas vraiment à lui.

Telle était la trajectoire des valeurs sentimentales du camp que je voulais parcourir : la bulle, le bonheur, la blessure. L'ensemble permet, je crois, de comprendre la place immense que peut tenir le politique dans la subjectivité moderne.

que faire ?

Bien que j'ai tenu à préciser, au départ de ce chapitre, qu'il ne pouvait évidemment pas s'agir pour moi de défendre et argumenter ici une philosophie politique – cela m'est même interdit par l'exigence de la réduction, précisée au cours des développements qui précèdent – je ne doute pas que l'affirmation d'une telle neutralité rencontre un certain scepticisme chez un lecteur formé comme moi-même au politique. Ne perçoit-on pas en filigrane, dans tout notre exposé, et en dépit de nos vertueuses déclarations, le mélange paradoxal d'un dénigrement de la politique comme telle et de l'adhésion à un idéalisme démocratique à la fois fade et convenu ? Même si l'on ne ternit pas le sens de notre ethanalyse du politique d'une telle interprétation malveillante, n'est-on pas en droit de demander quelle est son incidence sur le projet de faire de la politique au sens ordinaire, dans un monde dont on accorderait qu'il perpétue la tradition du politique au sens qui a motivé cette ethanalyse ? Une brève esquisse de réponse à cette question, dont je ne sous-estime pas la difficulté, me semble nécessaire pour conclure le chapitre.

Tout d'abord, il est clair que rien de ce qui a été dit ne veut objecter à l'idée même d'action politique. Quoi qu'il en soit de la région de sens dominée par l'identité de camp, l'humanité s'efforce de prendre la responsabilité de son lien social, elle produit des institutions à cet effet, institutions permettant un gouvernement de la société qui est le sujet de la politique au sens le plus courant. Et c'est évidemment un noble souci de la part de chaque citoyen que celui de ce gouvernement : chacun perçoit que beaucoup de ce qui peut faire le bonheur des individus, la qualité et l'étendue des possibles de leurs vies, dépend de comment un tel gouvernement est conduit.

Il y a donc lieu de chercher à définir des bons contenus et une bonne forme pour ce gouvernement, c'est-à-dire de concevoir et mettre en œuvre des « politiques » au sens ordinaire. Quel est alors le rapport entre cette entreprise légitime et essentielle et ce dont nous avons parlé dans les paragraphes de ce chapitre ? Je vois ce rapport de manière à la fois positive et négative, dans une intrication profonde et difficile.

Premièrement, aucune politique ne pourra être indemne du politique au sens où il a été (eth)analysé ici. Bien que les projets politiques se formulent du point de vue d'un universel qui ne serait pas déjà divisé par ce que j'ai appelé « le camp », finalement, ils sont plusieurs, ils s'affrontent, et ils donnent lieu à du camp, à la fois au sens où du camp se détermine contre eux et où eux-mêmes tendent à formuler leur espoir en termes d'un rejet constitutif de camp.

Or il est bien vrai qu'il y a quelque chose de haïssable dans le politique, dans la « vie de camp » à laquelle il nous enrôle (bien que j'aie aussi essayé plus haut d'en évoquer la joie et dans une certaine mesure la grandeur). Il y a, plus précisément, quelque chose de contra-éthique en lui (bien que, nous l'avons vu, il rejoigne partiellement, dans certaines de ses figures conceptuelles, la critique éthique de l'intéressement). Il me semble donc souhaitable, dans le principe, que toute activité politique cherche à minorer ce haïssable, ce contra-éthique : qu'elle incorpore en tout cas une vigilance à l'égard des « dommages collatéraux » du politique. En précisant bien que c'est vis-à-vis des effets de bord de *notre* politique, du déploiement dans le débat et la pratique collective de *notre* opinion politique, que nous devons être vigilants : ne regarder que l'abus de la politique des autres, c'est le leurre politique même. J'ai le sentiment qu'à travers beaucoup d'embûches, et non sans rechutes cycliques, l'usage contemporain du politique s'attache désormais, peut-être même de plus en plus, à la correction de la nuisance politique.

Mais je ne peux pas m'en tenir à ce plaidoyer en faveur d'une limitation et d'une correction du politique. Je pense qu'il faut aussi reconnaître, an nom de cette évidence selon laquelle toute amélioration de la situation humaine, si elle doit être réelle, doit se produire dans le monde réel, qu'un usage intelligent du « mauvais » politique, de ce politique de l'identité de camp, est nécessaire. Ceux qui parviennent à faire triompher des changements de gouvernance positifs le font toujours en acceptant de coïncider dans le combat politique avec une identité de camp. Il reste alors à déterminer les moyens qui permetttent de vaincre les identités de camp hostiles, résistantes, en jouant pour une part d'elles (en profitant de ce qu'elles peuvent adhérer à ce qui nous semble préférable au nom du rejet dont elles font le camp) tout en les respectant « quand même ». C'est-à-dire en sauvergardant la possibilité que, dans un régime non politique accompagnant toujours le grand jeu de l'identité de camp, les rigidifications des camps soient dénoncées et déconstruites. J'irai même jusqu'à dire qu'un grand homme politique, ou un grand mouvement politique se jugent à cette capacité, sans doute déjà prise en compte dans la tradition de la philosophie politique.

Tout ceci pour dire que l'ethanalyse du politique ne change rien au problème du politique tel que nous le connaissons. Dans le meilleur des cas, elle explicite certaines dimensions de ce qui habite déjà le souci des politiques et de la philosophie politique.

Encore une fois, son principal intérêt, à nos yeux, est de proposer une image, qu'on espère forte et cohérente, de quelque chose qui compte tellement dans nos vies.

ethanalyse de l'amour

« Beaucoup de gens ne connaîtraient rien de l'amour s'ils n'avaient lu les romans... » : cet énoncé désabusé paraît établir la différence entre une aristocratie de l'existence et son reste majoritaire. Nous comprenons tous, néanmoins, lorsque nous en prenons connaissance, que le véritable contenu du constat concerne tout le monde, et qu'il ne s'agit avec lui de rien de moins que d'une phrase sceptique élevant le doute sur la réalité même de l'amour : n'est-il pas, à y réfléchir honnêtement, et en acceptant de comparer nos expériences avec le modèle, une pure fiction, une convention narrative ?

Vis-à-vis de l'amour, nous n'avons pas, semble-t-il, à forcer la réduction phénoménologique, elle est déjà à l'œuvre dans l'attitude naturelle : il fait partie de l'attitude commune, il semble que cela en constitue une couche, de soupçonner l'inexistence de l'amour. Vis-à-vis de « l'amour » s'affirme, avec force, la défiance « empiriste », « pragmatiste », de tous ceux qui suspectent les essences trop bien constituées. Après tout, pense-t-on sans le dire, ou dit-on, parfois, pour le bien de ceux qu'on aime et qu'on voit souffrir, ce qu'il y a vraiment, c'est un bien être fragile et provisoire dans le côtoiement de deux êtres, bien être qui n'enveloppe pas la totalité de leur réalité psychologique et sociale. Ou alors, ce qu'il y a, c'est l'attirance et la connivence sexuelle, avec la versatilité qu'on leur connaît. Une sagesse humaine profonde, discrète mais largement audible, choisit l'impiété à l'égard de l'encombrante idole.

Mais une conviction tout aussi forte s'attache, obstinément, à l'amour avec un grand A. Elle se prévaut de l'expérience, elle aussi. On sourira de la dénégation sage que je viens d'évoquer :

elle est le fait de ceux qui n'ont pas encore croisé la chose, dira-t-on. On traverse des liens sexuels, des liens conjugaux, on partage toutes les pratiques connues pour les rituels de l'amour, dans une vie préalable avec divers partenaires, et puis, un jour, il y a une personne avec qui on échange un regard, et le monde est renversé. On persifle la volonté jalouse de contrôler le don du corps de l'autre, et puis un jour, il y a une personne telle que, lorsqu'elle rit d'une plaisanterie proférée par un autre, on sombre dans l'abîme, navré d'une insoutenable déchirure.

Le *Streit um die Existenz der Liebe*, que je viens d'esquisser, prend naturellement la tournure philosophique d'un débat sur l'acceptabilité de l'idéalité de l'amour, de l'amour comme idéalité. Et de fait, l'amour partage avec les mathématiques un étrange privilège : celui d'avoir donné lieu à une redéfinition régionale du platonisme. De même qu'on qualifie de platonisme mathématique l'attitude de ceux qui ne veulent pas renoncer à l'idée que la mathématique est la connaissance d'une réalité d'un ordre supérieur, de même, on connaît, à un niveau relativement populaire sauf erreur, la notion d'amour platonique. Le platonisme mathématique, comme l'amour platonique, correspondent à une dévaluation de la pratique : d'un côté, on se refuse à élire comme l'objet réel de la mathématique les configurations concrètes entrant dans les manipulations effectives des mathématiciens, pour insister sur quelque chose qui se trouve au-delà, et de l'autre côté, on se refuse à considérer la pratique sexuelle comme le repère de l'amour, comme sa condition nécessaire même, pour poser une consistance déjà parfaite de l'amour sans cette pratique. Les deux attitudes, répertoriées dans les deux traditions concernées, signalent en tout cas que la question de l'existence de l'amour se formule volontiers comme la question de l'existence d'une idéalité.

Sauf que les adeptes de la religion de l'amour diront : rien de plus concret que cette idéalité ! Ils soutiendront, en particulier, que, dans le cas de l'amour vrai, l'absolu adhère à la sexualité, qu'il est congruent avec sa pornographie.

Ce qui précède suffit en tout cas à faire comprendre la plausibilité particulière d'une approche ethanalytique. L'amour est là, dans l'affaire humaine, il est le tenant ou l'aboutissant d'innombrables séries, de la vie quotidienne et de la culture. L'amour ne compte pas pour rien. On se surprend parfois, même dans notre monde contemporain si officiellement érotisé, à trouver absurde l'esquive du fait de l'amour qui demeure la règle. On fait comme si chacun ne « pensait pas qu'à çà », comme si l'amour n'était pas la motivation prépondérante d'une part considérable des comportements d'un nombre lui-même considérable de gens. On ne cesse de vivre comme si l'amour était un comportement privé sporadique, s'ajoutant à un plan public essentiel fait de communication, d'efforts, de neutralité, d'une certaine bienséance : alors même que la parure féminine démontre constamment l'inverse.

Le débat fort spontané, il me semble, dont je viens d'exhiber quelques phases semble témoigner de ce que la stature ontologique de l'amour fait problème. En vérité, ce qui est clair, c'est pourtant que cette question d'existence est d'emblée secondaire comme telle. Même lorsque nous disputons sur l'existence ou la non-existence de l'amour avec un grand *A*, ce n'est pas la conclusion ontologique qui importe en tant que telle, c'est le placement dans le « jeu de l'amour » qui en résulte.

Vis-à-vis de l'affaire de l'amour, d'ailleurs, un autre horizon d'évaluation que la vérité et l'existence se propose : celui du bonheur. On dira que, quoi qu'il en soit de l'essence de l'amour, c'est du côté de ce que le mot recouvre que les gens, dans leur immense majorité, recherchent le bonheur. Toute recherche théorique sur l'amour serait donc dénuée de sens, non pas parce que l'amour avec un grand *A* n'existe pas, mais parce que seule importe la mesure dans laquelle les innombrables amours avec un petit *a* donnent le bonheur. Nous l'humanité serions seulement en quête de recettes nous rendant capables de tourner dans le sens du bonheur les situations amoureuses contingentes que nous traversons. Si une relation nous procure un bonheur sans faille, nous nous soucions comme d'une guigne de savoir si elle instancie l'*eidos* de l'amour. Peut-être la question du bonheur par l'amour est-elle encore une question théorique, voire scientifique, soutiendra-t-on, mais elle l'est à la manière humble du savoir expérimental : elle ne soulève pas, par exemple, la difficulté sans fin et sans fond de la légitimité de l'idéalité de l'amour. Le « scepticisme » des humains normaux et fragiles, des « petites gens » si l'on veut, ceux qui disent « Ne rentre pas trop tard ce soir » dans la chanson de Ferré, et qui concluent « Avec le temps, va, tout s'en va » suggère de se détourner de l'enjeu philosophique de l'idéalité de l'amour.

Sauf que cet a-théorisme désenchanté ne décrit qu'une sagesse illusoire, avec laquelle personne ne coïncide de prime abord : c'est tout au plus, la sagesse-bilan qui s'impose après la traversée de la dévastation. L'expérience est que nous nous soucions de l'amour avec le grand A, et de savoir si nos amours sont l'Amour. Et, même, elle est que nous sommes prêts à payer un prix de malheur effroyable « pour l'honneur de l'amour ». Nous traversons le tunnel de longues années de souffrance simplement parce que nous n'arrivons pas à ajuster dans notre tête le fait que telle personne, avec qui le grand lien avait cours dans notre tête, lui a fait défaut ; ou bien c'est nous qui lui avons fait défaut, ou bien c'est le réel qui a semblé de jamais vouloir inscrire un rêve partagé. En tout cas, l'expérience la plus commune est qu'un sujet est prêt à dépenser des semaines et des semaines, des mois, des années pour tenter de comprendre, de se faire une morale qu'il accepte, d'établir un *droit* de ce qui a été raté, alors qu'il devrait à l'évidence *pour son bien* tout de suite cesser de s'interroger pour reprendre la course au bonheur (ou se convaincre que, de toute manière, l'amour vrai est une chimère).

L'amour est donc le nom de quelque chose contre quoi nous prémunissent *a priori* des stratégies sceptiques, empiristes, pragmatistes : nous n'avons pas besoin d'aller les puiser à la tradition philosophique. Mais l'amour, tout aussi clairement, nous transmet, bien souvent envers et contre nous, le problème de son authenticité, de sa réalisation dans ce monde, et nous conduit à interpréter notre vie comme au service de ce que d'aucuns auront envie de nommer son mythe.

J'avance l'hypothèse que l'ensemble des indices recueillis jusqu'ici témoigne justement que l'amour est affaire de sens, et pas directement ou avant tout affaire d'être ou de bonheur. Le bonheur est escompté de l'amour, un bonheur de base, susceptible d'effacer l'aspérité de tous les autres malheurs, à la limite même celui de la mortalité : mais s'il en va ainsi c'est précisément en raison du sens de l'amour. La question de l'amour vrai, de l'illustration authentique de l'amour se pose dans les vies humaines : mais il en va ainsi en raison du sens de l'amour, à nouveau, c'est le sens de l'amour qui enjoint la tâche d'illustrer son idéalité, en quelque sorte.

Dans les termes de l'ethanalyse, nous dirons donc que l'amour est le nom d'une région de sens de l'affaire humaine, ou encore, que le mot *amour* est un *sollicitant*. Dans la région appelée par ce sollicitant a cours ce qu'on appelle le jeu de l'amour, et, au sein de ce jeu, il s'agit de relancer les situations, par toutes les voies de ce que l'on fait et de ce que l'on ressent, conformément au sens de l'amour, d'aller comme le demande l'amour.

Notre tâche sera, donc, de déterminer simplement ce que demande l'amour, quelles sont les règles implicites qui président à la circulation du sens de l'amour, à sa relance et son interprétation infinie.

Mais pour le faire, ou du moins en vue d'une première exploration du sujet, je vais passer par le *thaumazein* le plus classique de la philosophie. Je vais chercher à mettre en exergue ce qui, de l'amour, passe l'entendement, défie la compréhension évidente : mon pari est que l'examen de ces énigmes, conjugué avec un effort rationnel pour empêcher qu'on les minimise, ouvre la voie à l'entente de la demande de l'amour. La difficulté inhérente à une telle approche est que, habitués à vivre dans un monde connaissant l'amour, marqué par l'amour et sa compréhension dont procède une connivence entre nous, nous sommes dans la plupart des cas incapables de nous étonner, d'envisager l'affaire humaine comme si le jeu et l'enjeu de l'amour n'étaient compris de personne, c'est-à-dire en profondeur comme si l'amour n'était pas demandé. Telle est la tâche réductive à accomplir, donc : rejoindre le mode d'accueil de celui pour qui ce jeu et cet enjeu ne font pas sens, de celui qui, s'il doit parler les mots et le langage de l'amour, « (...) parle une langue étrangère. »[1]. Mais celui dont je parle porte déjà un nom propre, cette posture du défi anticipé des liens d'Aphrodite était connue des Grecs : c'est celle d'Hippolyte. Suivons donc la voie réductive et retrouvons en nous, si possible, le regard d'Hippolyte.

amour / amitié / sexualité

Le premier motif d'incompréhension, je crois, porte sur la liaison dans un sentiment supérieur de l'amitié et de la sexualité.

Dans un monde qui ne connaît pas l'enjeu de l'amour, l'amitié est néanmoins connue, et reconnue comme mode sentimental. Pourquoi va-t-elle de soi ? Parce qu'elle ne prétend pas à un autre contenu, il me semble, que celui de la relation des ami(e)s : sont amis ceux qui se côtoient de façon récurrente, et dans un climat tel que cette fréquentation renforce l'amitié comme telle. Si je suis l'ami(e) de quelqu'un(e), non seulement je coexiste régulièrement avec cette personne dans des activités mutuellement heureuses, mais cet élément de satisfaction motive la régularité, appelle le nouveau croisement. Le rythme et la durée des rencontres paraissent alors une bonne mesure de l'intensité de

1. Cf. *Phèdre*, acte II, scène 2 : « [Songez que je vous parle une langue étrangère,] [Et ne rejetez pas des vœux mal exprimés,] [Qu'Hippolyte sans vous n'aurait jamais formés.] ».

l'amitié. En sorte que nous n'aurions aucun effort de définition à consentir, pour caractériser la flèche sentimentale de l'amitié : l'amitié est le lien heureux récurrent comme tel, dont on peut postuler qu'il possède à chaque fois une teneur affective particulière, qu'il est sentimentalement variable, sans créer de difficulté par là même au concept de l'amitié. En particulier, nous n'aurons jamais à concevoir que le sentiment d'amitié, éprouvé par l'un des amis, puisse précéder la relation d'amitié et l'appeler, la convoquer : une « déclaration d'amitié » à intention fondatrice ne semble pas chose adéquate à ce concept d'amitié. Le « parce que c'était lui, parce que c'était moi » de Montaigne à propos de son lien avec La Boétie contrevient-il à un tel concept ? Je laisse les connaisseurs en juger, je n'en suis quant à moi pas certain (que l'amitié soit ce qu'elle est de manière à chaque fois absolument singulière cadre avec la notion ici mise en avant, en tout cas).

Si l'on tente d'analyser l'amour dans la foulée de cette amitié non problématique, une première voie paresseuse se propose : l'amour serait simplement le nom des amitiés incorporant le mode sexuel de satisfaction mutuelle (plutôt que le billard, le cinéma ou le restaurant). Il décrirait donc seulement une classe d'amitiés particularisées par une activité composante du commerce amical. La définition en cause de l'amour comme amitié sexuelle considère ainsi le syntagme amitié sexuelle comme faisant sens sur le mode catégorématique, c'est-à-dire comme désignant exactement tout ce qui est à la fois amitié et sexuel, l'intersection des deux aires référentielles. La contre-proposition, bien entendu, consiste à dire que l'amour est l'amitié sexuelle au sens syncatégorématique d'une composition contextuelle : l'amitié n'est plus la même du fait qu'elle est sexualisée, de même que la sexualité n'est plus la même dès qu'elle est amicalement.

La discussion sur l'essence de l'amour qui s'instaure, pour être complète, renvoie à une autre possibilité, qui serait celle du réductionnisme strict : on réputera que l'amour est la sexualité purement et simplement. Que tout ce qui s'établit comme lien entre des êtres et qui s'excepte de la recherche de plaisir sexuel au moyen des corps n'est déjà plus de l'amour, ne peut pas l'être. Le mot amour désignerait la sexualité, à travers l'ensemble de ce qu'elle colore et récupère à son profit dans le monde. Compte comme amour tout ce qui prend sens dans le cadre de la recherche et la mise en œuvre de rapports sexuels (la parure, par exemple, même dans les cas les plus anodins, appartient au registre de l'amour). Dans cette perspective, l'amour n'aurait plus rien à voir avec l'amitié, il serait le nom d'une sorte de finalité indifférente à la stabilisation heureuse que désigne l'amitié.

Si les trois options sont suffisamment exposées (l'amour est l'amitié sexuelle catégorématique, l'amour est l'amitié sexuelle syncatégorématique, et l'amour est la sexualité non nécessairement amicale), reste à produire vis-à-vis de leur compétition l'étonnement d'Hippolyte.

L'étonnement que je cherche à formuler consiste essentiellement en le refus ou l'impossibilité de croire en la formule qui, si évidemment, correspond le plus à la « tradition de l'amour » : celle d'une amitié sexuelle syncatégorématique, en laquelle le croisement de l'affect amical et de l'affect sexuel, ou de la pratique amicale et de la pratique sexuelle, ou de la conscience amicale et de la conscience sexuelle, produit un nouveau terme – affect, conscience, pratiqu – non réductible à la somme (c'est-à-dire ce que nous avons aussi appelé intersection) des deux. Et l'argumentation de ce refus sera, bien entendu : mais après tout, qu'est-ce qui se passe *réellement* entre deux personnes liées par une relation amoureuse ? Y a-t-il autre chose à trouver dans le commerce réel, si on le décompose en tout ce qui le jalonne, que des comportements amicaux et des comportements sexuels ? De se tenir par la main à se faire jouir des diverses façons dont le corps le rend possible, nous avons une série de concreta sexuels. De se raconter sa journée à faire une photocopie pour l'autre, penser à lui, compter *a priori* sa personnalité comme quelque chose avec quoi l'on dialogue, ou jouer au squash, nous avons une autre série de gestes ou pensées s'inscrivant dans la série de l'amitié. Or, l'être de l'amour peut-il être réputé ailleurs que dans ce à quoi il donne lieu, dans ce à travers quoi il est occurrent ? Si la réponse est positive, cela semble équivaloir à la position d'une idéalité de l'amour (de quelque chose qui transcende toutes ses occurrences). Mais le problème de l'idéalité est ici compliqué de celui de l'hétérogénéité des deux séries. Ce qui est difficile à admettre, ce n'est pas seulement que l'amour soit autre que les occurrences qui l'attestent, mais aussi qu'il puisse être *un* dans la transcendance à l'égard d'éléments de séries disparates. Et, en même temps, cette hétérogénéité exige d'autant plus la transcendance : s'il y a une unité non additive de l'amitié et de la sexualité, ce ne peut être qu'au niveau de ce qui domine les occurrences de l'une et de l'autre. Au plan horizontal où la distinction est possible, où elle s'impose naturellement, l'unité est déjà perdue, ce qui serait son sens propre est hors de portée.

Le doute sur l'amour me semble, au fond, le même de la part de qui prétend le réduire à la sexualité : cela correspond à une position plus radicale, mais inspirée par la volonté de s'en tenir à ce qui possède des occurrences bien identifiables. Revenant à ce qui a été dit de l'amitié plus haut, on dira que le contenu affectif ou sentimental est par trop insituable, par trop indéterminé. En fait, l'amitié peut se dire de toute forme stabilisée dans une relation, elle ne détermine donc pas une catégorie de la théorie des sentiments ou des affects : elle n'est justement pas sentiment ou affect, bien qu'elle puisse toujours accueillir les uns et les autres, comme résultat ineffable et nostalgique de la fuite même de nos vies dans les histoires où elles se prennent. Lorsque, dans *L'ami retrouvé*, le héros apprend – si longtemps après – que son ami d'adolescence lycéenne a été membre du complot ayant conduit à l'attentat contre Hitler, l'émotion sentimentale est implicite à ce qui arrive au sens strict : par delà la mort et après la bataille, une ultime occurrence de l'être-ensemble-dans-la-relation, occurrence qui se laisse logiquement reconstruire entre celui qui a voulu tuer le monstre et celui qui en était la victime désignée. L'idée de l'amitié est que l'affect – le lien comme *quale* dans le spectre des sentiments – s'inscrit en plus de ce qui est toujours assumé dans la pudeur d'une co-existence allant de soi et se suffisant. L'ami, c'est celui que l'on côtoie sans rationaliser, à qui on ne dit pas qu'on l'aime, qu'il nous manque, que l'on a besoin de lui. On va travailler même lorsqu'on est malade pour le retrouver sur le lieu de travail, mais on est libre et il est libre, on fera tout de même comme si tout cela était facultatif dans la construction de la vie.

Dans ces conditions, si l'amour a quelque chose de spécifique, dira-t-on, il se tient tout entier dans ce qui en est l'indicateur empirique le moins contestable, et qui est la sexualité, entendue plutôt comme le plaisir sexuel que comme la fonction procréatrice. On dira donc que l'amour est la sexualité, qu'aimer, c'est offrir son corps au plaisir d'autrui, ou prendre le corps d'autrui comme voie de plaisir : le don de l'amour est autant dans la prise que dans le don du plaisir. Le langage passionnel est une vieille terminologie décalée que l'humanité s'est donnée, et qui a été, avec le temps, surchargée de contenus idéalistes et de conditions impossibles, mais le fond sexuel reste accessible et reconnaissable. Une conséquence est que l'amour est multiple et polymorphe : nous sommes impliqués dans l'amour par tout ce qui se trame en nous dans la perspective de la jouissance sexuelle, même si celle-ci est parfaitement virtuelle ou différée. Les femmes et les jeunes filles de France ont été et sont encore parfois, je crois, amoureuses de Claude François, parce que sa jolie gueule et sa façon de gigoter leur inspire (leur inspirait) l'envie de faire la chose avec lui : même si, comme dans la plupart des cas, de cette impulsion strictement interne rien ne devait jamais résulter au dehors. Vous êtes amoureux de cette caissière dont vous avez regardé avec lourdeur le buste et le maquillage une fois que vous passiez dans ce supermarché. L'amour se module selon une quantité dont la chose sexuelle est l'arbitre et l'étalon, à quoi l'on peut adjoindre, si l'on veut, le paradoxe de Flaubert : ce que nous avons eu de meilleur, c'est le désir. Il y a deux modèles sexuels, celui de Rosanette, celui de la sexualité heureuse et effective dans les marges de la révolution, et celui du bordel, où il n'y a que le désir : peut-être la quantité intensive du désir vaut-elle d'ailleurs plus cher que la quantité extensive du bonheur. De toute façon, pour Flaubert, le vrai modèle, celui de l'amour mythique, est à côté, est ailleurs, c'est Marie Arnoux qui le donne, avec tous les attributs splendides de l'idéalité. Mais nous ne nous occupons pas de cela ici. Ce que nous voulions dire, pour le moment, c'est que la réduction de l'amour à la sexualité nous semble une option similaire à sa réduction à l'amitié sexuelle : dans les deux cas, il s'agit essentiellement de récuser l'amour idéal et mythique, prétendant se situer « par delà » le sexuel et conjuguer amitié et sexualité au-delà d'elles-mêmes. La réduction à la sexualité prend simplement acte de ce que, si l'on refuse la composition transcendante de l'amitié avec l'amour, l'amitié n'ajoute au fond rien, et il ne reste que la sexualité. Il y a plusieurs manières d'interpréter la réplique du mini-feuilleton *Un gars une fille* : « Une copine avec qui l'on couche, c'est une maîtresse, chéri ». Soit on comprend qu'elle pose l'égalité de l'addition ou l'intersection de la sexualité et de l'amitié avec l'amour ; soit on comprend qu'elle dénie que celle avec qui l'on couche puisse être de manière importante et pertinente une amie, ce qui conduit à ranger plutôt, avec toute l'autorité du réductionnisme, la relation dans le champ de l'amour comme relation sexuelle. Lue de l'une ou l'autre de ces deux manières, la réplique est sceptique. En fait, dans le contexte de la série, je pense qu'elle a exactement la valeur inverse : on suspecte la transcendance de l'amour derrière ce qui semble ne pas l'impliquer. On ne « croit pas » à la possibilité de l'amitié sexuelle, ce qui revient à conjecturer que forcément, la mayonnaise prend pour emmener au-delà de l'amitié comme de la sexualité. Ou, mieux encore, on pense que la sexualité, comme principe d'ouverture radicale, engage toujours dans la transcendance de l'amour.

Et les liaisons d'une nuit ou d'un après-midi sont, donc, de pauvres amours jamais exaltés, mais de vrais amours tout de même.

Pourquoi, malgré ce que nous avons pu dire, la position d'Hippolyte est-elle intenable ? C'est, semble-t-il, parce que l'expérience nous enseigne la transcendance de l'amour. Mais comment est-ce possible ? Chaque fois que l'expérience enseigne une transcendance, on crie au paradoxe, on objecte un argument logique imparable : ce qui est expérimenté n'est-il pas, pour ce motif même, immanent ? C'est ainsi que beaucoup récusent le « platonisme mathématique » : si réellement les objets mathématiques sont au-delà de tout sensible, comment y avons nous accès, et comment pouvons-nous les connaître ? (je reprends plus ou moins les termes de Benacerraf). On conclut que l'allégation de la transcendance est toujours le fait de la théologie, qui postule à la fois le transcendant et son représentant intime dans l'âme, faisant le pont entre lui et nous. De même, Levinas nous enseigne que la transcendance se saisit de nous dans le face-à-face éthique. Niant que l'expérience puisse porter une telle contrainte, certains concluent que la phénoménologie est devenue théologique, ou bien qu'autrui est en fin de compte éclipsé, chez Levinas, par l'illéité du très haut. Que le dérangement de l'infini, de la transcendance, puisse constituer la trame ordinaire et quotidienne de la vie humaine, qui ne peut que fort rarement s'installer dans les coordonnées finitaires et contrôlables désirées par le sens commun, voilà ce que tellement de réflexions s'obstinent à nier, même lorsque c'est au nom d'un impératif grandiose de l'immanence, dont le caractère profondément conservateur n'est pas aperçu.

Mais revenons à l'amour, et à la déception d'Hippolyte. Qu'est ce qui nous enseigne que l'amour n'est pas l'amitié sexuelle, ou ne se réduit pas à la sexualité ? Ceci, par exemple : lorsqu'une relation s'est longuement établie dans le registre de l'amitié, son passage à l'amour est infiniment difficile, comme conjuré et impossibilisé par mille « lois » jamais édictées mais rigoureusement ressenties : « je ne pense pas à (elle, lui) de cette façon ». Le passage peut se faire quand même, mais il est une révolution douloureuse, et non pas l'addition d'un nouveau jeu dans l'amitié. C'est ce que raconte *When Harry meets Sally*. C'est aussi ce qui est évoqué dans *Friends* lorsque Joey tombe amoureux de Rachel. Je reviens aux fictions ? Passons aux romans de nos existences. Le fond de cette difficulté réside, bien évidemment, dans le fait que la sexualité, en réalité, n'est pas élective, ou plutôt, n'est jamais absente : une amitié homme-femme, dit la sagesse populaire, répètent les magazines féminins, n'est possible que s'il n'y a pas d'attirance. Mais il y a toujours attirance. Même les limites contingentes apportées par telle ou telle clause de dégoût tombent dès qu'on connaît les gens. Si vous avez été un jeune homme habitant de « classes » successives, de la sixième au séminaire de votre patron de thèse, vous avez sans doute remarqué que, au début de l'année, le constat est « il n'y aucune jolie fille cette année », et, à la fin de l'année, il y en quatre ou cinq dont la valeur de désirabilité, totalement hors de doute, peut faire l'objet de longues discussions admiratives. « En réalité », suivant un programme dont j'ai beaucoup de mal à considérer qu'il est une loi de la nature (du genre équation différentielle régissant un phénomène), non seulement l'attirance est toujours disponible, mais on est au bord de tomber dans le geste tendre, pour un motif qui peut être totalement a-sexuel, dès que l'on fréquente assidûment quelqu'un : parce que notre amitié humaine est tendresse, notre tendresse est gestuelle, et, finalement d'ailleurs, notre gestuelle est sexuelle. Mais ne suis-je pas en train de me contredire ? Pas du tout : ce que je dis est que toute la continuité possible est donnée de l'amitié à l'amour et que, néanmoins, le basculement de l'un à l'autre reste formidable, reste l'événement par excellence. Céline Dion : « Je ne sais pas si par amour ou par pitié je franchirai cet océan qui va de l'ami à l'amant ». C'est cela l'enseignement de l'expérience. Ou encore : tel ami, que je cite volontiers dans mes livres, m'a expliqué un jour qu'au moins dans sa phase de vie jeune, il commençait toujours par la relation sexuelle, avec toute femme, avant de discriminer si elle était de la catégorie des amies ou de celle des amantes. Dans ce sens la chose lui semblait possible, et pas dans l'autre : la sexualité, si je comprends bien, nous donne la chance symbolique de l'amour, et si l'on veut l'amitié, il suffit de retirer cette symbolique, alors que si on l'a exclue, il faut une révolution pour la réintroduire. D'où le caractère rationnel et économique de la procédure de mon ami. Cette procédure rappelle aussi, en tant qu'elle est viable, que la sexualité est à peine une propriété relationnelle spécifique, elle est, par tout un côté, la dynamique de base, il suffit de se laisser porter par le flux et les rites de la manifestation de soi comme homme et femme dans une relation, par exemple, pour se retrouver dans la sexualité si l'on n'y prend pas garde, c'est-à-dire si l'on ne symbolise pas la non-sexualité. Finalement, la sexualité est un peu comme l'amitié, elle est un mode de déploiement irrépressible, elle est un fait dominant, à l'instar de l'amitié qui se dit de toute relation se stabilisant dans la durée. L'amour, au contraire, est improbable, et lié à ce que j'ai appelé déjà le symbolique, et dont je demande que l'on ne s'empresse pas de l'interpréter à l'aune de thématisations connues.

Prenons, pour le moment, les choses de l'autre côté. La sexualité n'est pas l'amour, nous en avons l'expérience tout aussi forte, et dans le malheur. Lorsque nous aimons quelqu'un et que cela nous fait souffrir, et lorsque nous couchons avec quelqu'un d'autre, cela ne suffit nullement à nous guérir de la souffrance, et même dans le cas où le commerce sexuel avec cette autre personne a pu être plein, réussi, puissant : de la mauvaise baise avec l'être aimé perdu le prestige nostalgique n'est que plus grand. A l'intérieur de la relation amoureuse, la sexualité apparaît comme un ingrédient, comme un langage. Essentielle à la signalisation même de la relation amoureuse lorsque celle-ci se constitue – et donc, le plus souvent, dominante dans cette phase – elle s'instrumentalise de façons variées dans la relation faite, instituée : ou bien elle est le rappel de la qualité amoureuse de celle-ci, ou bien elle est une gymnastique valétudinaire des corps de ceux qui coexistent, ou bien elle est un mode de l'abandon, de l'échappée au sérieux ou au souci, éventuellement elle est tout cela à la fois, mais elle perd ce caractère plus ou moins obligatoire qu'elle possède dans l'entame. La note sexuelle devient une note d'une mélodie ou d'une harmonie qui se joue dans tous les registres de l'existence. Ces emplois et ces valeurs de la sexualité indiquent tous qu'elle n'est pas l'amour, parce que chacun ou chacune révèle une façon dont l'amour joue de la sexualité. On pourrait, symétriquement, tenter de décrire comment la sexualité joue de l'amour. Par exemple, en invoquant la remarque que l'on trouve chez Crébillon fils, je crois, remarque cynique et de guerre des sexes, selon laquelle les femmes usent de l'idée qu'elles ne font l'amour que lorsqu'elles aiment pour passer d'amant en amant : il suffit d'alléguer que l'amour les embrase pour un nouvel objet. L'idée est que la véritable finalité opérante est celle de la sexualité, avec son caractère expérimental et perpétuellement blasé, dont procède la demande qu'on fournisse le décor d'un nouveau partenaire : elle se déguise seulement dans le langage et la théorie de l'amour. Le discours masculin symétrique, réputé plus honnête dans le contexte, est celui de la possibilité de faire l'amour sans aimer. Ces dispositifs de pensée et de langage, variables selon que la tendance propre de la sexualité s'intègre ou se déguise dans le rituel et le mythe de l'amour, attestent tout aussi bien la différence ethanalytique des deux : il ne s'agit pas des mêmes enjeux régionaux, des mêmes ethos, si l'un use de l'autre et l'autre de l'un.

Un lieu commun semble affirmer l'inverse : c'est celui qui dit que le syntagme « faire l'amour » avoue – et promulgue – l'identité de la sexualité et de l'amour. Mais, d'abord, la sexualité est bien plus diverse dans ses voies que ce que désigne, si je n'ai pas tort de l'entendre ainsi, le « faire l'amour », où je vois surtout le nom du coït classique (on peut discuter, sans doute, mais je citerai tout de même les plausibles dénégations de Bill Clinton à l'appui ; par ailleurs, la valeur des mots pourrait changer dans un idiolecte homosexuel). Et puis, il me semble que le sens de l'expression *faire l'amour* est mieux saisi si nous lui adjoignons comme interprétant « ce que rêve l'amant, l'amante » selon *Économie libidinale* [1] : que l'on opère les pénis et les vagins pour que leur emboîtement ne puisse survenir qu'en cas d'amour vrai. Ce rêve réclame, en quelque sorte, une ré- ou une pré-instauration naturaliste de la loi de l'amour (un peu du même genre que le bridage des moteurs des voitures, pour éviter les accidents mortels). Une telle demande vise, bien entendu, à ce que faire l'amour coïncide toujours avec ce que son sens paraît exiger (l'accomplissement de l'amour). Mais on ne peut pas contraindre le langage, et le syntagme a pris la valeur d'une simple désignation du comportement supposé, dans la religion de l'amour, être celui de ceux qui s'aiment, sans inclure la piété de ceux qui l'adoptent. Là encore, le langage commun trahit la reconnaissance de la distinction de l'amour et de la sexualité, soit en autorisant un usage faible de *faire l'amour*, ouvrant la possibilité du faire l'amour sans l'amour (par exemple, lorsque la question « as-tu déjà fait l'amour ? » est posée, c'est ce sens qui passe), soit en offrant la distinction *faire l'amour / baiser* dans l'autre hypothèse. Rien n'est jamais joué dans le langage, et la leçon ultime est probablement que les mots n'ont pas de sens, comme l'enseignent, il me semble, Cadiot et Visetti [2]. Nous pouvons tout de même conclure de cette brève exploration que la cause de la coïncidence n'est pas emportée par la simple existence en langue de l'expression *faire l'amour*. Par parenthèse, dans *Économie libidinale*, J.-F. Lyotard refuse la réalisation de son rêve à « l'amant, l'amante » : « Or il faut qu'il n'y ait pas une telle

1. *Cf.* J.-F. Lyotard, *Économie libidinale*, Paris, Minuit, 1974, p. 304.
2. *Cf.* P. Cadiot, Y.-M. Visetti, *Pour une théorie des formes sémantiques*, Paris, P.U.F., 2001.

infaillibilité, c'est notre ultime et grand recours contre la terreur du vrai et du pouvoir »[1], écrit-il.

On peut, pourtant, défendre l'équation de l'amour et de la sexualité sur un mode plus essentialiste, non pas à partir de ce que nous comprenons ordinairement comme l'amour et la sexualité, mais à partir d'une analyse interne de la sexualité. Ne s'agit-il pas toujours, dans celle-ci, de parties frontières du corps, d'orifices, de pénétrations ? Ne s'agit-il pas même, plus généralement, d'une ouverture du corps à l'autre corps qui ne peut vouloir dire et accomplir qu'une ouverture sans limite ? Il suffit de comprendre le corps non pas comme un lieu autonome et particulier de la subjectivité, mais comme le support de tout, le signe ou l'annonce de tout : comme quelque chose qui est le sujet de façon si primitive et si incontournable qu'il n'en exclut rien, étant appelé à collaborer à tout fait subjectif. Qui s'ouvre selon le corps s'ouvre donc dans tout registre.

Cette interprétation de la sexualité peut se redoubler de la prise en compte du plaisir. La sexualité est un commerce qui promet et donne le plaisir. Mais il en résulte que confier son corps à l'autre pour le plaisir, user du corps de l'autre pour le plaisir sont des actes bouleversants. Je perds la possibilité de valoir comme un acteur loin derrière ses comportements, maître d'une identité qui me suffit et dont je joue dans l'autarcie, dès lors que j'entre dans un scénario où mon plaisir doit s'afficher, que je grogne ou non : comment pourrais-je dissimuler l'urgent besoin stupide du contentement sexuel ? Le rapport sexuel consiste largement en la mutuelle exhibition de cette urgence, de cette faiblesse de tous les *ego* devant leur joie. Tout collabore, dans la sexualité, à cette levée des barrières et des défenses, à cette exposition : on se déshabille, on inverse la valeur de dégoût des sécrétions, sans parler du fait que l'on remue un peu n'importe comment, que l'on assume une

1. *Cf.* J.-F. Lyotard, *Économie libidinale*, Paris, Minuit, 1974, p. 304.

gestuelle ni technique ni artistique, juste dédiée aux personnes et aux plaisirs. Bien considérée, la sexualité, comme jeu des corps avec l'enjeu du plaisir, théâtralisé par la mise à nu, semble envelopper déjà une formule mystérieuse de l'amour, un contrat éthique illimité en tout cas.

En d'autres termes, le réductionnisme a raison de voir dans la sexualité la vérité de l'amour, mais à condition qu'on se donne de la sexualité une notion non naturaliste justement. Propos entendu dans une émission de Mireille Dumas, où elle interviewait un dragueur professionnel, un des ces hommes au profil étrange qui passent leurs journées à aborder des femmes en vue de la conclusion sexuelle : il déclarait obtenir 30% de succès, ce qui laisse rêveur parce que nous sommes incapables de savoir si cela fait beaucoup ou peu. Mais surtout, il déclarait que le moment le plus fort de ce qu'il vivait ainsi sans relâche et de façon répétitive était celui du premier baiser, qu'il interprétait aussitôt comme promesse d'ouverture : il me semble me souvenir qu'il disait « un corps qui s'ouvre... » avec emphase. Le baiser, à vrai dire, est une mutuelle pénétration. Mais comment ne pas entendre, dans ce témoignage, la confirmation de cette caractéristique essentielle de la sexualité : ce qui s'y passe vaut déraisonnablement pour le tout des subjectivités, c'est pour cela, et pas seulement en raison de la vraisemblance de la relation sexuelle coïtale après le baiser, que cet homme pouvait donner une telle valeur au contact explorateur des langues.

De même, dans un film d'Alexandre Arcady, où Michel Galabru joue le rôle d'un homme énorme et repoussant, qui a gagné au moyen de sa fortune la main d'une jolie fille qu'il désirait : se préparant à sa nuit de noce, il discute avec un ami, et ce dernier lui dit qu'il faut accepter d'être petit devant le plaisir, tel est le secret de tout. Cette fois, c'est l'accomplissement et l'expression de l'abandon dans la sexualité qui en apparaît comme le mystère essentiel.

Pourtant, malgré tout cela, la sexualité ne peut pas réellement prétendre capturer l'amour, pas plus à la faveur de cette interprétation magnifiante que dans l'interprétation animale, fonctionnelle. C'est que rien de ce que nous avons dit n'est nomologiquement lié à la sexualité. Le corps est, de ce point de vue, comme la pensée : il se joue des gestes comme des mots, et les corrige par une « perspective » ajoutée. Il entre dans une symbolique tout en s'en retirant, il s'abandonne tout en prenant congé, il jouit en marge de sa jouissance, simple spectateur de la performance en cours. Ou est-ce la pensée qui surdétermine ainsi le corps et le trahit ? Pas sûr, mais possible aussi. La grande règle est qu'aucune divinité de la vie n'est jamais convocable avec certitude. Ce n'est pas parce que l'on a invité à une fête qu'il y a fête, ce n'est pas parce qu'on respecte le rituel de la cure que la cure a lieu en tant qu'expérience de l'inconscient qui déborde un cadre, ce n'est pas parce que l'on fait les gestes de l'amour que le corps prend pour nous la valeur que ces gestes sont supposés recueillir. La chanson de Nicoletta et Bernard Lavilliers dit « Où es-tu, quand tu es contre moi ? Je m'enfuis ». Le défaut de la sexualité par rapport à l'amour est qu'elle est toujours circonstancielle. Alors que l'amour a forcément quelque chose de définitif, d'absolu, d'intemporel, comme un orage qui reste en soi-même et ne s'épuise pas. Nous faisons cette expérience, nous faisons, en fait, des expériences contradictoires : celle de l'amour qui se relance et se reprend dans la sexualité, parvient à trouver en elle tout ce qu'elle lui promet pour d'excellentes raisons, *et* celle d'une trame de l'amour complètement indifférente à ce que nous faisons de notre corps, qui s'alimente à autre chose, et reste maîtresse de nous que nous ayons ou n'ayons pas un lien sexuel, avec l'être aimé ou avec d'autres êtres que lui.

On peut, notons-le bien, suivre la piste exactement inverse, la piste anti-réductionniste si l'on veut, pour prétendre que l'amitié est la vérité de l'amour. Et il y aurait quelques raisons de le faire. On dira que la définition de l'amitié comme pure forme ou intensité acquise d'une relation singulière convient justement à la singularité de l'amour : que, ce que chacun dénomme l'amour, c'est un lien duel jamais le même comptant infiniment, comptant pour tout pour deux personnes. Que, dans l'amitié, toutes les formes de la conjugalité et de la tendresse passent. Que, de fait, on souffre autant pour l'amitié que pour l'amour (la dégradation d'une amitié en guerre, en mésestime et en violence est une expérience tout aussi désastreuse que celle de la perte d'un amour). Que la jalousie quant à l'amitié n'est pas moins vivace et moins radicale que la jalousie quant à l'amour. Cela revient à affirmer que l'absoluité du sentiment et de la relation, où l'on déciderait de voir le fond de l'idéalité de l'amour, s'atteint déjà sous le régime de l'amitié. Et l'on considérerait alors comme en un sens beau et satisfaisant que la capacité d'absolu dans la relation que le mot *amour* désigne ne dépende d'aucune particularité de la relation, comme la sexualité ou la filiation. Là aussi, quelle que soit la plausibilité de la ligne ainsi suivie, je ne vois pas comment on peut passer par dessus la réflexion d'Elsa Triolet et d'Aragon, déclarant dans une interview, à propos de Sartre et De Beauvoir, que ceux-là étaient des amis et pas des amants, pas un couple. On ne sait pas trop ce qu'ils voulaient dire et s'ils avaient raison dans l'application de leur critère, mais comment nier que nous, les humains, comprenons et validons une telle distinction ? Et lorsque l'amitié s'absolutise comme je viens de dire qu'elle peut fort bien le faire, nous estimons tous qu'elle sort en un sens de son régime de base, qu'elle s'hystérise à un niveau qui n'est pas son niveau propre. Alors que les excès, les obscénités de « Qui a peur de Virginia Woolf ? » ou de « La mégère apprivoisée » nous paraissent se placer sans problème dans un cadre de l'amour ayant depuis toujours prévu leur démesure.

Telle est une première méditation sur une première aporie de l'amour, et qui est en substance l'aporie de son hésitation entre les pôles de l'amitié et de la sexualité. Reste à essayer d'en tirer un enseignement ethanalytique, de dire quelque chose de ce qui est directeur quant au sens de l'amour, et qui serait révélé par cette méditation.

L'enseignement en un sens va de soi : toutes les résistances sont justifiées, il n'y a aucune manière de rattacher à quelque réalité biologique, psychologique, sociale ou métaphysique l'amour, en telle manière qu'il échappe à sa dilution réelle dans l'amitié et/ou la sexualité. Le réel de l'amour, en effet, ne repère pas ou n'identifie pas l'amour « comme tel ». Plus encore, on ne peut au fond supprimer ni l'amitié ni la sexualité comme enjeux de l'amour. Vivre un amour, c'est vivre quelque chose où l'on doit accomplir une relation sexuelle et fonder une amitié, mieux, même, une amitié superlative et exceptionnelle.

La réaction ethanalytique à ces constats consiste alors à dire que, justement, l'amour ne nomme pas dans l'être un mode effectif et distinguable par critères de lien entre les êtres humains, mais une demande, un projet, un devoir-être. L'amour se laisse définir par la demande de constituer un mixte syncatégorématique de la sexualité et de l'amitié. On ne dit pas que n'importe quel mélange de l'un et de l'autre constitue un amour valable, ni qu'une formule chimique de leur équilibration dans l'ontique comportemental soit disponible et puisse faire critère. Mais on affirme que l'enjeu de l'invention d'un mode de conjugaison de la sexualité et de l'amitié qui transcende l'une et l'autre est connu dans la tradition de l'amour, et détermine son ethos. Cela permet de comprendre que, en fait, on puisse vivre une relation amoureuse et douter d'accomplir l'amour, d'être dans l'amour : en fait, un tel doute n'est-il pas toujours donné ? N'avons-nous pas un savoir instinctif du fait que l'amour est un programme et pas un être ?

On peut très bien comprendre aussi, à partir d'une telle évaluation ethanalytique, que toute sexualité aussi bien que toute amitié esquisse le programme : l'impératif de l'amour est à ce point central à la condition humaine que, en quelque sorte, il se signale à partir de tout ce qui entre sur son territoire. Et il me semble que c'est bien ce que nous éprouvons : nous avons envie de partager le transport littéraire induit par « *Laeti et Errabundi* » de Verlaine avec toute personne croisée dans le plaisir du corps, et de caresser toute personne avec qui la joie et la confiance de la relation s'installent.

Un mot, cela dit, me semble saisir mystérieusement l'insistance de ce programme, de ce prescriptif de l'amour : le mot *intimité*. Il peut être utilisé pour nommer le sexuel (« chaque fois que vous avez été chez moi, qu'il y ait eu intimité ou non... », dit la jeune fille à son amant occasionnel). Il peut être utilisé pour exprimer une qualité de l'amitié (« je fête mon anniversaire avec mes amis intimes seulement »). Dans le mariage juif, comme on le voit parfois au cinéma, les amants passent sous le dais nuptial pour s'épouser. Mon impression est que ce passage sous le dais exprime la création d'une intimité. Une intimité se laisse-t-elle définir comme une conjonction syncatégorématique de sexualité et d'amitié ? Sans doute pas, les mots ont plus de liberté et restent toujours disponibles pour d'autres investissements. La notion d'intimité peut être rendue indépendante et de l'amitié et de l'amour, d'une part ; d'autre part, elle a un contenu tout autre au moins, qu'il me semble apercevoir : celui d'une proximité faite de la non-peur, de l'abolition de la crainte infinie d'autrui quel qu'il soit. Gardons cette brève réflexion sur le mot comme une tentative de traduire en qualité possible et pensable l'enjeu de la liaison transcendante de l'amour et de la sexualité, que nous avons dégagé comme un premier constituant de la *sémance* de l'amour, comme un premier repère directeur gagné par l'ethanalyse de l'amour.

Nous allons maintenant nous engager dans une seconde aporie, celle de l'universalité de l'amour.

un lien qui est tout

On observe que l'amour dans la vie des gens signifie plus et autre chose que l'amour, il signifie le goût et la possibilité de vivre en général.

Si je compte les comportements dédiés à mon amour dans ma vie, ou les comportements en rapport explicite, historique avec mon lien amoureux, je ne trouve pas tout, mais une partie stricte de l'ensemble de mes comportements. Il semble que je puisse désigner toute une classe de choses que je faisais avant ce lien, pour des motifs ne l'anticipant nullement, et que je continue à faire pendant ce lien pour les mêmes motifs. Mes comportements biologiques de bases sont les premiers bons candidats : manger, dormir, assumer les sorties de la digestion ; courir et marcher, peut-être. Mais il semble, la plupart du temps, que mes comportements professionnels soient du même ordre. Et aussi mes comportements amicaux. Sans même évoquer une série d'idiosyncrasies du plaisir qui se sont sédimentées en moi avant, et dont j'ai prolongé le rite pendant. Toutes ces séries devraient ne pas dépendre du maintien de la relation avec A., je devrais distinguer ce qui est pertinemment lié à cette relation, et qui meurt avec elle, de ce qui ne l'est pas, et lui survit donc. A l'issue d'un tel partage, je devrais pouvoir me féliciter de tout ce qui me reste, de l'ensemble des habitus susceptibles de me porter et de me soutenir et qui sont préservés dans le naufrage de la relation avec A.

Mais nous constatons qu'il n'en va pas ainsi, que l'amour contamine ce qu'il accompagne. Les rues parcourues depuis le plus loin de l'enfance deviennent les rues déambulées avec A. Et l'on se surprend à souffrir pour le Quartier Latin, qui ne nous verra plus courir ses itinéraires à côté de A. « Il y a toujours un coin qui me rappelle, (...) » et « Désormais on ne nous verra plus ensembles (...) ».

On a l'impression que cela n'a plus de sens que l'on essaie de briller dans des circonstances publiques en posant des questions que l'on croit intelligentes. A la limite, on ne peut plus travailler, on ne peut plus manger, on ne peut plus dormir. A la limite, on ne peut plus vivre, et c'est la fin du film *Carrington*, où l'héroïne rassure son entourage pour pouvoir se finir dans la maison où elle a vécu avec cet homme qui ne pouvait pas du tout être son homme.

L'étonnement philosophique passe en l'occurrence nécessairement par la question « Pourquoi ? ». Il est impossible de faire face à ce point d'expérience commune sans s'interroger sur son « Pourquoi ? ». Non que l'on cherche une cause : de ce côté là, à vrai dire, on trouve de quoi se satisfaire. On s'accommodera toujours d'une reconstitution psychologique plausible imputant le fait à une projection-invention de dépendance non nécessaire, mais circonstanciellement compréhensible à la lumière de la fragilité essentielle des sujets : je souffre de l'impossibilité présente de chaque régularité ou chaque fonctionnement anciens de ma vie parce que pendant l'amour je me serais institué dépendant de l'aimé(e), dans un acte qui éventuellement, m'aurait échappé, mais qui se déduirait de ma structure. Une cause, oui, on peut en trouver une, si l'on entend par là un mécanisme universel qui rende prédictible le désarroi de l'amant(e) abandonné(e). Mais on ne trouve pas pour autant une raison, c'est-à-dire une explication conceptuelle de comment ce besoin universel de l'aimé(e), ce rôle de clef universelle de tout à lui(elle) attribué s'intègre au sens de l'amour.

Il faut réveiller la question dans sa trivialité : comment se peut-il que le simple fait que je copule régulièrement avec A. en vienne de mon propre aveu à commander le sens de mon après-midi à lire des textes théoriques devant la télévision, à tel point que j'ai le sentiment de soulever des haltères d'une charge infinie lorsque je tente de reprendre cette coutume après la perte de A ?

Bien sûr, on peut essayer de supprimer le problème en conjuguant deux sortes de considérations :

1) Au début de la perte de A, on dira que la douleur de la perte est totale, qu'elle est comme une blessure physique, et que le corps-sujet ne peut donc pas faire autre chose que porter cette blessure : il est entièrement occupé à son travail de deuil dans la phase la plus douloureuse de celui-ci.

2) Plus tard, quand tout va mieux, on observera que les sujets retrouvent, dans la grande majorité des cas normaux, même très romantiques, l'usage de leur vie.

Cette décomposition suppressive du problème liée à certains intervalles temporels correspond à peu près à la possibilité d'un traitement causal, qui décrit le phénomène en termes de l'incidence et de la longévité d'une blessure contingente.

Mais cette couverture causale laisse un résidu, que l'on peut, par exemple, attribuer à un temps intermédiaire, où la douleur lancinante de la perte ne nous taraude plus, mais où nous envisageons encore les voies de notre vies comme contaminées et interdites dès lors qu'elles ne sont plus bénies par l'être perdu. Et, pour ce temps intermédiaire, le scandale reste purement logique. C'est le moment où les amis s'énervent, vous disent que la vie continue, que vous devez vous secouer, et n'adhèrent plus à cette évidence religieuse de l'impossible dont vous continuez à témoigner, de manière exaspérante.

Au fond des choses, la question se pose pour toutes les phases, même vis-à-vis du déchirement premier de la perte. C'est que, à y bien réfléchir, le malheur de la perte de l'être aimé ne va pas de soi. La comparaison avec un corps mutilé s'impose-t-elle ? Perdre un amour, c'est perdre une modalité de vie, éventuellement contre son gré, mais il aurait beaucoup de raisons de refuser d'y voir une condamnation absolue qui tombe sur la vie, sur la vie la plus propre et la mieux sédimentée de ce sujet que vous êtes. Toute théorie causale, en isolant un trauma originaire de la perte, est obligée d'accepter quelque part la présupposition de l'absoluité de l'amour, de tenir pour clair que sa perte fait vaciller de haut en bas tout le système de l'existence. En faisant de cette absoluité une quantité localisée dans le temps, elle va lui calculer un retentissement borné. Mais si cette absoluité est vraiment absolue, n'est-elle pas, sur le plan quantitatif, infinie, n'est-elle pas plutôt de l'ordre de la loi que de l'ordre du fait causal borné ?

Au bout du compte, notre approche raisonnable usuelle est étrange, quasiment inconséquente : ou bien il n'y a pas cette condamnation de la perte, et l'on ne devrait pas souffrir du tout, ou bien il y a une telle condamnation, et l'on devrait souffrir toujours.

La question, nous l'avons dit, se concentre autour de la valeur de totalité donnée à l'amour. On peut, à cet instant de la réflexion, penser au fameux projet d'être-tout, que Heidegger analyse comme un mode caractéristique et fondamental de l'existence, et qu'il décrit comme être pour la mort. Que le *Dasein*, dans sa fonction possibilisante dégagée comme typique dès le début de *Sein und Zeit*, soit même tourné vers un accomplissement du possible qui s'égale au retournement de ce possible en impossible, qu'il soit en charge de son existence au point d'être constamment tourné vers la signature finale de cette existence en tant qu'épuisée dans son sens de possibilité, Heidegger le lit en termes de la mort, et semble même, au fond, le découvrir avec la mort ou à partir d'elle.

Mais l'amour nous met en rapport plus ordinairement, et peut-être, pour revendiquer ici l'empirique auquel toute analyse existentiale en appelle, plus effectivement et de façon mieux observable, avec le projet d'être tout. Chaque délibération sur l'amour, chaque moment de crise et de suspension devant l'option pour ou contre un amour dont la possibilité interpelle notre vie, convoque cette vie jusqu'à sa fin pour nous : c'est ce que l'institution du mariage avoue et met en exergue, mais c'est plus simplement ce que nous éprouvons hors institution chaque fois que nous sommes véritablement engagés dans l'enjeu de l'amour, et que la loi du divorce, sans doute fort nécessaire, comme d'anciennes spiritualités l'avaient dès longtemps reconnu, ne peut certainement pas modifier.

Lorsque nous assumons une relation comme relation amoureuse au sens plein, nous projetons la vie jusqu'à son terme dans la tonalité que définit cet amour, où nous voyons autre chose que le parfum d'un paysage rencontré-traversé. L'expérience d'avoir à prendre une décision dans l'ordre de l'amour, qui est toujours du type rompre une intimité et/ou en constituer une, est justement pour ce motif même une expérience éprouvante où le sujet se trouve brusquement en charge du tout de lui-même, dans toutes ses dimensions et implications, se trouve acculé à l'ipséité authentique en quelque sorte. Et nous préférons, bien sûr, revenir au niveau ordinaire des décisions du type mer ou montagne pour ces vacances de Pâques. L'amour dans ses crises nous jette même dans un état d'incompétence évidente, douloureusement expérimenté : car que pourrions-nous réellement savoir et vouloir quant au tout temporel de nous ? Le vertige des fiancés avant le mariage, complaisamment exploité par la tradition cinématographique, est infiniment compréhensible. Et la sagesse répond toujours : vivre au jour le jour, suivre la sensation, l'impulsion du moment. Certes, mais justement, par essence, l'amour ne se vit pas au jour le jour, il se vit dans la projection vers le tout, il annonce ainsi l'absoluité qui s'attache à son sens.

Nous retrouvons, nous le constatons, dans l'examen de cette seconde aporie, la tentation sceptique déjà affrontée dans l'examen de la première : en un sens, tout le monde décide de déroger à la loi de l'amour, et d'adhérer aux relations à un niveau provisoire et contingent, de s'engager dans l'amour « jusqu'à nouvel ordre et au vu de ce que l'on connaît et ressent de soi ». Et la suite nous enseigne si nous avons eu raison ou non. On pourra même formuler et vivre les choses de manière habile : j'ai embrassé cet amour sans réserve, et j'ai fini par comprendre que je m'étais trompé. L'argumentaire contemporain de l'individualisme post-émancipatoire présente comme « absurde » et « aliénant » que quelqu'un puisse, voire doive arrêter le tout de soi et de sa vie à propos de l'amour. Mais si raisonnable soit cette résistance, et même si dans tous les cas particuliers nous composons avec ce scepticisme pour la conduite prudente de notre aventure finie, il me semble bien que nous savons que l'amour pur jus, celui dont chacun essaie tout de même *aussi* d'enfourcher le mythe, exige une telle absolutisation.

Observons au passage que notre commencement de discussion fait se recouvrir deux niveaux de la « totalisation » amoureuse : d'une part, il y a le fait qu'un lien amoureux annexe à soi le sens de l'ensemble de la vie vécue sous son régime (et notamment, même le sens des aspects de cette vie qui paraissent n'avoir rien à voir avec l'amour) ; et d'autre part, il y a la « portée » sur toute la vie de l'engagement amoureux. Ces deux niveaux sont en effet, deux niveaux où l'indexation du sens de l'amour sur la totalité se fait connaître.

Ce que nous appelons le « scepticisme » est une interprétation qui peut être opposée à ces deux niveaux de totalisation : de même que l'approche causale essaie de cliniciser et de relativiser l'absolutisme « transversal » déterminant la souffrance de la perte, de même le libéralisme moderne des mœurs amoureux tend à délégaliser et à décrédibiliser l'absolutisme de l'engagement.

Mais on voit bien, en même temps, qu'il n'est pas clair que la discussion soit véritablement une discussion ontologique. Même si le scepticisme paraît coller de façon plus authentique au réel affectif, l'absolutisme ne laisse pas, en même temps, d'identifier la règle telle que nous la connaissons, c'est-à-dire la fondons en la ressentant.

Et, donc, dans cette affaire comme dans la précédente, le vrai travail auquel une philosophie est appelée est sans doute celui de la compréhension ethanalytique. On ne peut pas justifier dans et par l'être l'indexation de l'amour sur la totalité. Mais on peut enregistrer comme élément générique de l'ethos amoureux le point en question : oui, l'amour vaut « par sémance », pour nous, comme quelque chose qui imprègne tout aspect de la vie au point de lui devenir nécessaire, en sorte que la perte de A. est la perte douloureuse du sens irremplaçable du « se brosser les dents dans un appartement où circule et respire A. » ; oui l'amour se

contracte comme au-delà du contrat, comme irradiant l'obligation de sa prolongation jusqu'à la fin de chaque amant.
Le caractère de totalité de l'amour, quant à l'extension personnelle et quant à l'extension temporelle, n'est donc pas une propriété ontologiquement attestable et réclamant une explication (causale, rationnelle). Il est plutôt une composante du sens de l'amour qui se laisse connaître comme telle : porter le lien au niveau de la totalité est proprement ce que l'amour demande. Que l'amour soit un « lien qui est tout » est une clause de la sémance de l'amour.

la jalousie

Un troisième grand « mystère » de l'amour est celui de la jalousie. Pour beaucoup, la jalousie est ce à quoi l'on reconnaît l'amour : on dira que j'aime quelqu'un s'il est prouvé que je suis capable d'être injustifiablement jaloux.
Pour comprendre cette fonction quasi-critérielle de la jalousie dans la constellation de l'amour, on peut faire le parallèle avec la figure du continu dans la querelle autour du « platonisme mathématique » : ceux qui entendent ne pas « poser » l'idéalité infinitaire ont un problème avec le continu, il faut qu'ils expliquent de quelle manière son étude et sa fascination tiennent le devant de la scène dans toute l'histoire des mathématiques ; de même, ceux qui ne croient pas à l'idéalité qualitative de l'amour doivent expliquer l'inexorabilité de la jalousie, le fait que chacun, même après avoir déclamé qu'il n'y succomberait jamais, lui cède lorsque la circonstance l'impose.
Pour entrer dans l'aporie de la jalousie, le plus simple est de se demander, avec la plus grande naïveté, pourquoi nous sommes jaloux quant à la sexualité : cette composante de la jalousie en constitue, à l'évidence, pour ainsi dire le cœur.

Nous avons une relation amoureuse avec A. et, soudain, nous supposons que A. entretient un commerce sexuel avec quelqu'un d'autre. Le monde vacille, la vie cesse d'ête vivable.

Pour un sceptique, il y a là quelque chose d'aberrant : quant a-t-il été dit que toute chose que A. fait avec nous, elle devait ne la faire qu'avec nous ? Il y a de nombreux types d'activité pour lesquels une telle exclusivité est tout simplement impensable, comme parler. Mais il est tout aussi impensable, par exemple, que A. n'ait de plaisir fort et intense que avec nous. Une relation humaine où j'interdirais à A. d'avoir des fous rires avec tout autre que moi serait abusive. Et pourtant, les fous rires, ce n'est pas rien, il y a souvent une quantité d'affect considérable derrière l'abandon au rire en commun. Dans *Amphitryon 38*, Mercure essaie de convaincre *Alcmène* que ses innocents plaisirs sensuels, auxquels elle s'abandonne « même au bras d'Amphitryon » (mais sans souci de lui sans doute), sont déjà de l'infidélité [1]. La jalousie ne va pas empiriquement jusqu'à un tel niveau d'inquiétude et de soupçon, mais pourtant, l'expérience comporte les deux leçons contradictoires suivantes : 1) la jalousie particularise le cas de l'offre sexuelle du corps, et « plaide » un droit exceptionnel, une entorse radicale à la règle de liberté relativement à ce cas ; 2) en même temps, la jalousie est capable de la généralisation folle que suggère Mercure, il nous arrive d'entrer dans une dimension absolument jalouse où chaque vibration de la vie de l'être aimé nous fait mal dans son innocente et incontrôlable autonomie.

Revenons, donc, à la jalousie sexuelle, et cherchons à entendre ce qu'elle pourrait avoir à dire pour sa défense. Cherchons à entendre le raisonnement, c'est-à-dire l'expérience de la jalousie : on peut l'appeler le raisonnement de l'expérience ou l'expérience du raisonnement de la jalousie, chaque génitif, s'il est entendu comme appositionnel, exprimant cette unité du logos et de

1. *Cf.* J. Giraudoux, *Amphitryon 38*, Acte II, scène 5, in *Jean Giraudoux Théâtre complet*, « Bibliothèque de la Pléiade », Paris, Gallimard, 1982, p. 161-162.

l'éprouver pour laquelle précisément nous avons besoin du regard ethanalytique. Si la trahison sexuelle est insupportable, c'est parce qu'elle change pour moi la valeur du don du corps de ma partenaire dans l'amour. « Avant » ce don n'était pas le don d'une entité instrument pour elle, qu'elle mêlait au jeu de nos vies pour le bien de certains moments, il était lui-même transfiguré par l'intimité : lorsque ce corps venait à moi ou s'ouvrait à moi, c'était sans venir de l'altérité d'une *alter ego* ayant à déterminer à chaque instant de quel outillage peut se composer sa joie, c'était plutôt l'interminable remous de notre intimité qui prenait soudain la cadence sexuelle. La sexualité, « avant », procède de cette sphère retirée, duelle et nouvelle que j'appelle *intimité*, le mot désignant à mes yeux, je le rappelle, une dimension de l'enjeu de l'amour, une dimension à construire pour qui s'attache à relancer le sens de l'amour, à poursuivre la quête de son idéalité. « Après » la transgression du pacte, l'infidélité, le corps reprend la valeur que, selon un certain regard sceptique toujours légitime parce qu'il s'en tient à l'ontologie, il n'a jamais cessé d'avoir : il est le substrat biologique dont l'être humain, en raison même de son organisation spécifiquement humaine, peut disposer en vue de quoi que ce soit. Le sujet, dans son imprescriptible liberté qu'a décrite Sartre, est libre de vouer l'usage sexuel de son corps à n'importe quelle cause, de la prostitution à l'abstinence.

Il me semble que si nous revenons sur le mode phénoménologique – ethanalytique en l'occurrence – sur l'expérience de la jalousie, c'est surtout dans la requalification de l'intimité qui a été vécue à l'intérieur du pacte amoureux que réside la souffrance, et pas dans l'imagination de « l'autre » lien charnel. Et ce, bien que cette imagination puisse jouer un rôle important, comme le raconte la chanson écrite par J.-J. Goldmann pour P. Kaas (« Je voudrais la connaître »). Un des éléments qui me semble l'attester est que, nous pouvons en faire l'expérience, la souffrance disparaît dès que nous n'avons rien, dès que notre part sexuelle de l'objet convoité devient nulle : très exactement lorsque notre revendication sexuelle cesse d'être pertinente. Deux cas type :

1) Telle jeune femme s'est engagée dans une liaison avec un homme marié ; dans le temps où elle maintient ouverte la porte de cette liaison, elle souffre, la nuit, dans le lieu où elle vit seule, en imaginant l'intimité de cet homme avec sa femme. Elle rompt ensuite avec lui, précisément en raison de cette souffrance, et ne tarde pas à recouvrer la paix, parce que, désormais, les possibles ébats de cet homme ne corrompent plus le sens d'une intimité au moins potentielle à laquelle elle a part.

2) Tel homme retrouve au téléphone, des années après, un ancien amour, avec qui il a autrefois filé le scénario de la liaison romantique. Elle lui apprend que, dans l'intervalle, un autre homme a tenu la place de l'amour dans sa vie. Il n'en souffre, dans l'immédiat, nullement, considérant que le fin mot de la compétition n'est pas dit : cet autre amour, lui-même révolu, pourrait ne pas avoir compté plus que celui dont il garde la mémoire. Mais tout change lorsque la relation amoureuse avec cette ancienne partenaire reprend : aussitôt, le passé prend le sens de la trahison, et projette l'ombre du soupçon sur ce qu'il essaie follement de reconstruire dans sa tête, et qui serait une continuité de l'intimité entre la première et la seconde phase de cet amour, c'est-à-dire une sauvegarde de l'intimité dans la distance, dans la non parole et la non perception, des années durant.

On peut, naturellement, réitérer le questionnement de la jalousie en supposant cette interprétation par la requalification de l'intimité charnelle acquise. Par exemple, on peut demander pourquoi il ne serait pas possible de concevoir sa relation charnelle avec qui vous trompe comme authentiquement intime même si cet (cette) autre a une autre relation charnelle intime. Pourquoi, au fond, ne pourrait-il pas y avoir deux « séries » parallèles de l'abandon charnel ? Dans d'autres cas, on n'a pas de difficulté à admettre le parallélisme. Je peux, par exemple, concevoir que mon ami s'abandonne à une douce euphorie en déjeunant au restaurant avec un autre ami, comme il le fait avec moi : l'information qu'il le fait aussi avec un autre ne me donne pas l'image de ce qu'il fait avec moi comme un jeu, une instrumentalisation (de quoi : de son corps digestif ?).

Le parallélisme est, au fond, pensable dans tous les cas. Et, allons même plus loin, il s'expérimente même. Ce n'est pas parce que, le vendredi soir, nous avons fait l'amour avec L, dans le désespoir de ne pas arriver à construire une vie avec elle et dans l'enthousiasme de l'amour absolu, que, le samedi matin, nous ne pouvons pas faire l'amour avec F, totalement envahi par l'émotion de la longue continuité du partage de cœur et de vie avec elle. *De facto*, le corps joue l'intimité selon plusieurs motivations, et le sujet peut se croire encore fidèle au principe d'intimité même lorsqu'il est infidèle tout court.

Pourtant, la clause impardonnante de la jalousie demeure, ne se laisse pas démonter par de telles données de la psychologie. Cette psychologie, de toute façon, ne marche que pour soi, elle ne nous rend pas capable d'accepter la trahison de l'autre. Si nous parvenons à croire que le (ou la) partenaire infidèle était vraiment intime avec nous, et ne nous prêtait pas simplement son corps pour jouir du nôtre, en telle sorte qu'il ou elle a seulement le tort d'avoir aussi été intime, exactement en le même sens, avec un ou une autre, nous découvrons que nous souhaitions une intimité différente, plus forte, plus absolue, et qui n'eût pas toléré sa duplication. Et l'on paraît revenir au principe de jalousie comme à un inexplicable, comme à un axiome de l'amour. On dira que l'idée de l'amour veut une intimité exclusive. Cet abandon charnel, dans lequel le mélange de jouissance ne provient pas d'une libre disposition de mon corps, mais de la commune appartenance à l'intimité, il est aussi ce où se place ma vie : on le sait bien, on vient d'en parcourir le problème, l'amour n'est pas une fonction de la vie mais sa redéfinition, la couleur nouvellement acquise de sa totalité. Mais cette totalisation signifie que, dans le « passage » à l'intimité, au noyau co-vécu des âmes-corps, nous jouons notre vie, nous la « misons ». Quoi que puisse dire la psychologie fine des abandons parallèles, à la limite, pour nous convaincre, il faudrait qu'elle nous enseigne que nous avons plusieurs vies à miser, et que nous pouvons donc conjuguer deux intimités animées par deux de nos vies. « J'ai refait ma vie », dit-on pour exprimer un changement de partenaire. Mais ceci exprime, justement, la mise de la vie, qui rend la vie synonyme de « vie dans et par cette intimité ».

En vérité, l'homme (ou la femme) qui joue l'abandon charnel intime sur deux fronts est bien en train d'essayer de conjuguer deux vies, et c'est pourquoi une telle expérience est déchirante, dépersonnalisante. La modalité « opératoire » de la disponibilité sexuelle multiple consiste plutôt à mener de front une véritable intimité charnelle avec des euphories mises entre parenthèses, des esquisses bornées dans l'espace et le temps de conjugaison amoureuse. Et ce mode, lorsque nous en avons la révélation chez l'autre, nous donne bien l'idée d'une instrumentalisation de soi : il apparaît comme le contrôle – en vue de maximiser un « avoir » de séduction et d'exultation – de ce qui, cependant, tend selon la loi de l'abandon à constituer une figure totale de vie.

Mais cette impossibilité d'une réelle duplication de l'intimité de l'amour, dont la jalousie est la perception blessée (bonne conseillère, la plupart du temps : les gens qui vous trompent ne sont en règle générale pas fiables dans l'ensemble des registres de la relation possible comme ceux qui ne vous trompent pas, si charmants et prévenants, voire altruistes puissent-ils être), devons nous la fonder dans l'être, l'interpréter comme révélatrice d'un être (absolu, exclusif, infini) de l'amour ? C'est ce que tend à faire celui qui voit dans la jalousie la preuve de la validité ontologique de l'idéalité de l'amour, comme quelqu'un qui regarde la décision d'un résultat arithmétique par un axiome de grands cardinaux comme une preuve de la respectabilité ontologique de l'infini désigné par ce grand cardinal.

Je ne veux pas entendre les choses ainsi, bien entendu. La discussion purement logique sur la légitimité rationnelle de la jalousie est impossible à clore. En fait, la seule chose claire, plaidable, est à mon sens que l'amour *demande* la fidélité sexuelle. Le projet de l'amour est le projet d'une intimité charnelle exclusive et témoignant comme telle que deux vies se sont abandonnées à elle, ont été misées. Celui qui reprend la tradition de l'amour et s'attache à ré-adresser le sens de l'amour ne s'engage pas seulement à respecter la règle de fidélité, mais à en comprendre et expliciter pour soi-même et pour les autres le sens : à déployer, par ses mots et ses gestes, le différentiel de l'intimité exclusive, le démontrer, le faire entendre. La jalousie, qu'elle soit éprouvée, dite ou agie, révèle la fidélité comme une figure de la sémance de l'amour.

Dans cette discussion qui porte sur la jalousie, nous rencontrons un cas exemplaire de ce que je veux bien appeler, après beaucoup d'autres, l'ambiguïté de l'homme, mais en donnant de cette ambiguïté une interprétation légèrement différente. La jalousie n'est pas tant une structure ontologique de la psychologie humaine, elle n'est sans doute pas un fait relevant du mécanisme nécessaire, pris à quelque niveau que ce soit, de la réalité humaine : elle est plutôt une configuration symptôme de ce à quoi il s'oblige, d'une tradition de l'amour qui le requiert. Je dirais volontiers que c'est un rite si, derrière ce mot, il n'y avait pas déjà la tendance ontologisante, le renvoi à un niveau des rapports sociaux objectivé. Je voudrais, dans le compte rendu que je propose, exprimer deux choses à peu près contradictoires : d'une part, la jalousie se rencontre comme une loi psychologique à laquelle nous ne pouvons que plier, elle est expérimentée comme la réalité résistante d'une pente échappant à notre liberté (comme l'amour lui-même, et plus que lui peut-être, puisqu'elle peut se déclarer alors que l'amour se dissimule) ; et d'autre part, rien ne la fonde en vérité dans l'être, elle est tout entière suspendue à « ce qui est demandé dans l'amour », et à la relance toujours en quête de compréhension de la tradition de l'amour. Mais je soutiendrai, pour rendre acceptable cette quasi-contradiction, que tel est le propre, sinon l'essence de l'homme (plutôt sa sémance) : l'homme est celui qui donne la couleur de l'être à la demande. L'homme est lui-même une sorte de région ethanalytique, et son intervention dans la geste du sens consiste à fixer sur lui la demande : en la transmettant, en lui répondant et en relançant ses énigmes, il se tisse une personnalité systématique, observable, prédictible, qui correspond au demandé des demandes. C'est pourquoi les meilleures descriptions de l'homme, celles où nous le reconnaissons tel que nous le sommes et le fréquentons, sont celles qui ne s'en tiennent pas à ce que l'homme peut être prouvé être, mais vont jusqu'à ce qui lui est demandé : qui acceptent de réorganiser la présentation de ses structures d'humanité à partir de ce demandé. De même que la tradition juive enseigne que le Juif, à la limite, tend à se confondre avec le Livre, de même il faut dire que tout humain tend à s'identifier aux textes qui détaillent le roman de son « soi » affecté par la demande : à ces textes et à leurs règles. La séquence de la jalousie est comme un développement textuel appelé par le sens assumé de l'amour, par l'idée d'intimité exclusive en tant que lourde de la mise des vies. Si nous avons contracté l'amour vraiment, il n'est plus en notre pouvoir comme un choix circonstanciel, et la séquence de la jalousie nous échappe, en une situation qui la motive, comme une sorte de dérivation d'un corpus non évacuable : ce qui extérieurement, se lit ou s'éprouve comme une nécessité psychologique. C'est pourtant, selon notre lecture, à la lumière de l'anontologique de la sémance de l'amour qu'il faut plutôt comprendre son occurrence.

la séduction

Une autre énigme de l'amour, à mon sens, est celle de la séduction. La difficulté est la suivante : les couples de l'amour passent pour se former en raison de la séduction. Au moins un des futurs partenaires, les deux dans les cas optimaux (ou cette optimalité est-elle douteuse ?) rapporte avoir été séduit par l'autre : on est en droit, dans la conversation légitime, de demander à propos d'un couple quel événement de séduction est à son origine. Une première partie du mystère est : pourquoi cette forme de la séduction ? Elle semble dire, suivant l'étymologie, non oubliée dans la valeur courante du mot, que le séduit a été détourné de son chemin par le séducteur (*sed-ducere*). Cela semble impliquer que l'amour fait violence à la personnalité ou à la liberté de l'un des deux au moins.

Mais il y a une énigme interne à la séduction : si on en admet le principe, peut-on en comprendre les critères ? Par exemple, il est très largement accepté que la beauté fournit un tel critère. Une femme belle, un homme beau, sont comme tels séduisants. Ces propriétés sont-elles pertinentes pour ce dont il s'agit dans l'amour (la sexualité, la procréation, la vie commune) ?

Peut-être faudra-t-il, dans une certaine mesure, traiter les deux énigmes de front.

Pour ce qui concerne la séduction, nous retrouvons un dispositif déjà décelé lors de la problématisation des autres facettes. Il est possible de nier la séduction, d'être sceptique à l'égard de son rôle ou de son effectivité. On dira que la séduction correspond à un « être-impressionné-par-autrui », qui est de fait une structure assez constante de la relation humaine, et qui prend appui sur les valeurs socialement circulantes : lorsque je rencontre une nouvelle personne, je tends à projeter sur elle toute valeur que je sens valorisée dans mon monde et que je suis peu sûr de détenir moi-même. Je fais mécaniquement des *alter ego* de ma vie les compléments imaginaires de l'*ego* qualifié comme lequel je me reconnais, à tort ou à raison. Mais ce phénomène universel, qui opère « aussi » dans les rencontres dont l'issue est amoureuse, n'est pas une explication réelle des liens qui se nouent. En amont de l'élément de séduction, même s'il est phénoménologiquement dominant, une multiplicité de micro-vecteurs d'affinité précipite le lien amoureux, le plus souvent à l'insu de ceux qui, finalement, s'aiment. Dans un film américain où Nicole Kidman escorte Michael Keaton jusqu'au bout de son cancer, il lui raconte devant une caméra video comment il en est venu à l'aimer, et commence par dire qu'il l'a jugée au départ belle mais trop grande, seulement il l'a tout de suite sentie bonne, il s'est senti bien avec elle, et au bout d'une certaine durée persistante de ce sentiment de bien être, il a conclu à l'amour. Dans *Pride and Prejudice*, Darcy trouve Elisabeth passable au départ, Elisabeth trouve Darcy arrogant de son côté, et l'amour paraît naître entre eux à partir d'une complicité dans le défi moral qui serait tout autre chose que la séduction [1]. Ce film, ce livre, ont eux aussi la vraisemblance et une bonne force de conviction pour eux. Lorsqu'on explique le choix mutuel par un « ces deux là sont faits l'un pour l'autre », on pense à la mystérieuse accordance profonde et polymorphe de deux personnes (prises elles-mêmes comme un divers subjectif non unifié) plutôt qu'à l'efficace d'une séduction uni- ou bilatérale, fondée sur un ou deux prédicats scintillants (beauté, intelligence,...).

« Grandir », dira-t-on d'ailleurs volontiers, c'est apprendre les limites de la logique de la séduction, c'est ne plus faire exagérément confiance à des personnes qui ne nous séduisent avec autant de violence que parce que nous les « construisons » comme le positif de nos manques.

L'idée de séduction possède une version un peu différente, apparemment extrême : celle du « coup de foudre ». Selon cette autre théorie du rapprochement des amants, ils se reconnaissent en un instant, dans une perception originaire dont on postule alors, je crois, qu'elle n'est pas purement plastique : elle serait la vue immédiate et infinie de l'autre dans tout ce qu'il est, que l'on ressentirait d'un seul coup, quoique confusément et sans être

1. La toute récente version filmée, avec Keira Knightley, remédie à cette situation en « ajoutant » au récit de Jane Austen la « donne de séduction ».

capable de l'expliciter. Peut-être la théorie du coup de foudre signifie-t-elle, même, que dans la rencontre miraculeuse de la « moitié-de-pomme », on voit le destinal de la docilité de l'autre à la demande qu'on lui adressera, et réciproquement. En tout cas, la version « coup de foudre », à ce qu'il me semble, garde l'idée d'impérativité de la séduction, sans conserver nécessairement le paramètre rationnel du critère. Si je dis que les yeux d'une femme ont d'un seul coup fait de moi son vassal dans l'amour, ce n'est plus vraiment de sa beauté qu'il s'agit, je crois, mais d'une puissance magique de l'éclat de son regard, outrepassât-il la frontière de ce que je peux trouver beau dans un visage. Ou en tout cas, le coup de foudre ne résulte de la brillance d'une qualité de séduction que de manière facultative, cela n'est pas impliqué dans son concept. Une des gloses possibles du coup de foudre serait la singularité, l'ineffable de la résonance programmatique entre deux êtres : il se produit une esquisse de réaction chimique engageant la totalité des deux personnes, et cette esquisse s'annonce à eux (l'éprouver de cette annonce étant l'initialité du porter l'amour).

Est-il besoin de dire que le scepticisme estime avoir les meilleures raisons du monde de ne pas croire au coup de foudre ? Il dira que, dans chaque cas, ce que trahit le sentiment du coup de foudre, c'est le grand besoin où nous sommes « d'avoir quelqu'un », qui nous motive à notre insu à anticiper follement le tout de l'autre comme pour nous et comme bon pour nous. Le grand besoin en question étant la chose du monde la mieux partagée, on comprend comment de nombreuses relations peuvent naître sous le signe du coup de foudre réciproque, et s'avérer néanmoins très rapidement calamiteuses.

Comme toujours, le scepticisme a raison. Le scénario canonique de la séduction est beaucoup trop contraignant pour couvrir les formes et voies innombrables de la venue à l'amour. De fait, les gens se rencontrent de bien des façons qui ne comportent aucune reconnaissance initiale, et, pire, aucune prescription initiale. Ce n'est pas seulement Swann qui souffre tellement pour une Odette qui n'était même pas son genre, c'est dans mille cas connus de nous, une appréhension primitive de l'autre comme banal, un épisode peu investi, indifférent, voire une première approche faite de mépris injuste, teintée d'une légère répulsion, qui font le lit de sentiments tout aussi forts que la « frappe » intense et ajustée de la séduction. Et quant aux qualités plus ou moins intersubjectivement mesurables qui rendraient raison de la force de séduction comme induite par un champ de potentiel, on observe que les gens aiment contre leurs options et jugements en matière de qualités, tout à fait régulièrement.

Il est nécessaire, à ce sujet, d'évoquer le contre-discours de la psychanalyse, qui, nous enseignant un cheminement de l'amour dicté par la perception d'indices remotivant l'Œdipe, suggère une tout autre genèse de l'amour que celle de la séduction : ou, en tout cas, une genèse de séduction qui n'a plus aucune dépendance à l'égard de la stabilisation sociale des attributs brillants.

Une mention spéciale, dans le cadre de la présente discussion, doit être faite du paramètre de la beauté, et, tout spécialement, de la beauté de la femme. L'idée qu'on est amoureux d'une femme parce qu'elle est belle reste très étonnamment dominante dans notre monde, partagée par une majorité d'hommes et (plus encore si possible) de femmes. Cette idée est pourtant très manifestement folle, si on la considère avec une froideur qui, justement, ne sied pas dans ces matières, et nous répugne donc naturellement. Car enfin, qu'est-ce à dire ? Nous nous trouvons les uns les autres, dans la majorité des cas, laids. Comme disait ma tante, il suffit, pour chacun de nous, de consulter le souvenir évaluatif qu'il garde de son dernier passage par un compartiment de métro pour s'en convaincre. Si je reviens au cas féminin, au cas de ce groupe pour lequel une vie-en-vue-de-la-beauté est si puissamment organisée, il n'y a qu'une toute petite minorité de femmes qui satisfait à peu près la série des critères définissant la beauté socialement indiscutable. Si, donc, la beauté était réellement la condition exclusive du déclenchement de l'amour, les hommes resteraient de marbre l'immense majorité du temps, et les rares « canons » de ce monde concentreraient sur elles la totalité des hommages amoureux.

Par ailleurs, si l'on entre dans les critères de cette beauté, on constate l'amalgame entre des éléments fonctionnels (la longueur des cheveux, l'importance des seins, l'exhibition des jambes) qui ont trait à la manifestation différentielle de la féminité, ou à l'accessibilité de l'organe principalement utile au coït, et un élément purement esthétique (gratification visuelle procurée par le visage, composition chromatique et morphologique de la parure) qui, lui, n'a rien à voir avec l'affaire amoureuse. Il lui dicte pourtant une étrange bienséance, totalement étrangère au puritanisme fondamental de l'interdit de la jouissance : une ancienne amie me disait que le coït de deux adolescents laids lui semblait « dégoûtant », comme celui des gens âgés. On constate que même des mâles très gravement dépourvus de sens esthétique, très peu sensibles à la supériorité du beau dans l'ensemble de leur quotidien sont capables de vivre avec une intense conviction la désirabilité d'une femme simplement parce que l'ovale de son visage et l'agencement de son maquillage font de sa « figurine » un centre de capture.

Comment comprendre, au bout du compte, l'autorité persistante du « on aime une femme parce que l'on est séduit par sa beauté » ?

Comment comprendre, de même, les lois empiriques de la séduction ? Certaines qualités, caractérologiques ou sociales, font accourir les hommages amoureux les plus authentiques. Ainsi, Michel Polac trouvait des femmes pour lui donner l'assaut tous les soirs à l'époque où il faisait *Droit de réponse*, ainsi, les rock stars sont poursuivi(e)s de manière systématique. Mais plus communément, la beauté ou l'intelligence reconnues, de fait, sont au moins vécues comme la raison d'émergence de sentiments amoureux réels, non superficiels. En dépit de ce que le scepticisme fait valoir avec d'excellentes raisons, le « leurre », pour parler son langage, de l'amour dicté par la séduction continue d'opérer : il continue, même, de valoir comme l'explication par défaut du lien amoureux. Si quelqu'un s'annonce comme amoureux de quelqu'un, l'enchaînement intellectuel minimal et primitif d'un tiers à tout le moins – mais sans doute aussi des deux intéressés – consiste dans le « Qu'est-ce qu'il (elle) lui trouve ? ». Ou bien, question alternative, qui contourne et évite celle-ci : « Est-ce un coup de foudre ? ».

Ma réflexion sur toute cette affaire commencera pas une remarque conceptuelle. Il me semble que le rôle de la séduction dans la mythologie de l'amour est de dépeindre *a priori* sa genèse. L'amour est conçu *a priori* comme le fruit génétique d'une séduction ou d'un coup de foudre. De l'imposition d'un sentiment à un sujet par l'excès de la splendeur objective conférée par un faisceau de qualités à un autre sujet, ou de l'imposition d'un sentiment à deux sujets par l'ouverture en chacun d'eux, incontrôlée-incontrôlable, d'une porte illimitée.

Et la difficulté théorique induite par ce savoir *a priori* de la genèse de l'amour léguée par sa tradition est ou bien que, dans les faits, ce n'est pas ainsi que l'amour s'engendre, ou bien que, pire, il est rationnellement incompréhensible que l'amour puisse avoir une telle genèse.

Bien entendu, la solution ethanalytique de cette difficulté réside une fois de plus dans le renversement du propos ontologique en un propos déontologique. L'amour, comme Dieu, n'existe pas, mais nomme une exigence, dont le sens se transmet dans l'histoire humaine. Il ne peut donc pas y avoir une juste théorie, physique ou métaphysique, de sa genèse, qui expliquerait comment, dans tous les cas, son fait surgit de prémisses désignées : il n'y a ni faits ni prémisses. Mais c'est ce qui, en fin de compte, sauve la mythologie de l'amour, dans le registre de la pertinence plutôt que dans celui de la vérité. Dans la majeure partie des cas, ou du moins dans un assez grand nombre de cas pour offusquer grandement la prédiction universelle, ce qui passe aux yeux de ses acteurs – aventuriers, résidents – pour un amour n'a pas son origine dans une séduction ou dans un coup de foudre. Fort bien, mais lorsque quelque chose passe pour un amour, cela n'indique pas un fait dont il y ait à chercher la cause ou la raison d'être, mais le rattachement par les humains d'un volet de leur vie à une exigence, à un sens traditionnels. Ce qu'on peut alors dire, et nous avons déjà largement commencé de le laisser entendre, est que les humains qui se veulent et se conçoivent engagés dans l'amour préfèrent dépeindre l'origine de leur lien comme impératif. On aime mieux se représenter que l'amour nous a courbé sous sa loi, nous assignant au service amoureux de A, que se représenter l'amour que nous vivons comme une configuration née de notre libre usage des jours et des circonstances. Les flèches du petit Eros fixent dans la mémoire mythique ce requisit. Le point « transcendantal » au sens de l'ethanalyse est que, pour se conformer à l'ethos amoureux, support et mode du sens de l'amour, on reconstruira volontiers l'histoire de la conjugaison un peu hasardeuse, hésitante et libre de deux personnes comme celle de la saisine de deux vies par une impérativité. Même dans le récit du personnage joué par Michael Keaton de sa venue à l'amour du personnage joué par Nicole Kidman, il finit par énoncer une discontinuité qui vaut clairement comme norme définitive pour lui : « un beau matin, j'ai su que j'étais amoureux d'elle ».

Donc, l'entrée dans l'amour est, sans doute toujours, reconstruite comme impérative, comme avènement de la prise destinale de l'amour, même si le scénario propre à telle histoire semble à mille lieux des scénarios typiques de la séduction ou du coup de foudre. Ces scénarios ne sont pas autre chose que des expressions exemplaires de la destinalité, de l'impérativité. Ils sont d'ailleurs, cela aussi nous l'avons déjà laissé entendre, fort différents par leur « esprit ».

Le scénario du coup de foudre semble faire venir la loi de l'amour de l'être résonnant des deux amants : c'est l'immédiate interférence profonde des deux personnalités qui vouerait chacun à l'autre. Le coup de foudre habille l'impérativité des couleurs d'une nécessité naturaliste. Selon la Hélène de Giraudoux, Paris était une apparition criante de chromatisme sur le fond du gris de tout le reste, elle ne pouvait donc que le suivre : traduction naturaliste de la loi de l'enchaînement amoureux, qui prévaudrait par le biais d'une saillance attirant irrésistiblement la perception et l'action. Ou bien, dans d'autres versions du coup de foudre, tout pourra partir d'une conjonction sémiotique, d'un nouage symbolique. Dans cette soirée, A était la seule à se souvenir de New York-Miami, à l'avoir aimé. Dans ce café, quelque chose du sourire et de la gaîté de B a produit le sens d'un appel doux et non limité. Plutôt que comme une résonance physico-chimique ou un dispositif de capture pratico-perceptive, le coup de foudre peut être interprété comme une précipitation symbolique, atteignant une sorte de « masse critique » au-delà de laquelle le sujet y est joué plutôt qu'il ne la joue.

Mais dans tous ces cas, le coup de foudre ne représente pas l'amour comme motivé par les prédicats vrais de l'être aimé, il renvoie sa « loi » à une sorte d'événement fondateur qui, pour ainsi dire, fonde et intronise la nécessité. C'est dans cette mesure que le coup de foudre masque le sens de l'amour, par sa naturalisation ou sa fatalisation : je peux, en me référant au concept de coup de foudre, nier que l'amour se propose comme une exigence à satisfaire, un sens à remplir, un destin à réaliser. Je peux arguer de l'origine nécessitante pour prétendre que je ne suis lié par l'amour que tant que ses conditions génétiques déterminantes me tiennent, que tant que je suis absolument incapable d'extériorité à son endroit. Dès que je cesse d'être l'automate piégé dans la résonance du coup de foudre, je suis absolument libre. Comme toujours, il n'y a pas d'objection sérieuse à cette conception de l'amour, qui peut bien rendre raison, en particulier, de l'expérience de tel ou tel, voire de beaucoup de gens. Ce qu'on peut dire néanmoins, c'est que l'autre « conception », celle, mythique, d'un amour qui fait loi pour deux vies sans limite, et sans égard pour la nature ou la fatalité, est généralement, facilement appréhendée comme plus haute, comme plus intense, comme plus grande : ce qui veut seulement dire, de façon tautologique, « plus dans la ligne de la demande immémoriale ».

La pensée du coup de foudre a une façon, à l'inverse, de convenir au mythe infinitaire de l'amour : en permettant de comprendre la vie des amants comme herméneutique illimitée. On peut en effet voir le coup de foudre comme l'annonce, encore obscure, pour l'essentiel voilée, d'un infini de résonance – pas uniquement consensuelle et fusionnelle – entre deux êtres : ce que les deux amants ont éprouvé d'un seul coup, c'est à quel point, le long de quelle durée et jusqu'à quelle profondeur le fait de la personnalité de l'un était appelé à valoir comme loi et comme mystère pour l'autre, dans quelle infinie mesure il y aurait pour chacun à comprendre ce qu'il devenait sous la règle de l'attention à l'autre, et la réserve illimitée de sens instructeur à l'égard de soi que l'autre recelait.

Le scénario de la séduction interprète l'impérativité de l'amour autrement, d'une façon plus troublante.

Il y a d'abord le cas de la *séduction balisée*, cas dont il faut traiter parce qu'il me semble plus important qu'on ne veut bien le dire et le reconnaître dans la discussion philosophique de l'affaire de l'amour, qui se montre, en la matière, plus édifiante que le sens commun. C'est une manière qui convient à beaucoup de sujets pour entrer dans le « service » de l'amour, pour contracter son destin, que de le faire pour ainsi dire sous l'injonction d'une qualité éminente de l'objet qui inspire l'amour. Un acteur fréquenté dans quelques soirées de ma jeunesse disait, commentant le film de Ferreri à l'issue duquel un homme en vient à se châtrer pour l'amour de sa compagne, jouée par Ornella Muti, qu'il ne comprenait pas que l'on puisse se châtrer non pas pour une femme en général, mais pour cette femme là, mettant le dénigrement de la supposée splendeur d'Ornella Muti au centre de son propos. Nous devions donc comprendre, nous ses compagnons de soirée alcoolisés d'il y a trente ans, qu'à partir d'un certain degré de beauté scintillante, une femme est en droit d'exiger d'un homme une dévotion amoureuse démesurée. Selon le chromo de la tradition des rôles homme-femme, l'amour peut consister originellement en la soumission de l'homme à l'éclat de la beauté de la femme, et, « réciproquement », en l'hommage de la femme à la force, l'intelligence ou au pouvoir de l'homme. Ainsi, on se représentera le couple d'Orson Welles et de Rita Hayworth comme celui de la féminité la plus rutilante avec la créativité la plus brillante, prétendant comprendre par là même la séduction de l'un sur l'autre et de l'autre sur l'un.

Cette pensée de la séduction est très forte, pas seulement parce que les gens aiment à se représenter leur histoire d'amour comme gouvernée par un tel principe d'asservissement-reconnaissance, mais aussi parce que, en un sens, personne n'y échappe complètement : il y a à vrai dire une sorte de repérage primitif des rôles de l'homme et de la femme qui semble vouloir que chacun se dispose dans l'admiration extrême, un peu folle, de l'autre dans les qualités qui lui conviennent en raison de son sexe. Mais nous touchons ici à un contexte « explicatif » qui nous ferait revenir, à travers une sorte de phylogenèse, au registre ontologique. Ce qui reste observable, et troublant, c'est à mon sens ce lien étrange entre l'amour et la surestimation de l'autre, la tendance à le placer sur un piédestal : visiblement, on pense ne pas faire tort au sens de l'amour en le décrivant comme « fondé » sur la perception d'une excellence appropriée chez la personne qui l'inspire, ou même en décrivant sa longue persistance comme persistance de l'admiration. Et on observera même, sur le versant amer de la vie, que, lorsque l'admiration disparaît, l'amour ne tarde pas à en faire autant : c'est, ainsi, l'éternelle histoire de Pygmalion.

D'un point de vue ethanalytique, ce qui nous interroge est le passage du jugement « théorique » portant sur l'excellence de l'aimé(e) au comportement déontologique de l'amour : quelle logique pourrait-elle être dite opérer en la manière ? La position de l'acteur de mes souvenirs n'était-elle pas folle ? Ne puis-je pas constater la perfection plastique et sensuelle de Monica Belluci sans être amoureux d'elle ? Tout simplement parce qu'il y a un abîme entre jugement et engagement ? Cela est certes vrai en un sens, et les faits le prouvent, mais c'est aussi faux : la reconnaissance où nous autres, individus masculins, sommes précipités sans guère de résistance possible envers Monica Belluci esquisse – de manière bénigne, et sans conséquence – un « tomber amoureux » d'elle, une fascination – limitée au domaine du spectacle – pour sa présence, un « joug » en bref qui concorde avec la sémance impérative de l'amour.

En fait, l'idée de la séduction balisée, à mon sens, est de faire dériver le joug de l'objectivité du partenaire, en interprétant l'objectivité comme « hauteur » au sens lévinasien. Nous pouvons, ici, en appeler à la phénoménologie acquise, et conjuguer les enseignements de Sartre et de Levinas.

Sartre nous décrit le mouvement de poursuite de soi-même du *pour soi*, poursuite déséquilibrée au cours de laquelle il cherche toujours à rejoindre une totalité de soi par rapport à laquelle il ne peut cesser d'être dans le rapport du manque, comme aimantée par ce qu'il appelle la *valeur*, c'est-à-dire par la figure ou l'idée d'un pour soi qui serait si parfaitement ce qu'il est qu'il le serait avec la perfection et la clôture propres à l'en soi. Il ne serait pas ses diverses manifestations comme des productions de la liberté tremblantes de contingence, reprenant en la niant la donne de soi, mais comme des structures achevées, claires, stabilisées, universellement constatables.

Levinas nous décrit autrui comme hauteur, il insiste sur la dénivellation fondamentale de la relation éthique, selon laquelle autrui est positionnellement loi pour moi : comme détresse, comme demande ou comme savoir.

Le mécanisme de séduction, motivé par la beauté, la force et l'intelligence, me semble pouvoir être compris comme un enchaînement des deux « existentiaux » sartriens et lévinasiens. On commence par figer la faculté de beauté, force ou intelligence de l'autre en un *en soi* : lui (elle) n'est pas conjecturalement et conjoncturellement beau (belle), fort(e) ou intelligent(e) comme nous voyons bien que nous pouvons seulement l'être, chez lui (elle) la qualité a pris la patine de l'*en soi*. Une telle intentionnalisation est possible en raison de la « poursuite » décrite par Sartre : il suffit de faire d'autrui le propriétaire de l'avenir impossible que je ne peux que poursuivre. Le virage que contient cette projection est, simultanément, celui de mon avenir à celui d'autrui, et celui de l'objet à autrui : ce que je poursuis est ce qui est au présent chez autrui, et la supériorité à mon propre égard d'une glaciation objective de moi devient celle d'autrui. Prêtées à autrui, l'intelligence, la force ou la beauté « en soi » ne sont pas si invraisemblables, parce que *autrui* est irréductible au *pour soi* comme l'objet, en sorte que son défaut existentiel vis-à-vis de la stature parfaite et figée de la force, de la beauté ou de l'intelligence ne m'est pas accessible.

Mais le passage à l'amour proprement dit consiste en l'élévation à la puissance de la hauteur lévinasienne de cette construction intentionnelle. De ce que j'ai projeté l'aimé(e) comme la force, la beauté, l'intelligence pleines, je le (la) retrouve comme ma loi et mon destin. Il (Elle) aurait pu être d'emblée, sans construction intentionnelle, au titre de l'éthique, mon obligé infini. La médiation de cette construction intentionnelle me fait son obligé autrement, son obligé en termes d'attention à sa subjectivité comme telle en quelque sorte.

Il se dévoile ainsi un aspect de l'amour, de ce qui est demandé en lui, que nous n'avions pas vu et compris jusqu'ici : le programme de l'amour est aussi celui d'une attention justifiante infinie envers ce que l'autre est.

Et cette attention est appelée à se manifester, de manière conjointe, comme minorisation indulgente de ses défauts et majoration « religieuse » de ses qualités. Ce programme se laisse évaluer comme parfaitement contradictoire. Pour minoriser les défauts, je dois constamment les percevoir et les réinterpréter, en telle sorte que mon attention à mon partenaire me nantit, chaque jour qui passe, d'une vigilance toujours plus redoutable et cumulative, dont j'hérite une sorte de pouvoir de mort sur son narcissisme. Il ou elle peut en faire accroire aux autres, mais pas à moi, je sais par définition toutes les petitesses de l'aimé(e), puisque je travaille chaque jour à leur rédemption. Mais pourtant, en même temps, je devrais trembler de surprise déférente devant chaque manifestation de son excellence, dans chaque domaine où elle est répertoriée comme part de ce qui me séduit.

Ce qui est légèrement « fasciste » dans l'amour induit par la séduction balisée – l'effet de hiérarchisation figée, utilisé pour mettre en branle l'impérativité de l'amour – est en quelque sorte compensé par la folie de ce programme de l'attention infinie : si loin que je séduise l'autre, je suis appelé à devenir en même temps rien où presque rien dans son évaluation, parce que je serai l'objet d'une rédemption continuée. Cette demande de l'attention infinie, par ailleurs, fait partie de l'amour en général, elle pèse sur tout amour, même ceux qui ne « proviennent » pas de la séduction balisée. En sorte que, dans ces autres histoires d'amour, tout se passe *a posteriori* comme s'il y avait eu la séduction balisée. Je me trouve « astreint » par la loi de l'amour à une valorisation extrême de ce que je vois de grand en l'autre comme si j'avais été attiré(e) à elle (lui) par ce trait. Nous touchons ici à une propriété générale de la sémance de l'amour : elle conjugue des impératifs qui finissent par tous peser en même temps, même si certains ont été absents de la construction historique de l'amour en cause. Le cas le plus simple de cela est celui du binôme amitié-sexualité, dont nous étions partis : les relations amoureuses qui s'engagent comme pures rencontres sexuelles rencontrent la « tâche » de construire une figure syncatégorématique de l'amitié sexuelle, et donc de donner lieu à une amitié qui se transfigure dans le mélange avec la sexualité, de même que les relations qui s'enga-

gent par le commerce langagier de l'amitié rencontrent l'exigence d'accueillir un lien sexuel se laissant magnifier par la face platonique.
Le sens de l'amour est à la fois d'une infinie tolérance, indulgence, et d'une folle exigence : il prend prétexte de ce qu'il nous recrute avec la moindre parcelle de lui pour nous conquérir, progressivement, sur toute la ligne.
Reste à dire quelques mots de la séduction non balisée : j'entends par là la séduction qui ne procède, selon le témoignage de ceux qui la subissent, d'aucune perception de qualité brillante. Et nous savons bien que ce cas de figure n'est pas vide. Il y a des gens dont nous nous retrouvons « toqués » à l'issue de la première rencontre avec eux alors qu'il ne nous ont exhibé aucune qualité socialement monnayable : en d'autres termes, peut-être ont-ils en fait de telles qualités, mais elles ne sont pas comptées dans notre perspective sur eux. Perspective qui, néanmoins, prend le chemin de l'amour au nom de la catégorie de séduction, revendiquée par nous, et de manière tout à fait plausible, parce qu'il reste vrai dans de tels cas que « ce que l'autre est », dans une sorte de globalité indivise, nous plie à lui : il ne s'agit pas non plus d'un coup de foudre de résonance et d'annonce, de chimie des singularités, mais, comme dans la séduction balisée, d'un hommage gagné par une subjectivité sur une autre.
Mon sentiment, vis-à-vis de ce genre de cas, est que ce qui vaut comme facteur de séduction est alors le supplément de vie. Celles et ceux qui ont la capacité d'afficher une intensité de vie extrême prennent sur les autres un ascendant qui s'homologue à la séduction. Au sein d'un groupe, celle ou celui qui manifeste un supplément d'énergie, de mouvement, de parole, de passion, d'avidité, attire à soi, du même coup, tous les autres. Comment l'idée générale de l'impérativité, de la destinalité de l'amour s'en accommode-t-elle ? Je prends comme nouvelle obligation de ma vie la tâche de suivre, d'accompagner l'infatigable dépense de cet(te) autre. L'énergie excédentaire d'une personne fourmillant

de projets, « remuant beaucoup d'air », me submergeant le plus souvent d'un flot de paroles, vaut comme appel pour moi. J'éprouve que si je perds cette personne, je vais me trouver dans un vide, un silence, une inappétence terribles. Je reçois de l'alter-ego excessif toute l'orientation à laquelle j'aspire, et je le prends en ce sens comme maître de vie. La forme générale de l'impérativité se trouve donc satisfaite, et mon lien acquiert une valeur destinale : je me constitue comme dépendant quant au goût, à l'énergie, et au désir de quoi que ce soi, de cet alter-ego frayant pour moi les voies de la dépense vitale.

La séduction non balisée de cette sorte peut d'ailleurs valoir, dans le régime de croisière de ce que je vis comme mon histoire d'amour, au gré d'une reconstruction : au départ l'autre n'avait pas du tout cette valeur, mais c'est de cette manière que en fin de compte je m'interprète comme assujetti à elle ou lui, et je me représente dans l'après coup ce rapport comme le chemin de ma séduction, comme le fondement de séduction de notre amour.

Les deux principaux résultats éthanalytiques de cette section sont, premièrement, que l'amour doit être vécu comme s'originant dans une impérativité qui émane de l'aimé(e), et, deuxièmement, qu'il enveloppe la prescription de l'attention infinie à l'aimé(e).

Notre discussion de la séduction nous a par ailleurs rapprochés du « problème » classique du rapport des deux « libertés » dans l'amour (dont l'une semble nier l'autre dans la « prise de pouvoir » de la séduction). Je ne tiens pas ce problème, dans une telle formulation, comme une énigme caractéristique de l'amour, appelant un déchiffrement ethanalytique. Mais j'y vois l'indication d'un passage vers la nouvelle énigme dont je veux traiter, et qui est celle de la relation entre amour et éthique.

relation amoureuse et relation éthique

De prime abord, le problème n'est pas celui de l'amour, mais un problème interne à la pensée d'Emmanuel Levinas. Dans un texte du recueil *De Dieu qui vient à l'idée*, Levinas opère une démarcation stricte entre relation éthique et relation érotique, en expliquant que cette dernière reste commandée par le bénéfice représentationnel : ce qui me tient dans mon orientation amoureuse, c'est la production d'une image superlative de l'autre en laquelle je consomme le surplus d'être que j'y mets, en quelque sorte. Je reste donc dans le *conatus essendi*, l'autre reste instrumentalisé et thématisé au sein de ma dévotion, nous ne sommes pas du tout dans le registre de l'irréversibilité éthique, du « Me voici ! », du secours franchissant l'abîme et accomplissant l'évasion an-ontologique [1].

Pourtant, Alain Finkielkraut a titré son livre sur Levinas *La sagesse de l'amour*, et ce titre était bien vu [2]. Il y a tout un côté « Piece and Love », pour forcer le trait, dans la pensée de Levinas, qu'il faut assumer. Levinas comprend de fait le déchaînement général de la guerre dans l'histoire, la société et le commerce personnel comme retournement d'une « situation » plus primitive (selon le sens) qui est une situation de paix. Dans l'ensemble de son œuvre, on trouvera nombre de passages qui décrivent la relation au féminin en tant que relation amoureuse comme relation fondamentale dans l'an-économie de l'éthique. Par exemple, dans *Totalité et infini*, ce qui a trait à la demeure ou à la caresse. Dans *Autrement qu'être* encore, la « maternité » est prise comme exemplification illuminatrice de l'idée de sensibilité absolument exposée.

Sans que le texte que j'ai d'abord évoqué ne soit formellement invalidé par un autre texte, nous saisissons je crois, dans l'ensemble de sa pensée, quelque chose comme une hésitation, ou un problème : à tout le moins la perception d'une ambiguïté.

Cette difficulté se redouble dans l'approche qui est la nôtre. En un sens, le point de vue ethanalytique « met de l'éthique partout », il

1. *Cf.* « Dieu et la philosophie », dans *De Dieu qui vient à l'idée*, Paris, Vrin, 1982, p. 93-127, spécialement § 14.

2. *Cf.* A. Finkielkraut, *La sagesse de l'amour*, Paris, Gallimard, 1982.

considère toute insistance de sens donnant cours à une région des affaires humaines comme significative de l'obédience de l'humanité à une tradition de ce sens, comme développement d'une moralité locale encadrant les mots, pensées, gestes clefs de l'ethos en cause. Le cas de l'amour ne faisant pas exception, faut-il dire que l'amour se retrouve ainsi identifié à une éthique de l'amour ? Devons-nous, d'ailleurs, rassembler toutes les éthiques locales éclairant les régions en vue du sens qu'elles portent dans une éthique englobante, à la fois présupposée et à l'horizon, et qui serait la « grande » éthique levinasienne ?

Sans aller au bout d'une telle interrogation méthodologique générale, je partirai ici de ce qui fait énigme pour moi quant à l'amour, dans le cadre de l'amour : il s'agit de la nature et de la fonction dans l'amour, son « fait » et son « programme », de ce qui semble être le désintéressement éthique lui-même.

Mon premier indice : l'obligeance éthique est acceptée par nous comme un bon signe, une bonne mesure de l'amour. Dans *La peau de chagrin*, Pauline manifeste son amour au héros en lui mettant de côté de la nourriture et en lavant son linge gratuitement, gestes qui seraient, typiquement, ceux de l'égard éthique [1]. En général, le rôle ancestral de la femme dans l'amour était largement défini par un secours systématique procuré à l'homme, dans toutes les menues choses de la vie. Mais au-delà de ces rôles qui ne sont plus pris comme des injonctions inamovibles, des marques de vraie sollicitude désintéressée sont comprises par nous comme exprimant, peut-être même comme exprimant au mieux, l'amour vrai. Le programme de l'attention infinie à l'autre, dégagé par nous dans notre réflexion sur la séduction, ne coïncide-t-il pas avec l'éthique – même lévinasienne – dans un de ses aspects ?

Et je pense à l'histoire mythologique dont Alceste, sauf erreur, est l'héroïne : celle de cet homme dont les dieux veulent la vie, à

1. *Cf.* H. Balzac, *La peau de chagrin*, dans *Balzac La comédie humaine X Études philosophiques*, « Bibliothèque de la Pléiade », Paris, Gallimard, 1979, p. 57-294.

moins qu'il ne trouve quelqu'un de prêt à sacrifier la sienne pour lui. Il consulte ses vieux parents, qui, en dépit de l'amour qu'ils lui portent, se refusent à envisager de mourir à sa place. Il consulte tous ses proches, et n'essuie que des refus. Seule sa jeune épouse accepte le sacrifice [1]. Manckiewicz, dans son *Pandora*, nous montre l'anciennement futile personnage joué par Ava Gardner comme prête au même don.

Tout cela n'est-il que faux-semblant ? Levinas a-t-il pensé à ce « dossier », que je n'ai fait qu'esquisser ici ? L'éthique de l'assujettissement à autrui, de la substitution et de la responsabilité renvoie-t-elle à une sentimentalité radicalement étrangère à celle de l'amour ? De manière plus spécifique : le programme de l'amour possède-t-il une face éthique, ou est-il indifférent à l'éthique ?

Il y a des raisons de voir l'amour comme ayant partie liée avec l'égoïsme le plus proprement humain, fortes et nombreuses. Comment nier, par exemple, le fait que l'enjeu majeur, pour les sujets, semble, tout simplement, d'*être aimé* ? Françoise Sagan disait un jour, dans un *Apostrophe* de Pivot, qu'elle était agacée par le lieu commun suivant lequel il est plus grand d'aimer que d'être aimé. Nous voyons que l'amour qu'un autre donne ou même se contente de faire semblant d'offrir apporte une consolidation narcissique dont personne ne peut se passer. Nous voyons que nous allons bien lorsque quelqu'un (lorsque quelqu'un de plus) nous aime. L'amour paraît devoir être compté au nombre des symptômes de la domination du *conatus essendi*, du jeu de l'être : plus on m'aime, plus je me sens être, plus ma part du jeu de l'être est grande. On dit « il (ou elle) a tout », et dans ce tout, on compte l'amour. L'amour est typiquement un avoir et un être, les deux ne s'opposant pas, bien au contraire : ce qui compte comme avoir appréciable, c'est ce qui transmet au possesseur un plus d'être.

1. M. Blanchot évoque l'histoire dans *La communauté inavouable*, Paris, Minuit, 1983, p. 74-75.

D'ailleurs, l'amour est volontiers décrit comme une sorte de cour des miracles où la loi morale ne vaut plus. « En amour, tous les coups sont permis ». On ment, on trompe, on tue même (qu'on songe à la tolérance du crime passionnel) « au nom de l'amour », et celui ou celle qui commet ces forfaits est plus méritant que les autres vis-à-vis d'une sorte de « morale de l'amour » incommensurable à la morale générale. L'amour est une guerre. Chacun peut demander chaque autre, au nom du désir, quelle que soit l'institution qui prétend soustraire certaines personnes au « circuit » (au nom du mariage, ou de l'inceste même pour certains regards extrémistes). La séduction et l'amour semblent inextricablement liés à une sorte de loi du désir et de la liberté en même temps, qui justifie, typiquement, celui qui abandonne son ancien amour au nom d'un nouveau. Alors qu'un tel abandon est, parfois, le meurtre même de celle ou celui qui persiste à se vivre et se penser dans la dépendance (de l'amour, aussi).

D'ailleurs, qu'y a-t-il à démontrer ? Le nerf de la guerre n'est-il pas la jouissance, et la jouissance peut-elle être rattachée à autre chose que ce que Levinas appelle le sujet athée ? Un autre nerf de la guerre, connexe, n'est-il pas la procréation, et la venue au monde des enfants n'est-elle pas ce par quoi nous, sujets humains, nous valorisons encore dans l'être contre la mort[1] ?

L'amour, dans le meilleur des cas, se laisse décrire comme une passion irrationnelle « par delà le bien et le mal », qui s'empare au même titre et au même degré du héros moral et de l'infâme. Il est la faiblesse de toutes les forces possibles, ou la force secrète derrière toutes les postures, morales ou immorales. Il ne sera pas à proprement parler le mal, parce que l'amour, prenant place dans la vie du juste, sera converti par lui en une générosité universelle. Mais il ne sera pas non plus le bien, parce que l'homme mauvais

1. Bien que, on le sait, Levinas interprète la filiation tout autrement.

tournera son amour dans le sens du mal, y puisera l'énergie et la motivation de ses crimes.

Lorsque Sartre veut décrire l'amour dans les termes de la métaphysique des multiples *pour soi* qu'il met en place, il le définit comme la tentative de la part du *pour soi* de s'emparer de la liberté de l'autre sans la réduire, en lui donnant l'objectivité de soi comme horizon indépassable : je détourne la fonction humiliante d'autrui, qui est de me ravaler au rang de l'*en soi*, en faisant de mon *en soi* singulier la vocation unique et captatrice de sa liberté. Un tel tableau ne fait pas de l'amour, dans sa détermination la plus radicale, rien de bien moral. Si, campé de la sorte, il apparaît comme un peu supérieur dans l'ordre éthique au sadisme ou au masochisme, qui lui font alternative, le moins qu'on puisse dire est qu'au royaume des aveugles, en l'occurrence, le borgne est roi.

La « lecture » de Sartre correspond à une option qui se suggère avec beaucoup de force : celle d'interpréter l'amour dans la ligne de l'intersubjectivité hégélienne de la *Phénoménologie de l'esprit*, dont la formule maîtresse est que chaque conscience veut la mort de l'autre.

Qu'est-ce qui va « contre » cet aperçu, que l'on sent profond et lucide, du pessimisme éthique *a priori* contemporain ? Bien entendu, il y a le message chrétien : le christianisme se présente lui-même, et, singulièrement, contre le judaïsme qu'il prétend dépasser, comme la « religion de l'amour ». Pour le christianisme, l'amour apparaît souvent comme la formule magique clef de toute spiritualité. « Dieu est amour », et cette déclaration résume à la fois tout ce qu'il y a à comprendre et tout ce qu'il y a à faire. La justice, la science, la moralité stricte cèdent le pas à l'amour, sont réputées n'être rien à défaut de l'amour, en l'absence de sa bénédiction. Mais, comme bien d'autres l'ont observé, de quel amour s'agit-il alors ? L'amour devient une sorte de nom général de l'être de l'étant considéré sous l'angle de la réconciliation. L'amour est indifféremment l'amour humain charnel, l'amour parental et filial, l'amour du Christ, mais aussi,

en fin de compte, l'amour flottant, le surplus d'affect disponible pour la situation et l'homme quelconques. Dans cette perspective, certes, l'amour enveloppe l'éthique, enveloppe toute éthique, mais on n'est pas sûr de reconnaître l'éthique au sens que Levinas a dégagé pour nous, en son sens rigoureusement an-ontologique.
Il reste que le monde chrétien « pense » confusément l'amour charnel humain comme ce qui débloque la carapace subjective, comme ce qui rend vulnérable et dépendant, comme ce qui brise la subjectivité athée. Au début du *Soulier de satin*, le frère du héros, en train de mourir en mer, demande à Dieu de mettre dans le cœur de son frère l'amour d'une femme, afin qu'il apprenne la dépendance, et, donc, devienne capable, au-delà de cette première sujétion amoureuse, de se rendre à Dieu. Plus loin dans la pièce, une scène essaie de nous faire nous représenter des « retrouvailles » des amants dans le bonheur ultime par-delà la mort où leur amour se maintiendrait en un sens, dans la dilution et l'extension infinie que la symbiose avec Dieu lui procure nécessairement. On reconnaît, comme dans la brume d'une autre sensibilité, d'une autre perspective, quelque chose de l'idée irréversible de l'assujettissement éthique, désormais lié avec l'amour : mais le climat de l'ontologie conciliatrice efface l'identité de l'éthique comme de l'amour. Ce n'est plus le visage comme demande, c'est la figure ontologique de la dépendance, ce n'est plus l'amour d'Héloïse et d'Abélard, c'est le chemin du sujet séparé vers l'immersion bienheureuse.
Cherchons donc dans notre plus misérable et plus familière expérience le lien de l'amour et de l'éthique. Il me semble que ce lien réside, pour commencer, dans l'expérience du désintéressement, ou, pour dire les choses au plus près, dans l'accès au « point de vue de l'autre ». Une amie allemande me disait « Quand on s'aime, on ne se fait que du bien, quand on ne s'aime plus, on ne se fait que du mal », pour résumer la tragédie ordinaire des « divorces », qu'il y ait eu mariage ou non. La seconde partie de son aphorisme dit la limite de la première partie, mais

cette première partie reste. De fait, l'état amoureux nous rend capable de quelque chose qui est littéralement le bien : de penser du point de vue de l'autre sans passer d'abord par la *référence* à l'autre. Pour beaucoup de nous, pour la plupart d'entre nous, l'attitude qui consiste à percevoir l'autre comme demande ayant tous les droits n'est rejointe que lorsque l'autre est l'aimé(e). On dira : ce n'est pas vraiment cette attitude, puisque tout est indexé sur la dette immense contractée à l'égard de qui nous donne le « plus d'être » fabuleux de l'amour (dont la jouissance sexuelle n'est que le sésame).

Je ne suis pas sûr que cette sage et « La Roche Foucaldienne » observation touche juste. En fait, on ne peut pas séparer l'ouverture éthique du bonheur de l'amour. Le désintéressement, le décentrement font partie de ce que nous apporte la relation amoureuse, et à quoi nous sommes tellement intéressés, même si nous ne le nommons pas ainsi. Tout se passe comme si, en marge ou en supplément à ce que Levinas raconte, nous étions « naturellement » institués pour nous soucier de notre prochain : nous avons besoin d'être libéré du cercle auquel nous ramenons tout en tant que soi, nous avons besoin de nous dévouer, de nous soucier de l'autre avant que de nous-mêmes, nous n'allons jamais si bien, n'avons jamais autant de force et de paix que lorsque nous le pouvons. C'est pourquoi avoir un métier d'utilité sociale nous stabilise, c'est pourquoi avoir un mari ou une femme nous équilibre, c'est pourquoi être pris au piège de la paternité ou la maternité nous transfigure si positivement.

Bien entendu le fond de l'exigence éthique est que nous devons infiniment à cet autrui absolument non érotique qui est pure gêne sur le chemin se vivant comme innocent de notre vie (typiquement, le clochard laid, vieux et sale). Mais c'est tout de même cette exigence dans sa forme, à tout le moins le décentrement fondamental qu'elle enveloppe, que nous expérimentons dans l'aventure intéressée de l'amour, et cet apprentissage est une composante non négligeable de notre intérêt (cette seconde occurrence du mot fût-elle homonyme).

On peut encore prendre la chose d'un autre côté. Dans *Totalité et infini*, Levinas enseigne qu'autrui est la merveille. Il entend par là qu'autrui est la « solution », l'évasion, le seul accomplissement possible du désir métaphysique, le sens de la vie tout simplement si vous voulez. Déjà dans le cadre lévinasien, il est clair que cette détermination d'autrui comme la merveille ne doit pas fonctionner comme *motivation* de mon « Me voici », à défaut de quoi la merveille, justement, est perdue, parce que la merveille résidait dans le non calcul, dans ceci même que n'intervenait aucune évaluation des êtres et des enjeux.

Mais autrui est aussi la merveille en un sens que l'égoïsme ordinaire connaît. Nous savons que le sans issue, le difficile de la vie est sans cesse rédimé par la rencontre ou la retrouvaille d'autrui. Que toute la nouveauté, tout le passionnant nous viennent d'autrui. Que le meilleur de ce que nous faisons, nous le faisons parce que l'indication nous en a été donnée par quelque autrui dont nous avons la chance de faire cas. Autrui est la merveille communément connue comme telle de toute vie humaine, et la solitude est la grande peur qui nous tient tous. Autrui me distrait, me gratifie, m'occupe, me lie à des projets, autrui est tout le secret de l'habillage possible d'une vie qui ne se résume pas à la déréliction et l'attente follement angoissée de la mort.

N'y aura-t-il, donc, rien de commun entre cette merveille « laïque » d'autrui, et la merveille de Levinas, plus haute et plus aride à première vue ? De la réponse à cette question dépend aussi une compréhension de la connivence entre amour et éthique.

Sur le plan général, je pense qu'il y une complicité profonde, et compréhensible *a priori*, entre la merveille « intéressée » et la merveille « éthique ». Si autrui peut aussi facilement et aussi régulièrement restaurer la vivabilité même de la vie pour nous, c'est, bien évidemment, et comme chaque évocation du paragraphe précédent le confirme, en raison de son imprévisibilité, de l'excès qu'il présente sur la théorie thématique routinière de tout qui nous obsède : en raison de ce qu'il donne figure à l'avenir, donne à tout projet la dimension espérée de quelque chose qui n'est pas seulement porté par nous. La merveille « intéressée » n'est donc pas la négation ou l'inversion de la merveille éthique, elle consiste bien plutôt dans l'exploitation systématique de ce que autrui vaut éthiquement. L'inversion réside, si l'on veut, dans l'optique même de notre intérêt, mais il faut bien voir que, pour l'essentiel, cette optique prend bel et bien autrui comme ce qui déclôt le monde, défait la totalité : elle consiste seulement à s'installer dans le bonheur de cette rupture, apportant à la vie sa seule respirabilité. D'ailleurs, lorsque Levinas, dans *De l'existence à l'existant*, demande à quelle condition le temps peut contenir une résurrection, peut excéder le présent de l'hypostase, et lorsque autrui est nommé comme réponse à cette question, c'est peut-être la merveille intéressée qui est alors nommée : d'autrui l'on prend, en l'occurrence, la faculté d'excès et de rupture et pas la figure de loi. Le second Levinas, et plus encore le troisième[1], vont affirmer avec force la suprématie de la figure de loi d'autrui – semblable à la suprématie de la *halakha* – mais il ne faut pas penser cette suprématie comme un effacement ou une suppression : il faut plutôt se représenter un étagement comparable à celui des formes symboliques chez Cassirer. Autrui comme merveille intéressée opère toujours « sous » autrui comme merveille éthique. Il n'y a pas contradiction, de l'un à l'autre s'étend seulement une sorte d'arc de nos comportements. Nous ne cessons de profiter de la merveille en ne retenant que le dépaysement qu'elle nous apporte, en oubliant que c'est l'impérativité d'autrui qui enveloppe toute sa nouveauté : si autrui n'était pas dans sa position même autorité pour le moi, nous perdrions le bénéfice, dans

1. Je me réfère ici aux épisodes de la « métaphysique éthique » de Levinas : 1) *De l'évasion*, *De l'existence à l'existant*, *Le temps et l'autre* ; 2) *Totalité et infini* ; 3) *Autrement qu'être*.

la moindre petite chose de la vie, de l'imprévisibilité et du renouvellement qui viennent de lui. L'accueil du nouveau, l'ouverture pour moi selon le lien avec lui procèdent entièrement de cet intervalle d'attente et d'abnégation qui s'ouvre en moi parce que je me dois à autrui. Lorsque, donc, nous « profitons » de la merveille en négligeant constamment de la servir, l'ouverture du monde et du temps se referme tendanciellement. Au bout d'une enfilade de pratiques instrumentalisant autrui, le sens d'autrui s'altère pour moi, et il me semble soudain qu'il n'y a plus que moi et la série bien organisée de mes rendez-vous. Or, ce qui me sort de cette série, c'est l'impérativité d'autrui, c'est l'expérience concrète que ce qui se passe se finalise et se comprend à partir de ce qui est attendu *pour autrui* : l'expérience éthique.

Cela pour la connexion générale entre la merveille éthique et la merveille intéressée. Mais ce qui nous appelle est surtout le problème spécifique du rapprochement avec l'érotique.

De ce point de vue, je marquerai d'abord une double analogie formelle, entre l'impérativité éthique et l'impérativité érotique d'une part, entre le secours éthique et l'attention érotique d'autre part.

L'impérativité éthique et l'impérativité érotique. Nous l'avons vu, l'amour est censé s'imposer à celui qui aime avec autorité, sur le mode destinal. Nous avons longuement analysé, dans notre section sur la séduction, les modalités de cette imposition, en évoquant, par exemple, la séduction balisée et le coup de foudre. Ce qu'il importerait maintenant de comprendre, c'est le commun et le différenciant vis-à-vis de l'impératif éthique.

Si l'on part du cas de la séduction balisée, on voit bien où se marque la différence : la séduction balisée prend appui sur quelque chose qui est conçu comme faisant partie du jeu de l'être. Il y a beaucoup à dire sur la « vérité » de l'attitude de celui qui est séduit à chaque fois, mais son opération consiste à prendre comme obligeante une *propriété* d'autrui : elle passe par la *prédication* d'un autrui pour la circonstance installé dans la position d'objet déterminable. La séduction balisée fonctionne tout entière dans cet étrange renversement qui commue une froide évaluation thématique en un assujettissement. L'amoureux est quelqu'un qui s'est pris dans les plis du jeu de l'être, qui a perdu son autonomie consommatrice et théorique dans le moment où il assemblait son jugement, pour devenir le sujet fidèle du sujet de son énoncé. Le virage, dans le cas d'espèce, apparaît en pleine lumière. Et la confrontation avec la séduction éthique se fait aisément : lorsque je « réponds » à l'atteinte éthique, ma réponse survient avant toute prédication, en demeure absolument indépendante.

Une analyse similaire se peut-elle dans les autres cas de la « séduction » ? On peut essayer de l'articuler dans le cas apparemment plus difficile du coup de foudre ineffable, supposé exprimer la résonance mystérieuse entre deux personnalités. Là encore, l'idée est que la connexion « forcée » par l'affinité chimique de deux êtres, de manière naturaliste, se mue en une obligation infinie de se découvrir et de s'explorer mutuellement. Il y a donc bien, pour chacun, au bout du compte, un impératif associé au partenaire de l'amour, même si c'est plus un impératif d'étude qu'un impératif de secours ou d'obéissance, mais il est, à nouveau, préfacé et relativisé par une relation de l'être : la « force » qui attire les deux êtres et les voue l'un à l'autre s'inverse en obligation, à nouveau, ce qui nous donne au bout du compte une irréversibilité de type éthique, mais sans la pureté d'immotivation ontologique voulue par Levinas dans sa description.

De telles remarques suffisent à situer une certaine connivence et une certaine dissemblance à la fois de l'éthique et de l'amour, envisagées sous le rapport de la « forme d'assujettissement ». Il y a bien quelque chose de commun, l'impérativité de l'amour nous voue selon un certain mode à l'autrui aimé(e), mais, en même temps, le contenu de ce dévouement ne coïncide pas strictement, ne coïncide pas programmatiquement avec le contenu éthique du secours, d'une part, d'autre part l'amorce de l'impérativité renvoie au jeu de l'être, elle a quelque chose de logico-physique (causalité systémique-dynamique de la résonance, inversion grammaticale de la prédication en obligation).

Le secours éthique et le secours érotique. Nous entrons plus dans le vif du sujet de la confrontation si nous prenons en considération ce que nous avons découvert, au fil de la réflexion sur la séduction, comme une part de l'exigence de l'amour, c'est-à-dire comme une composante de sa sémance : l'émergence de l'attention illimitée à l'autre. L'explicitation programmatique de l'amour coïncide ici assez bien avec ce que nous citerions volontiers comme son symptôme fiable. Lorsque nous cherchons à résumer la spécificité de cette personne que nous pensons aimer, vis-à-vis des autres que nous estimons ne pas aimer, une manière plausible de le faire est en effet de dire que la personne aimée est systématiquement saillante, demeure de manière constante dans la région focale de notre attention : elle est sélectionnée quant à toutes nos facultés de perception, de la vision la plus simple à l'intellection la plus haute. L'aimé(e) est l'objet d'une sorte d'élaboration indéfinie illimitée dans tous les registres de saisie. On peut re-raconter la séduction dans ces termes : celui ou celle par qui j'ai été séduit(e) est celui ou celle qui a retenu mon attention de façon décisive, je n'ai vu ou entendu qu'elle ou lui dans cette soirée, je n'ai cessé de penser à elle ou lui (lorsqu'on dit à une personne que l'on pense tout le temps à elle, on lui dit qu'on l'aime au sens de l'amour). A quel point nous pouvons être préoccupé, parasité, relativement à tous nos modes de fonctionnement, par un(e) unique quelqu'un(e), c'est ce dont l'amour témoigne, c'est ce que la vie nous enseigne à notre grande surprise. C'est ce qui nous amuse et nous fait ricaner quand nous le voyons chez l'autre, mais cela ne nous empêche pas d'endosser à notre tour avec le plus grand naturel le costume de l'obsédé personnel.

Mais nous avions cité l'attention illimité infinie plutôt comme l'exigence de l'amour, nous avions utilisé ces termes comme une description de ce que l'amour comme sens attendait de nous. L'attention illimitée infinie est ce qui nous est enjoint si nous voulons satisfaire à l'enjeu de l'amour, assumer le destin amoureux. Il faut s'habituer à cette congruence de l'ontologique et du déontologique : ce que nous aurions envie d'alléguer comme un fait d'expérience, glané par nous dans nos souvenirs ou ceux des autres, est en même temps le programme, l'exigence. Et nous pourrions à nouveau évoquer un scepticisme correspondant, revenir sur la donne ontologique pour dire qu'une telle attention « n'existe pas », n'est jamais réalisée, que l'amour en vérité se passe d'un tel rituel de l'attention mutuelle. Que des gens mariés, passant pour aimer leurs conjoints, vivent des dizaines d'années sans rien percevoir d'eux, naviguant leurs heures à côté du partenaire dans une ignorance profonde. Ces contre-témoignages paraîtront même aussi plausibles que le témoignage positif mis en forme de manière romanesque à l'instant. Peu importe en fin de compte la vérité dans cette affaire de sémance, ou plutôt, la vérité qui s'accorde avec le programme pèse d'un poids plus lourd, c'est même ainsi que nous le reconnaissons comme le programme. Et, d'ailleurs, les histoires d'inattention se réécrivent comme histoires d'attention par ceux qui veulent pour eux le destin de l'amour : l'amour, comme l'histoire de la cité de *Big Brother*, se prête à une reconstruction permanente, mais celle-ci n'est pas scandaleuse, elle est la trace d'une normativité qui est justement l'essentiel, que personne ne veut perdre.

Venons-en à la difficulté qui nous intéresse en ce moment : la « prescription » incluse dans la sémance de l'amour, celle de l'attention infinie, est-elle (une version de) la prescription éthique ? Lui est-elle au moins compatible, affine ?

On voit bien où les choses sont difficiles : l'idée d'attention a quelque chose d'ontologique. Le modèle ou la formule-noyau de l'attention est la perception visuelle, supposée depuis toujours montrer ce qui est en son être. Plus je vieillis dans l'attention infinie à l'autre, plus je le connais, plus je l'anticipe : plus je donne, donc, de force et de consistance à une détermination spontanée et cumulative, à laquelle mon amour paraît même s'identifier, de ce que cette personne est. Aimer selon ce programme équivaudrait donc, à la limite, à enfermer absolument dans l'être le partenaire. On reconnaît, en filigrane, une version de « l'enfer à deux » : cet autre qui me connaît par cœur ne cesse de me renvoyer la régularité de moi-même qui m'assigne à l'être, qui m'homologue à l'étant connaissable.

Sauf que l'attention infinie de l'autre, c'est aussi la prévenance, c'est aussi une mobilisation permanente vers ce dont l'autre a besoin : vers, en fait, le plus minuscule de ses frissons de désir. Et dans cet envahissement de moi par le problème concret du bonheur de mon partenaire, n'est-ce pas l'éthique elle-même qui s'accomplit ? A l'égard du visage lévinasien, ne suis-je pas tenu, au dernier moment, après que mon élan s'est déclaré dans l'élévation et l'abstraction déontologique de la rupture de monde, d'identifier au plan matériel de quelle nourriture il a besoin ?

L'école de l'amour semble bien, à cet égard, une bonne école de l'éthique, et nous voyons d'ailleurs des gens qui marquent de manière unitaire leur excellence dans les deux domaines : des gens facilement et profondément aimants, qui développent une attention amoureuse d'une constance et d'une profondeur sidérante envers qui ils aiment, tout en faisant preuve d'une sollicitude universelle qui nous semble comparable, que nous percevons en tout cas comme en continuité avec leur façon d'être amoureux, et qui les manifeste comme personnes de haute qualité morale, secourables.

Il n'y a, à mon avis, pas de doute que l'amour peut être le prétexte du génie éthique. Dans le cadre de l'amour, et à la faveur du « programme » de l'attention infinie, tel ou telle vont imaginer des manières extrêmement profondes et belles de porter secours. En particulier la clause lévinasienne selon laquelle, dans la relation éthique, je suis récursivement responsable, de niveau en niveau, non seulement directement pour ce qui arrive et concerne l'autre « avant » ma responsabilité, mais de l'effet en quelque sorte perlocutoire de cette responsabilité elle-même, qui, finiment et concrètement traduite, affecte toujours l'autre, cette clause donc me semble spontanément connue et prise en compte dans la relation amoureuse : je me soucie de mon aimé(e) pas seulement au sens où je pense à lui préparer le petit-déjeuner qu'elle (il) aime, mais aussi au sens où je m'inquiète de l'effet sur elle (lui) de la récurrence de ma sollicitude dans la confection de son plateau. Ne va-t-elle (il) pas souffrir de ma répétitive prétention à l'exactitude dans le remplissement de son attente ? Ne se pourrait-il pas qu'elle (il) ait justement plus envie de venir à la position active ?

Nous ne respectons pas la sémance de l'amour, néanmoins, si nous faisons coïncider le programme de l'attention infinie avec celui de l'éthique. L'amour se conserve dans cette perversion éthique où ma focalisation permanente sur l'autre alimente une guerre ou un procès, où je ne le guette, l'interprète et le provoque que pour confirmer ses torts envers moi, que pour gagner une marge de liberté envers elle (lui), comme il arrive aussi, je pense que nous le savons. Mais cet argument par le fait n'est pas suffisant. Ce qui compte pour notre réflexion, qui se veut constamment transcendantale en tant qu'éthanalytique, rappelons-le, c'est le droit. Est-ce que la relation amoureuse où l'attention infinie s'accomplit sur le mode éthique n'est pas « plus » dans la légitimité de l'amour ?

On peut le sentir, encore que j'aie des doutes à ce sujet. Le contre-modèle d'un amour dévastateur et narcissique, au sein duquel les amants brûlent en commun un infini vertige de l'étrange satisfaction égoïste de se penser tout l'un pour l'autre, a sa force. Dans certains cas, on fera d'ailleurs de l'égoïsme du regard que je porte sur l'autre et de la joie que j'en retire le critère de l'amour vrai. Nous sommes tous prêts, à un moment où un autre, à juger de l'amour dans de tels termes, voire à penser que la relation amoureuse qui se soumet au programme éthique perd le contact avec la vie même de l'amour. Ce qui est pourtant incontestable, c'est que la sémance de l'amour enveloppe une sémance du couple et que, dans le cadre de celle-ci, l'élément éthique acquiert une sorte de centralité. L'exigence de faire un couple est, en quelque sorte, celle de réaliser le programme éthique dans le contexte de l'intéressement essentiel d'un être à un être aimé. Mais la sémance de l'amour comme telle ne passe pas tout entière dans le « sous-programme » du couple, tout en l'accueillant comme une de ses possibilités principielles. Le caractère non obligatoire de ce sous-programme paraît suffire à invalider la collusion avec l'éthique comme trait éthanalytique de l'amour.

En fin de compte, l'amour est plutôt du côté de la merveille intéressée, de cette dimension de bénédiction qui s'attache à autrui, bien connue de chacun, je crois, et que nous évoquions un peu plus haut. La figure première d'autrui comme autrui aimé(e) est celle d'un supplément salvateur qui rachète pour moi la platitude de la vie, à la faveur de l'impérativité érotique. Il est espéré que l'impérativité érotique, dans ce qu'elle a d'ontologiquement et de naturalistement fondé, suffira « une fois pour toutes » à la bénédiction, constituera une fois pour toutes cet autrui particulier en résurrection de notre présent. Et il en va bien ainsi, souvent pendant de longues années, parfois pendant toute une vie. Un indice de cette orientation est l'exigence, souvent mise en avant dans les théorisations contemporaines de l'amour, « que l'autre ne cesse pas de nous surprendre » : elle renvoie directement à la notion de la merveille intéressée.

Ce qui est néanmoins expérimenté dans l'amour, cela dit, est, souvent, que celui-ci ne peut pas indéfiniment nous dispenser de l'éthique. L'autre perd l'ascendant érotique, quelle que soit sa nature, qui en faisait la merveille constamment et parfaitement opératoire de notre vie. L'exigence d'attention infinie, volontiers vécue comme motivée par cet ascendant, tourne paradoxalement à son contraire : d'avoir idolâtré l'autre dans le détail nous fait le voir réduit à la mesure humaine, dans sa finitude et sa faillibilité. Le moment vient alors où l'impérativité nécessaire à la merveille ne pourrait plus renaître que de l'ouverture « pure » à autrui comme détresse et hauteur, radicalement infondée, se passant dans son impulsion strictement éthique de tout égard à ce qu'autrui est. Où pour sauver l'autre comme merveille, il faut l'accueillir sur le mode éthique, il faut changer de « jeu » en quelque sorte.

Je pense que l'exigence de l'attention infinie à autrui est là pour suggérer cette sortie possible, bien qu'elle ne la contraigne pas. En elle réside notamment le mystère de la proximité et de l'étrangeté de l'amour et de l'éthique, précisément pour cette raison que le programme dont elle charge l'amour institue entre l'éthique et l'amour un pacte ambigu. Pacte qu'il est permis de concevoir comme « destiné » à la remédiation éthique de la déficience du gradient originaire de l'amour.

Ma conclusion d'ensemble est donc que, sous le regard ethanalytique, l'éthique ne paraît enveloppée dans l'amour que dans une mesure analogique et surtout facultative. Même si une continuité et une congruence de l'un et l'autre semblent « prévues », même si leur collusion possède des voies nécessaires, qui apparaissent comme des sous-programmes de la sémance de l'amour, l'écart et l'indépendance de l'un et l'autre ne sont jamais détruits, pour des motifs encore plus essentiels selon toute apparence : au bout du compte, nous n'estimerions pas vraiment comme amour un amour réduit à l'éthique ou comme éthique une éthique réduite à l'amour. Et lorsque j'utilise la notion d'une telle « estime », j'évoque le jugement ethanalytique *a priori* en personne.

l'habitation du présent

On aurait envie de témoigner de ceci, qui appartient, juge-t-on, à la « magie de l'amour » : l'expérience de l'amour nous octroie un vrai présent, comme nous n'en vivons pas ordinairement. La vie courante, même heureuse, gaie, pleine de douceurs et de succès, passe constamment à la moulinette de la futurition ou de la remémoration. Irrésistiblement, nous anticipons de qui va venir, nous pensons au menu du dîner, au rendez-vous du lendemain, aux vacances avec les H., à quand l'emprunt sera remboursé ou la petite dernière entrera au collège. Ou bien, nous repensons à cette discussion tendue avec C. sur la *french thought* et la philosophie analytique, à ce que nous aurions pu dire à V. il y a deux ans, à la trame des semaines lorsque nous avions la chance de devoir visiter notre mère trois fois par semaine, à l'époque où nous pouvions boire un digestif en apéritif, du vin sans compter pendant le repas, danser après, et nous réveiller le lendemain à 11h sans séquelles. Ces façons de faire ne sont pas aliénation, détérioration incontrôlée de la vie, elles sont au contraire ce qui lui donne la saveur. Nos plongées vers l'avant ou vers l'arrière sont la liberté même de notre âme temporalisante, elles sont la marque de ce décalage que nous sommes par principe : nous en sommes fiers, et c'est ainsi que nous goûtons notre existence.

Mais l'amour, au moment où il nous submerge au moins, où il devient, non plus l'occupation de certaines plages temporelles, mais l'affaire centrale de la vie, lorsqu'il se noue – plus, lorsqu'il se libère, s'emballe et se déverse, profusion généreuse et sans fond – semble nous épingler à un vrai présent, dépourvu de ces projections avant et arrière. S'il nous arrive encore, au cœur de cette pâmoison spéciale, de penser au futur ou au présent, c'est d'une toute autre manière, avec une sorte d'amusement déréalisant : au fond, nous ne croyons pas vraiment que le futur viendra, ni que le passé nous rattrape, nous les évoquons pour rire depuis la puissante certitude de ce milieu d'après-midi tenace devant les rouleaux de l'océan qu'est l'amour dans sa stase.

Par l'amour nous entrons dans un état temporel anormal, et qui, peut-être, est le plus fort de la jubilation amoureuse. Au sein de l'amour, il devient possible de négliger totalement le futur proche légèrement ennuyeux et souciant (le cours ou la réunion qui vous attendent par exemple), ou les moments d'échec qui endeuillent la volonté, juste après les avoir traversés. On arrive à être dans le *bon* de l'intervalle, mais l'intervalle ne cesse de reparaître, il est partout, en fait c'est nous qui le découpons, et nous lui trouvons sans difficulté son amplitude parce que notre vie n'aspire qu'à lui, se coule en lui. Lorsqu'on « attend » la prochaine rencontre avec l'aimée, ce n'est pas une attente, une insupportable projection mentale vaine et sans cesse réitérée vers ce qui pour le moment n'est absolument pas là : « attendre » consiste alors à se confier sans calcul et en toute sérénité au défilé des instants, en pensant tranquillement que « sa » présence va revenir, et en habitant déjà cette présence, le goût singulier de fraîcheur de sa présence, en tirant déjà le bénéfice de ce qui n'est pas escompté, mais prévécu. Lorsque l'on se souvient du passé récent avec l'aimée, ce n'est pas la blessure du révolu qui vient envahir notre présent, en le frappant d'inconsistance, c'est notre présent qui s'augmente vers le riche espace du surplus de bonheur qui fut capté, mais que l'on n'a pas eu le temps de boire jusqu'au bout. Dans ces opérations de prise sur le passé ou le futur, c'est encore la force de présence de l'amour qui s'affirme, c'est le fleuve de présence de l'amour qui déborde.

Lorsqu'on voit une terrasse de café, sur une belle place de ville du sud, l'été, et que l'on aperçoit les gens, qui devant un journal, qui devant un pastis, on pense à un bonheur du séjour et du laisser aller qui serait possible si l'on commutait sa place de voyageur avec celle d'un vivant sans souci, libre et velléitaire. Mais lorsque vient pour nous le moment de prendre un verre à la même terrasse, nous ne retrouvons pas l'abandon bienheureux à l'ombre méridionale, nous sommes dans le passage de ceci à cela, nous en profitons pour achever un rangement, une information, un rendez-vous, nous transformons la halte bienheureuse en fragment cohérent de gestion de soi et de son temps. Si, en revanche, nous atterrissons par hasard, dans l'attente d'un train, à une terrasse de la même sorte en compagnie de l'aimée, le présent de la bière partagée et commandée va se dilater de manière insensée, et une pure qualité de bien être et d'« in-affairement » va se constituer par la vertu de l'être-ensemble amoureux.

La question que je me pose est alors la suivante : cette propriété de l'amour n'est-elle pas, sans conteste, ontologique ? Ne suis-je pas en train de dire que l'amour se signe par une modification caractéristique de la structure ek-statique du *Dasein*, dont nous pouvons croire qu'elle est par excellence le nœud de l'Être et de l'homme ? Dans cette structure ek-statique, pense-t-on à la suite de Heidegger, c'est à la fois l'essence de l'homme comme ouverture de la compréhension de l'être qui se loge, et le mystère même de l'Être comme donation, fournissant par son battement profond l'articulation originaire du temps.

Toute la description qui précède n'avoue-t-elle pas que l'amour doit être évalué ontologiquement comme transe de l'existentialité, et pas du tout de manière déontologique comme je l'ai fait jusqu'ici ? Ou bien même, ne faut-il pas déduire, de cette capacité de l'amour à nous insérer dans un « vrai » présent, que l'amour nous ramène, par delà l'existentialité, à la vie elle-même ? Que ce vrai présent est en fait celui de la vie vraiment vécue, tellement pleine d'elle-même qu'elle cesse d'être rongée par les vecteurs ek-statiques de la temporalisation ? Nous adopterions alors, sur et à propos de l'amour, une vision proche de celle de Michel Henry. Un argument très fort en faveur d'un tel discours est que cet effet de présent décrit plus haut semble bien coïncider avec le sentiment que l'on a d'être grâce à l'amour pour la première fois vraiment vivant, ou vraiment dans la vie.

Mais en fait, si l'on essaie d'analyser le sentiment de plénitude et de force du présent dont je viens de faire état, si on s'efforce de le saisir avec précision et authenticité, ne s'éprouve-t-il pas principalement et d'abord comme le sentiment d'une sorte de libération à l'égard des finalités environnantes de la vie ? L'expérience n'est-elle pas que, si je suis allégé de la tâche de me projeter vers les futurs proches et de ressasser, ré-assumer le passé proche, c'est parce qu'en général l'auto-télie de l'amour m'affranchit du cortège des *telos* acquis devant lesquels, usuellement, je capitule ? Et nous pouvons à notre tour tirer argument d'une autre description bien connue de la spécificité de l'état amoureux : nous le traversons comme un état révolutionnaire. Un auteur italien avait il y a plus de vingt ans je crois publié un livre où il décrivait la plasticité exceptionnelle, la disponibilité aux plus intenses révolutions de soi qui dérivent de l'état amoureux. Et nous avons tous en tête les effets de cet état : on voit les gens changer de métier, de pays, de religion, de conviction politique, de façon de se nourrir, de dormir et de s'habiller, de lectures et de spectacles privilégiés au nom et à la faveur de l'amour. La tradition du sexe féminin lui fait endosser avec plus de radicalité cette valence révolutionnaire de l'amour, les femmes sont en général plus immédiatement prêtes à tout changer de la vie pour l'amour, mais *de facto*, les hommes montrent aussi des dispositions étonnantes de cette sorte. La coutume de l'adoption du nom patronymique de l'époux, rappelant la symbolique du baptême, exprime peut-être cette puissance de l'amour.

Notre vision de cette grande mutabilité, de cette grande liberté de l'amour, cela dit, ne sera pas tout à fait commune. Nous proposons, en quelque sorte, de comprendre la liberté de l'amour en termes d'une obligation spécifique, qui est celle de l'amour justement. S'il y a un sens partagé de l'amour, déterminant l'amour comme région des choses humaines, c'est que la relance de l'amour ne peut pas être n'importe quoi, c'est qu'il y a une exigence de l'amour qui se transmet, se conserve et s'interprète au long d'une tradition de l'amour, tel est l'enseignement de notre approche ethanalytique. Nous faisons alors l'hypothèse que c'est l'enrôlement de notre existence sous les obligations et la responsabilité de l'amour qui la dissocie du cortège des régularités ordinaires, dont la structure de temporalisation est, à la fois, le noyau et le support. L'amour embarque notre vie dans un programme idéaliste qui n'a rien à voir avec les programmes ordinaires de la « gestion » de soi, notion qui enveloppe ici pour moi à la fois la temporalisation, le sérieux social et la transformation du monde par le travail. Le plan normal de la vie humaine, me semble-t-il, est clairement celui de cette gestion : nous nous intéressons presque constamment, et de manière exclusive, à l'incidence transformatrice, fût-elle minuscule, de nos actes, à la mesure et la façon dont nous satisfaisons à des attentes sociales, principalement liées à notre métier : et du même mouvement nous nous vouons à l'organisation du temps en projection et remémoration que ces intérêts enveloppent et impliquent. Si quelque autre mobilisation s'empare de nous, absolument incommensurable parce qu'il ne s'agit plus du tout de modifier le monde (l'enjeu est de porter une attention infinie à l'aimé(e) plutôt), plus du tout de satisfaire à une demande sociale (on oublie plutôt le social dans le duel), et plus du tout de la temporalisation fondamentale (l'idéalité-totalité dont il est question nous transporte d'un coup au-delà des ek-stases, situe notre responsabilité temporelle au plan de l'éternité en quelque sorte), alors on peut comprendre que nous nous trouvions subitement libre au point que nous avons dit, c'est-à-dire, soudain, habitants d'un vrai présent.

Une telle rupture consisterait donc à passer brutalement d'un ordre d'obligations et de responsabilités menues et ordinaires, constamment déguisées en l'indubitable fait du monde pour nous, à un ordre d'obligation et de responsabilité « transcendant ». Ce n'est donc pas seulement l'amour qui peut décaler ainsi, sans doute, au moins dans le principe. Le shabbat, dans la tradition juive, me semble être supposé avoir une fonction semblable : n'y a-t-il pas un « présent du shabbat » comparable dans son ordre avec le présent de l'amour ?

Mais il y a, je pense, quelque chose de spécifique – et d'ailleurs, peut-être, de dangereux – dans l'amour : ce que je tentais de désigner plus haut en parlant d'auto-télie. Il y a une sorte de force spécifique et singulière de l'impératif amoureux, qui fait que, lorsque nous l'expérimentons, tout autre devoir semble lui céder. Et c'est cet extrémisme, cet orgueil infini de son programme, qui fait de l'amour un libérateur aussi absolu, nous délivrant la grâce d'un présent si exceptionnel. Là réside aussi, bien entendu, la possibilité des excès, des formes maudites de l'assomption de l'amour.

Reste à dire ceci, que ce soit ou non une concession : le présent de l'amour nous semble volontiers, lorsque nous le vivons, l'expérience d'une identification parfaite, maximale avec la vie. D'où l'interprétation qui se propose : l'amour « au fond », c'est le programme vital, la procréation, la perpétuation de l'espèce. La vie nous appelle du plus profond de sa pulsation à la danse duelle de l'amour, au nom de son intérêt qui nous dépasse. Et lorsque nous aimons, nous obéissons à cet appel. Plus généralement nous nous laissons aller aux possibilités vitales centrales de nous-mêmes, nous bénéficions, notamment, du plaisir « prévu pour nous » et bien proportionné à nous. En telle sorte que, peut-être, nous contractons un rapport avec la vie en nous, avec le flux de la vie, qui est un rapport parfait de flottaison et d'abandon. Le sentiment du présent de l'amour serait simplement cet accord d'une existence avec l'anonyme portée du fleuve vital. Dans l'enclave de l'amour, tout écart avec la destinée vitale perd son sens et sa raison d'être : or, la temporalisation n'est-elle pas, profondément, la manifestation même d'un tel écart ?

Cette « explication » du présent de l'amour, on l'aura entendu, est naturaliste. Elle essaie de comprendre ce présent en termes de la nature humaine, et part donc d'une « lecture » naturaliste de l'amour comme moyen de la procréation. De plus, elle présuppose une sorte de prééminence ontologisée du fleuve de la vie, ou plutôt, la nature y intervient pour ainsi dire au sein d'elle-même sous la figure de ce « fleuve » avec lequel notre coïncidence vaut comme arrêt de la temporalisation.

Il faut reconnaître, je l'ai dit, que cette explication a une vraissemblance phénoménologique : dans l'amour, nous pouvons avoir le sentiment d'une sorte de régression vers la couche naturelle de nous (en particulier, l'amour « autorise » en nous et pour nous l'accomplissement de l'instinctuel en général).

Malgré sa plausibilité, je ne retiens pas cette explication. C'est-à-dire, plutôt : cette explication ne me convainc pas de quitter ma posture ethanalytique pour rejoindre une posture explicativiste naturaliste. En d'autres termes, rappelons à cette occasion que je ne suis pas en train, dans ce chapitre, de bâtir une théorie supposée couvrir les « faits » de l'amour, en rendre raison, voire fonder des prédictions à son sujet. Je m'attache à dégager les composantes de sens que nous l'humanité avons misées dans l'amour, en telle sorte que vivre une histoire d'amour équivaut à une allégeance à ce sens, s'exprime par une relance de ce sens hérité conforme à la demande déposée en lui. La lecture du présent de l'amour que j'ai donnée le lie à notre allégeance, elle y voit un symptôme de notre adhésion contingente à son programme. L'explication par la coïncidence avec le fleuve procède d'une perspective tout autre, où l'état amoureux est pris comme résultat de l'affectation des sujets par un champ de force, et l'entrée dans un grand présent comme un fait psychologique à expliquer. Y a-t-il, pour reporter le problème un cran plus haut, une alternative entre « L'amour est un état psychologique résultat d'une force » et « L'amour est une sémance » ? Bien évidemment non. L'amour justifie une étude sous les deux angles. On peut, en effet, chercher à construire un objet scientifique isolé répondant à des lois, en choisissant un niveau d'objectivation (en bref, une étude cognitive de l'amour est clairement possible et nécessaire). Mais il justifie aussi une ethanalyse, les affaires et notions de l'amour composent une constellation par rapport à laquelle nous nous repérons dans nos actes, nos vécus et nos discours : l'amour est par excellence le sollicitant d'une sémance à interroger comme telle. Dans ce dernier cas, la « factualité » en cause n'est pas ontico-ontologique, lorsque je dis que l'amour est le nom d'une sémance, je veux dire simplement que l'énigme de l'amour se destine, et cette destination, comme je l'ai expliqué dans *Sens et philosophie du sens*, n'est pas de l'ordre de l'être, l'être ne lui procure pas le cadrage qui lui convient. Même cette dernière phrase est écrite avec des verbes qui concourent à dire une factualité d'un ordre supérieur, le langage est toujours ontologisant et ne peut éviter de prétendre à la vérité, mais nous espérons que, malgré cette inévitable torsion de l'expression, la non-concurrence de principe de l'explication et de l'ethanalyse de l'amour apparaît suffisamment dans ce que nous avons dit.

Complétons néanmoins par l'évocation de l'inclusion inverse : l'amour est tellement consacré dans notre culture comme sémance que les approches réductionnistes qui tentent d'en écrire la logique comme logique de la nature oublient la rigueur de leur projet pour revenir à la sémance de l'amour. Dans notre exposé de l'explication par la coïncidence avec la vie, nous n'avons pu nous empêcher de dire que, dans l'amour, nous *obéissions* à l'appel de l'espèce. Ou que, dans l'amour, nous nous sentions *autorisés* à suivre nos penchants instinctuels en général. Les éléments que nous avons dégagés dans notre approche ethanalytique sont donc toujours là, on leur a seulement donné un visage naturaliste : l'impérativité de l'amour comme sémance devient l'appel de l'espèce, la libération à l'égard des formes d'obligation mineures, communes, liées à l'entretien du monde de l'affairement ordinaire, est à nouveau mentionnée, mais portée au compte du frayage instinctuel.

Ce qu'on perd, dans une telle approche, c'est, par exemple, la compréhension unifiée que nous avons offerte de l'état de révolution amoureuse et du présent de l'amour. Choisir d'expliquer, bien souvent, c'est choisir de ne pas comprendre ou de beaucoup moins comprendre.

Enfin, la lecture par la sur-coïncidence avec la vie a le défaut de laisser entendre que la temporalisation existentiale, en tant que liée à l'écart de l'existence avec le fleuve de la vie, disparaît purement et simplement dans l'ambiance de l'amour. Notre analyse, en l'occurrence phénoménologiquement plus fine, suggérait plutôt que les ek-stases temporalisantes, dans l'amour, perdaient leur valeur de déchirement, qu'elle n'empêchaient pas le grand

présent de s'étendre. Le choix d'expliquer est aussi, souvent, le renoncement à la richesse ou à la finesse du phénomène.
J'en viens maintenant à une nouvelle figure classique de l'amour : celle qui le montre dans un certain rapport avec la folie.

folie de l'amour

La tradition de l'amour connaît la conjugaison de l'amour avec la folie : « Je t'aime un peu, beaucoup, passionnément, à la folie ». Et seule la dernière détermination convient à l'amour, bien évidemment.
L'énigme sous-jacente serait simplement la suivante : qu'est-ce qui fait la connivence profonde, ainsi supposée, de l'amour et de la non-raison ?
Sans doute un certain nombre d'esprits jugeront-ils qu'il n'y a pas, en l'occurrence, de véritable énigme. Pour eux, donc, cette connivence va de soi, elle se comprend sans peine. Ne connaissons-nous pas l'adage « le cœur a des raisons que la raison ne connaît pas » ? N'est-il pas clair pour nous que le domaine des sentiments, sans même aller chercher le cas malgré tout particulier de l'amour, est réfractaire à la froide et neutre organisation rationnelle ?
A quoi je répondrai d'une part, tentant de défendre l'énigme, qu'il s'agit bien pour moi d'interroger cette évidence générale, de ne pas tenir pour si facile à comprendre la polarité raison / sentiments, dans sa tonalité abyssalement contrastive. Mais aussi que, d'autre part, le problème spécifique à l'amour est que son essence paraît impliquer, selon la compréhension commune, l'excès et la démesure dans la non-rationalité : ce n'est pas seulement que l'amour suivrait une règle propre irréductible à celles du plan rationnel, c'est aussi que l'amour, nécessairement, viserait la destruction du bastion rationnel en le sujet.
Voici, par exemple, qui peut rendre étrange cette connivence ou cette corrélation : l'amour n'est-il pas lié à la fonction la plus

raisonnable et la plus centrale de l'espèce humaine, et qui est la procréation ? Selon une analyse naturaliste-raisonnable connue, le fait que l'être humain « ne pense qu'à çà » est infiniment justifié et prudent de sa part, si l'on considère que ses chances d'avoir des enfants et de s'occuper d'eux dans de bonnes conditions, de vivre une vie paisible au sein d'un foyer, sont entièrement suspendues à l'amour, et donc, à travers lui, à la sexualité.

A ce niveau de la discussion, on pourra opposer à ce qui vient d'être dit une vision plus sombre de l'amour. On insistera, par exemple, sur le lien du « pulsionnel » comme tel, nécessairement mis en jeu par la sexualité, avec le motif et l'intérêt de la « pulsion de mort ». Et l'on expliquera la relation avec la folie par la relation avec la mort, la mort se traduisant, à l'égard de la face rationnelle de la subjectivité, par la folie.

Mais on sent bien, après avoir entendu ces esquisses d'argumentations, qu'elles ne peuvent nous satisfaire, tout simplement parce qu'elles ne prennent pas du tout l'amour sous l'angle ethanalytique. Chacune des plaidoiries tente de légitimer ou de délégitimer la relation de l'amour avec la folie en partant d'une vérité de la vie humaine, de la psychologie humaine ou de la sexualité humaine : elle ne s'attache pas du tout à comprendre cette relation en termes de la sémance de l'amour, de ce qui est demandé dans l'amour. Pourtant, notre identification initiale de l'énigme était bien formulée dans ces termes : il semble bien que l'ouverture sur la folie, ou l'accès à une « intensité de la folie » figure au programme de l'amour.

Revenons à l'effeuillage de la marguerite : ce qui fait transition vers le « à la folie » est le « passionnément ». Mon sentiment de lecteur ou de destinataire serait même que le « à la folie » explicite et rend authentique le « passionnément ». D'où l'éclairage suivant : l'amour doit être *passion*, c'est-à-dire qu'il doit être enduré, passivement accueilli par une subjectivité tout à fait hors d'état de s'en déclarer l'auteur. Or, ce qui est la clef, le nom central et la qualité décisive de notre faculté d'initiative, de notre

« spontanéité » au sens kantien, c'est la raison : le *Je* comme auteur de connaissance a originairement la figure du *Je* qui synthétise des pensées correctes hors la contrainte de la sensibilité, du *Je pense* comme libre pouvoir logique associé par Kant à l'entendement. Si l'amour doit échapper à toute velléité de contre-signature de ce *Je pense*, cela n'oblige-t-il pas à ce que le bastion soit détruit, à ce qu'il soit, en tout cas, mis hors d'état de porter tort à l'amour et l'offusquer en se l'appropriant comme son œuvre ? La folie apparaîtrait alors comme le dommage causé à l'entendement conjurant la toujours possible et tentante « récupération » de l'amour par la liberté logique.

Pour compléter cette interprétation, on peut l'associer à une autre, fondée sur le trait, par nous déjà repéré, de l'impérativité de l'amour. Il fait partie du programme de l'amour, avons-nous dit, que l'amour puisse toujours se laisser réinterpréter comme une loi, comme passant par le valoir-pour-loi d'une personne. Et nous avions longuement discuté, dans la section sur la séduction et dans celle sur l'amour et l'éthique, de la proximité et de la différence de cette « formule » de l'amour avec la formule de l'éthique, révélée par Levinas dans sa pensée de l' « épiphanie du visage ». Ne peut-on pas alors interpréter directement, sans invoquer la notion de passion et celle de la liberté logique du *Je pense*, la folie de l'amour comme une forme exprimant l'impérativité de l'amour, comme le mode suivant lequel la structure subjective se voue à l'amour qui la commande ? Suffit-il que le sujet s'assume dédié pour qu'il longe les parages de la folie ? L'idée de se dédier ou de dédier sa vie n'est-elle pas déjà, en tant qu'injure faite à la liberté, comme une rupture ou un irrespect programmés de la raison, tant il est vrai que, restant dans une ambiance kantienne, nous sommes fondés à juger que raison et liberté sont intrinsèquement superposées ?

Tel apparaît en tout cas le problème de la folie de l'amour dans une deuxième approche mieux accordée à notre point de vue général.

Mais sans doute faut-il essayer de prendre des informations supplémentaires auprès de l'ethos de l'amour pour aller plus loin. Que jugeons-nous, de fait, relever de la folie de l'amour ? Comment la discrimination de cette composante présumée décisive de la sémance de l'amour opère-t-elle ? Il me vient à l'esprit, ainsi : la persévérance folle dans l'attente et la religion de l'autre, alors qu'il est passé à autre chose ; l'excès haineux de la jalousie, pouvant aller jusqu'au meurtre, de l'aimé(e), de soi, du (de la) rival(e) ; l'idolâtrie de la présence de l'autre et de ses traces (dépenser toute son énergie, négliger toute autre contrainte pour un quart d'heure avec l'autre, garder ses cheveux ou ses mégots, etc.) ; l'enfermement dans la relation avec l'autre, fût-il enfermement dans un monde poétique ; l'obsession mentale, qui nous fait vivre des journées où notre pensée reste fixée à l'autre du soir au matin.

De ces quelques exemples, je tire les conclusions suivantes :

D'une part, la folie de l'amour est intimement liée à son programme : c'est ce que nous subodorions. Elle se manifeste sur fond du projet de la relation fidèle, à l'intérieur de la clause de l'impérativité de l'amour, ou en liaison avec l'idée « d'un sentiment qui est tout » (la notion poétique d'*amour fou* signifie-t-elle autre chose que ce dernier programme, celui de l'amour comme totalité ?).

D'autre part, ce qui la signale comme folie, et qui n'est pas, de son côté, nécessaire au regard du programme en question, ou qui, du moins, n'apparaît pas certainement comme nécessaire, me semble pouvoir être déduit de deux façons : d'un côté, on passe de l'amour à la folie de l'amour par augmentation de l'*intensité*, de l'autre côté, on passe de l'amour à la folie de l'amour par radicalisation de la *schize* de l'amour.

Le point de l'*intensité* est important par lui-même. Il est en effet obscur, en un sens, que l'amour puisse avoir une intensité. Il semble plus conforme à son sens qu'il ne le puisse pas : l'amour est un qualitatif absolu. On aime ou on n'aime pas, il n'est pas possible d'aimer d'un amour plus intense. Mais si votre ami veut vous dire que telle femme vous aime de façon extrême, il dira : elle est « dingue de toi » ; ou « elle est désespérément amoureuse ». Dans les deux cas, l'intensité se dit par une modulation qualitative. La modulation qualitative dit quant à elle l'aliénation, dit la disparition de la ligne du soi dans sa dominance, au profit de la folie ou du malheur. L'amour est espoir, fondamentalement, il est la croyance et l'abandon à la croyance, l'entrevision de la terre promise ou de la bénédiction de l'autre, à chaque seconde. Mais cet espoir sera compris comme plus intense s'il est conçu comme une attente qui ouvre un empan si large qu'elle se sait déjà déçue au moment où elle est attente, et se fait du même coup désespoir. De même, si je suis « dingue » de l'autre, c'est que sa séduction s'impose tellement à moi que ma raison est totalement débordée dans toutes ses tentatives de faire revenir mon être-séduit à ma liberté.

L'amour, de fait, est qualitatif, et il est « positif » par rapport à toute catégorie positive de l'existence, mais il est dit et pensé extrême dans des déviations qualitatives où il atteint le négatif. Le sens de ces modulations me paraît être d'ajouter de l'emphase à la positivité de l'amour. Cette positivité est voulue et vécue au point que la vie sacrifie quelque chose de sa positivité à la positivité de l'amour (raison, bonheur). L'intensité de l'amour, de la sorte, n'est pas réellement quantitative. Ce n'est pas seulement qu'elle se dit de façon qualitative, confirmant que l'amour ne peut être qu'un qualitatif pur. C'est aussi que le « supplément » d'intensité apporté par la modulation négative retire quelque chose à l'amour, porte en un sens atteinte à la positivité de son programme : ce supplément est donc pour une part une atteinte et une dégradation. L'amour est moins dans l'accomplissement de son programme si je suis, en lui, fou ou désespéré : il « réussit » moins l'envol majestueux de son triomphe. Mais on entend cette dégradation comme supplément, comme intensification, en raison de l'étrange raisonnement du sacrifice, déjà restitué : le positif a été voulu au prix de ce négatif, comme il a donc du être voulu ! La folie de l'amour réside sans doute, au cœur de l'ethos de l'amour, dans la possibilité même que nous en jugions ainsi, elle est extérieure aux amants en ce sens : elle appartient plutôt à la religion partagée de l'amour, à son ethos, à sa sémance.

Le point de la *schize* est troublant aussi. Par un côté, la schize de l'amour porte simplement témoignage de ce qu'il s'y agit de sens, de ce que l'amour est lié à un programme – à une idée, dit-on usuellement – qui « se fout » de toute donnée, de quoi que ce soit qui soit. L'amour tend donc, comme toute grande affaire humaine, à constituer un monde propre, indifférent à la contrainte provenant des axes du « monde de référence », toujours en train de se profiler en arrière et de réclamer ses droits, et qui est le monde de l'être (monde dont la suprématie consiste précisément en ceci qu'il ne relèverait pas d'un sens). La schize est donc le trait typique des ethos, elle accompagne toute sémance qui compte. Le politique, ainsi, produit sa schize : les adeptes du politique, et le monde contemporain est tel que rare sont ceux qui ne l'ont pas été ou ne le sont pas à l'occasion, tendent à oublier le plan non politique de toute chose. L'amour a donc sa schize ethanalytiquement correcte. Comment cette schize peut-elle valoir comme folie, c'est ce qui reste à essayer de bien dire.

Ou plutôt, la question est : l'amour noue-t-il un rapport à la folie dans sa shize qui aille au-delà de ce que toute schize, par elle-même, enveloppe en matière de folie ? C'est ici, bien entendu, le moment de nous souvenir que mon emploi post-deleuzien du mot *schize* provient lui-même de la mise en vedette par Deleuze de la figure philosophique d'un mode clinique de la folie, celui de la schizophrénie. Ce concept clinique est ce qui fait que, de l'homme dont toute la vibration humaine est engagée dans le « monde politique », c'est-à-dire dans l'ethos du politique, nous dirons très facilement qu'il est fou. Pour une part, le rapport de l'amour à la folie est simplement de cet ordre : les amoureux sont seuls au monde, ou bien ils vivent dans un monde à eux, etc.

Il me semble pourtant que la folie de la schize de l'amour est spécifique, qu'elle a quelque chose de plus grave et de plus vrai. Même lorsque nous disons que quelqu'un est totalement parti dans le « sérieux » d'un ethos, et qu'il est par suite « fou » ou « complètement fou », nous le disons avec une sorte d'indulgence ou de restriction mentale. Il y a un sens de la « schize » selon lequel nous l'imputons tout en sachant et sous-entendant que, quelque part, la valeur de référence du monde réel et le retour possible à lui ne sont pas perdus. Le mathématicien ou le politicien sont perdus dans leur ethos politique ou mathématique, mais dans l'excès de leurs plongeons en apnée, la faculté de distinguer les fonds marins où ils évoluent des rivages partagés de l'ethos commun, où la réalité référentielle du monde et des choses du monde joue un grand rôle, et d'ailleurs de revenir à ces rivages familiers, reste donnée. Le discernement et le retour éventuel structurent la folie en cause comme éléments disponibles, opératoires. Ces « schizes » d'ethos, malgré la ressemblance, ne sont pas la schize de la maladie de la shizophrénie. La schize de l'amour, qui rend fou d'une folie grave, a ceci de particulier qu'elle ne fonctionne pas sous le régime de la distinction et de l'indication de retour. L'ethos de l'amour produit le sentiment intentionnel d'une réalité de substitution, suffisamment analogue à la réalité de référence, pas moins concrète qu'elle. La folie de l'enfermement de l'amour est la folie d'une sorte de schize empiriste, qui nous débranche de nos autres émotions, de nos autres ethos, de tout repérage en quelque sorte : parce que l'amour « fait réalité » au point de se donner comme un repérage suffisant.

La folie spécifique et extrême réside dans la conjonction confusionnelle de la schize et d'un excès d'arrimage, d'un effet de réalité superlatif. L'amour sait, par son idéalité, inspirer un présent plus fort et plus indiscutable, comme nous l'avons dit : mais ceci est la voie pour un possible sentiment de réalité exceptionnel, pour un « empirisme » superlatif faisant oublier les registres de l'idéalité et du sens. Cette possibilité me semble essentielle à l'amour. En fuyant toute norme et, en vérité, tout réel, les amants peuvent se croire infiniment concrets, charnels : telle est la folie de leur schize.

l'amour et le vécu

Une amie me disait, en une époque lointaine où elle rencontrait régulièrement un ami commun (Z) au cours de philosophie d'un professeur de khâgne respecté, qu'elle aimerait beaucoup (« Très, très beaucoup », formulait-elle, théâtralisant pour l'occasion une ingénuité que nous ne lui sentions pas d'ordinaire) savoir quel train de pensée traversait Z le soir avant de s'endormir. Nous comprenions, sans erreur je crois, qu'elle aimerait pouvoir s'assurer qu'il rêvait à elle, qu'il était (déjà) amoureux d'elle. Ce qui m'intéresse est le rapport de l'amour avec une étoffe caractéristique du vécu. Ce n'est pas seulement que nous pensons en général qu'« être amoureux » de quelqu'un se révèle intérieurement, qu'il y a une attestation phénoménologique de l'amour : c'est aussi, me semble-t-il, que nous mettons en rapport l'état amoureux avec un certain état de relâchement et d'abandon de l'appareil représentatif intime. Ce même état, en substance, qui est normalement requis pour l'association libre sur le divan de l'analyste. Il y a une zone ou un type du vécu, désignable aussi, peut-être, sous le nom de rêverie, qui correspond à l'amour, qui paraît fournir le cadre où il peut s'annoncer de manière authentique. On peut d'ailleurs argumenter en termes de l'impérativité de l'amour, pour exiger qu'il ne puisse être reconnu intérieurement que dans des conditions où le psychisme personnel s'abandonne à son rythme, fait ainsi l'épreuve authentique d'une loi non voulue et produite par lui. À moins qu'il ne faille dire plutôt que cette loi est tellement endogène que son impérativité se révèle à notre abandon comme la nécessité propre de notre âme.

La difficulté est alors double. D'une part, nous pensons aussi que l'amour s'installe en nous comme un désir inconscient, et que sa révélation consciente est seulement forcée par certains épisodes typiques : voire, nous pensons qu'elle pourrait ne jamais avoir lieu. D'autre part, l'expérience intime est qu'il n'y a pas d'amour, parce que notre psychè, incapable de garder ses distances avec la polyvalence anonyme de notre sexualité, se laisse traverser par des scénarios de rapprochement à l'égard de (presque) tout le monde. Donc, l'idée d'un lien rituel et fondateur de l'amour avec sa révélation intime est contestée de toute part : le vécu semble trahir l'amour, soit en lui faisant défaut, soit en l'honorant inconsidérément.

Dans *Clueless*, l'héroïne comprend qu'elle est amoureuse du jeune homme brillant collaborateur de son père seulement lorsque sa copine lui avoue avoir des vues sur le même jeune homme. Le film la montre suivant le cours d'une longue promenade hasardeuse au sein de la ville, au fil de laquelle elle se repasse les épisodes vécus avec l'individu en question, pour arriver enfin à la conclusion qu'elle est amoureuse de lui, conclusion tonitruante qui la désespère [1]. Dans *Friends*, Phoebe et Monica disent à Rachel qu'elles ont trouvé normal qu'elle ne veuille pas faire le voyage à Londres pour le mariage de Ross, puisque elle est encore amoureuse de lui. Rachel proteste et tente de formuler à sa manière ses motifs, avant de conclure au bout de quelques essais infructueux qu'il en est bien comme ses amies le lui ont dit. Elle leur reproche aussitôt, avec violence, de ne pas l'avoir informée plus tôt de ce qu'elle était amoureuse de Ross. Phoebe et Monica répondent « Nous croyions que tu savais ».

A s'en tenir à ces exemples, l'amour semble pouvoir être « classé » en termes freudiens dans la région du pré-conscient, tout simplement : ce qui n'est pas conscient, mais peut le devenir, aucune force de refoulement ne l'interdisant. L'affaire, si l'on reste dans ce référentiel freudien, est au fond plus compliquée,

1. Tout cela, comme le film en général, est repris du *Emma* de Jane Austen. Je demande pardon au lecteur pour avoir privilégié ainsi la copie et la culture non légitime.

puisque l'amour est bien, selon le scénario de l'Œdipe, typiquement ce dont, à l'origine, il y a dû y avoir refoulement. Si, donc, tout amour répète l'amour incestueux pour le parent de l'autre sexe, l'amour se modèle sur un sentiment refoulé. La possibilité qu'il apparaisse en nous en marge de la conscience pourrait ainsi n'être pas sans rapport avec le refoulement. Qu'un sentiment amoureux puisse naître et croître d'abord « sous » ou « à côté de » notre vigilance consciente aurait donc des raisons de principe.

Néanmoins, dans nos schémas, l'amour arrive à la certitude phénoménologique, et il est permis de comprendre que c'est seulement de cette manière qu'il devient lui-même. D'un point de vue en quelque sorte « narratif », c'est seulement lorsque mon amour est connu de moi que ma vie est remise en question par lui, désignée comme ayant à le satisfaire. Et dans les contextes fictionnels que nous avons évoqués, la prise de conscience amoureuse joue pour ces raisons un rôle diégétique fort.

Pourtant, nous avons aussi en tête, il me semble, la possibilité d'un amour qui se manifesterait indéfiniment en deçà de la demande amoureuse (typiquement, de la demande sexuelle). D'un amour qui se ferait simple accompagnement dévoué et fervent de l'autre sans se révéler à cet autre, voire, sans se révéler intérieurement à qui le vit. Dans la série « Clair de Lune », il me semble qu'il y a un épisode où Maddie, en danger de mort, pense qu'elle veut continuer à vivre parce qu'elle jouit d'un être-avec le personnage joué par Bruce Willis qui donne sens à sa vie, et dont elle peut indéfiniment attendre quelque chose, sans avoir besoin de savoir cet attachement comme catégorisé par l'amour. Aucune série américaine ne pourra laisser les choses en l'état, mais il me semble que de telles phases ou formulations désignent quelque chose à la possibilité de quoi nous croyons. En substance, il y a place en nous pour penser que l'état de destination à l'autre, l'attitude consistant à attendre l'autre au bout de tous nos chemins, à le prendre en compte dans l'évaluation de tout, attitude qui est déjà sous la bannière de l'amour, est possible à la fois sans *telos* sexuel assumé et sans entretien militant de la conscience avec la plante sentimentale qui s'épanouit en elle.

Cet exemple pourrait suggérer que le rapport de l'amour au vécu est en fin de compte facultatif. Ce serait, à mon avis, aller trop loin. Le dispositif d'ensemble que met en évidence l'ensemble de la discussion est celui d'une relation nécessaire de l'amour à la conscience, relation du type suivant : l'amour s'annonce comme n'étant pas un produit de la conscience, comme procédant d'une autre synthèse que celle de ses formations par la conscience, mais son destin est de s'imposer à elle, mieux, il n'y a proprement effet d'amour dans une vie que pour autant que la vague de l'amour est venue secouer la conscience. La possibilité de la croissance et du commencement d'effectivité clandestins de l'amour en sa dédicace ne contredisent pas ce point : elle confirme seulement que l'amour n'est pas endogène à la conscience (ne doit pas l'être). Mais la conscience est appelée à savoir l'amour, et, du même coup, malheur transcendantal de l'amour, elle est appelée, pour autant et une fois qu'elle le sait, à le garantir. Et nous retombons alors dans l'exercice normal de l'aveu (retenu ou non) de l'amour. Nous autres sujets humains, somme supposés détenir en notre vécu le phénoménologique sur quoi est gagé l'amour, et savoir le dire correctement lorsqu'il est en nous. Une jeune femme dont je me souviens, et qu'une maladie noire a emportée à trente ans, m'avait expliqué que, pour entamer ses histoires d'amour, elle se contentait de « dire » la chose en propres termes au jeune homme recruté. Ce qui, rapportait-elle, suscitait généralement chez l'intéressé un embarras profond (rapidement dissipé néanmoins). Nous nous représentons plutôt, je crois, une entrée dans l'amour par la voie de l'implicite : à l'issue d'une série codée de faux implicites, au terme de laquelle les gestes, rendus possibles par une situation d'intimité et de proximité géométrique, affleurent presque de manière automatique (invitation à dîner, dernier verre, que sais-je...). Cette modalité rituelle esquive le rôle et l'importance de l'attestation phénoménologique. La procédure de la jeune femme dont je me souviens, au contraire, la mettait au premier plan. Son amorce séductrice était la simple déclaration qu'elle avait en elle l'inclination, le sentiment. Elle était strictement informative, au sens de cette sorte d'information dont l'argument du langage privé de Wittgenstein aurait une fois pour toutes démontré l'absurdité : l'information au moyen des mots sur l'état interne. Je peux informer dans des phrases au sujet des objets dans le monde en me fondant sur mes impressions sensibles, croit-on la plupart du temps aujourd'hui, mais je ne peux pas en faire autant au sujet des figures internes de ma vie, en me fondant sur les micro-composantes par lesquelles elles se signalent à moi. Cette pensée critique ne saurait longtemps réussir à défendre le discours de l'empiricité, tout aussi tributaire du biais interne que le discours psychologique, et elle ne peut que conduire, comme on constate qu'elle le fait chez maint auteur, à l'idée que le langage ne saurait parler que du langage : la citation serait la seule forme d'attestation valide. Mais ce n'est pas le lieu de tenter de redresser cette folie.

L'adéquation fidèle d'un dire de l'amour fondé sur le vécu de l'amour passe en tout cas pour possible, à tel point qu'elle est même requise pour que l'amour advienne authentiquement. Les relations amoureuses où l'on ne se dit jamais *je t'aime* passent pour défaillantes, inaccomplies. On est prêt à accepter un très long détour, sur toute l'étendue duquel l'amour s'anticipe lui-même, procédant depuis sa force et sa logique propres, sans être connu et assumé de ceux qu'il habite : mais il faut qu'en fin de compte ce moment de la reconnaissance vienne, qui signe en même temps le véritable abandon au destin et au programme idéal-infini de l'amour.

Or, surgit alors la difficulté suivante : le vécu, qui doit accueillir et même au bout du compte garantir l'amour, n'est essentiellement pas fiable, nous le savons. Il n'est justement pas fiable dans le domaine de l'amour. C'est que le vécu n'est pas un lieu indemne de l'amour, étranger à lui, avant que la charge lui incombe de l'accueillir et de le garantir. Il est au contraire l'agitateur amoureux systématique de nos vies. Le train de nos pensées ne cesse de nous proposer l'amour, de l'imaginer avec tous les partenaires possibles et imaginables, même ceux qui ne nous conviennent pas du tout, même ceux qui nous sont interdits, même ceux que nous n'aimons pas, comme nous le savons sans hésitation possible lorsque nous aimons quelqu'un. Les soirées avant de s'endormir de son condisciple, que mon amie d'il y a longtemps rêvait de visiter au moyen d'une caméra vidéo scrutant l'écran des rêveries, le jeune homme intéressé y profilait certainement des scènes roses avec elle, mais elle y aurait trouvé, en parallèle, composant une mosaïque insensée, bien d'autres anticipations érotiques. Le vécu est volage, inconséquent, dirigé sur tous les objets, comme on dit que le désir sexuel l'est, mais plus gravement que lui, parce que ce n'est pas seulement le pouvoir d'exultation du corps que le vécu « prostitue », c'est le pouvoir d'excitation sacré de l'âme, appelé à fêter l'amour vrai en l'accueillant pour s'en faire le gardien.

Telle est donc la difficulté vue depuis la fenêtre de l'amour : même si l'amour doit excéder la liberté et la décision, même s'il ne doit pas apparaître comme fruit généalogique de la conscience, comme configuration endogène du vécu, il doit être accueilli et garanti par le vécu ; or le vécu possède des propensions qui semblent le disqualifier d'avance pour cet office, il tend naturellement à emballer et intensifier tout le possible, voire bien plus que le possible, au lieu de discriminer et privilégier ; au lieu de célébrer, en sorte de pouvoir servir de boussole du sentiment. « Regarde en toi-même, écoute ton cœur et tu sauras », dit-on. Mais le soi et le cœur sont l'instabilité même, ou du moins mettent tous les moyens au service de toutes les causes.

Une réponse interne à l'amour est la réponse par la souffrance : peut-être notre puissance de rêverie configure-t-elle tous les amours, les vrais et les faux, les réels et les virtuels, mais notre faculté de souffrir en revanche s'actualise de manière sélective. Il y a des gens pour qui nous sommes capables de « pleurer des rivières » d'aligner, dans une prodigalité qui nous échappe, des années de souffrance, et d'autres qui sont tels que les aléas de la relation avec eux, pour des motifs parfois assez mystérieux, ne nous entament pas, ne nous atteignent jamais. On conclut volontiers, selon la tradition de l'amour, que nous aimons seulement les premiers. Est-ce si sûr ? Ce point touche à la théorie de l'amour comme sentiment procédant du manque, lié à lui, dont nous traiterons à part.

En dehors de ces esquisses de réponses et théories internes, quelle pourrait être une contribution ethanalytique à notre dilemme concernant le vécu ? En vérité, l'exposition du dilemme est déjà pour une part interne à l'ethanalyse, puisque nous partons de la prémisse selon laquelle l'amour *doit* être accueilli et garanti par le vécu. Il s'agit donc ici, à nous entendre, d'un élément de la sémance de l'amour, d'une composante de son devoir être qui s'éprouve comme sens de l'amour à relancer. Nous opposons à cet élément de sémance le fait de la démesure imaginative de la rêverie vécue en matière sentimentale (sans même parler du sexuel proprement dit, de ce qu'on appelle de façon vulgaire les « fantasmes »). Le problème posé est donc de l'ordre de l'opposition du sens, de la sémance ou du devoir-être au fait. Nous avons plusieurs fois rencontré des difficultés de cette sorte, et, en gros, notre réponse consiste à chaque fois à dire que le devoir-être ne se trompe pas sur ce qui est du, si récalcitrant que le réel semble se montrer à l'égard d'une telle demande. On pourrait appeler « solution éthique » (en pensant à la *solution sceptique* de Kripke) ce genre de solution. Rien ne nous empêche d'y recourir à nouveau. Quitte à ajouter, comme nous l'avons souvent fait, que le réel humain est si régulièrement et depuis si longtemps en proie au devoir-être de l'amour qu'il se montre capable, souvent et sur de longs segments, de produire une quasi-naturalité de comportement vérifiant ce devoir-être, se conformant à lui. Et c'est bien le cas dans cette dernière matière aussi : la petite Stéphanie de la troisième saison de *Star Academy* « joue » son état amoureux sur le mode de l'obnubilation vécue avec talent, comme nous avons tous vu des personnes le faire (le plus souvent des femmes, et l'on pourrait suggérer que c'est parce qu'elles sont soumises à une méta-prescription : elles doivent figurer et plausibiliser l'amour en leur âme et leur corps pour apparaître comme des femmes au sens plein).

Une telle solution, pourtant, est imparfaite, si légitime que nous puissions à un premier niveau la dire. Il faudrait aussi arriver à décrire comment, par quelle vertu typique, le vécu parvient à se prêter au jeu de la sémance en même temps qu'il a la faculté si massive de le transgresser. Une première réponse facile, mais déjà instructive, consiste à dire que c'est précisément en raison de l'insaisissable polytropie de la rêverie vécue qu'il y a, dans sa domestication au profit d'un unique culte, d'une unique scénarisation permanente, un défi à la mesure de la sémance de l'amour. De fait, je pense que l'idée que l'aimé(e) occupe toutes les pensées de celle (celui) qui aime fait partie de la sémance de l'amour, comme, par exemple, la question jalouse « A quoi penses-tu ? » en témoigne : mais elle en fait partie précisément parce que chacun sait que c'est très improbable. Le scénario précis exemplaire qui s'associe à cette tension est celui d'une prise de conscience, qui sera vécue comme une étape initiatique, à l'issue de laquelle celui qui aimait de façon insignifiante va passer au stade d'une sémance authentiquement relancée en rendant les armes, et en abandonnant pour ainsi dire le module allègre des montages imaginaires de sentiments à l'appareil devenu central et dominant de son amour. Le vécu finit donc par convenir à ce que l'amour attend de lui, parce qu'il s'émeut de ce qui lui est demandé et lui cède. Tout repose, au bout du compte, sur quelque chose qui fait penser au sentiment moral de Kant, mais ne coïncide pas avec lui : sur une capacité sentimentale de la conscience à s'émouvoir de ce qui lui est demandé, et à laisser son être, sa loi, pour ainsi dire « virer » au schème exigé.

l'amour et le manque

Je veux traiter ici de ce qui me semble une théorie complète de l'amour, bien reçue dans sa tradition. Je l'appelle conception de l'amour comme manque, et je lui connais deux faces, l'une proprement théorique, l'une pratique, voire technique (à l'instar de l'entreprise cognitive, avec son doublon science cognitive/intelligence artificielle).

La face théorique consiste dans l'idée que ce qui caractérise l'amour, c'est le manque de l'aimé(e) : l'amour est le nom qui convient à l'affection lorsque l'objet de cette affection manque à celui qui l'éprouve. Etant entendu que le manque de l'amour est si profond qu'il se fait sentir même en présence de l'aimé(e). Sinon, ce n'est pas un vrai manque, mais seulement un besoin. La théorie s'applique avec bonheur au domaine sexuel : tant que quelqu'un(e) est seulement l'occasion de l'assouvissement du besoin sexuel, ce quelqu'un ne peut pas me manquer comme tel, puisque, après tout, je puis trouver un autre partenaire pour résoudre mon éventuel problème de besoin. On peut même aller plus loin. Si je prétends avoir besoin de la relation sexuelle avec cette personne, si je prétends éprouver un besoin sexuel « fléché », je m'approche peut-être du champ de l'amour en commençant de « construire » la singularité de l'aimé(e) ; je ne l'atteins pourtant pas réellement, parce que je sous-entends que, lorsque la présence de l'aimé(e) m'est donnée, avec, notamment, sa disponibilité sexuelle, mon besoin est assouvi ou peut l'être, en sorte que je vais pouvoir échapper à la tension vers l'autre. Mais, précisément, argue-t-on, l'amour est le nom d'une tension permanente et irrémissible vers l'autre : il faut absolument que l'aimé(e) me manque même lorsqu'il(elle) est là, même lorsque nous faisons l'amour.

Bien entendu, cette vision de l'amour reçoit une corroboration importante de l'intelligence psychanalytique. Ou bien on invoquera le schéma freudien de l'Œdipe, pour dire que l'aimé(e) est toujours le vicaire du partenaire parental incestueux auquel il a fallu renoncer, et que, donc, il est toujours manqué parce qu'interdit en même temps qu'il est (apparemment) obtenu : il est toujours, en même temps que celui qui m'est présent, l'absent interdit et manqué pour lequel il vaut. Ou bien on évoquera les gloses lacaniennes sur l'objet *a* ou sur le *semblant*, pour faire valoir que le désir n'est réellement lui-même que comme désir qui n'a sa cause dans aucun objet identifiable, et s'avère infini désir de désir. En telle sorte que manquer de son objet, et récuser tout objet assignable prétendant à la fonction de cause du tropisme qu'il est, font partie de la définition métaphysique du désir.

Cette conception de l'amour apporte avec elle une conception de la prise de conscience du fait que l'on aime. Il y a toujours un moment, dira-t-on, où l'on éprouve soudain, avec certitude, que l'aimé(e) est plus qu'une relation, que quelqu'un(e) avec qui croiser certaines heures avec plus ou moins de plaisir : à propos de sa personne l'hypothèse de son absence et la douleur résultante sont pour ainsi dire constamment mobilisées, le titillement vertigineux du manque nous transperce à son sujet quoi qu'il arrive et sans motif (mais aussi, avec motif, de mille façons).

La conception en cause explique aussi la fin de l'amour : l'amour est fini lorsque l'on assume la pensée que l'autre est perdu. A la jeune femme dont il a été aimé autrefois, histrion moquable, un homme dit, répondant à des paroles revendicatrices et dénigrantes qu'elles lui a tenues, « Souviens-toi de mon amour » : paraissant prendre acte de son retrait, mais croyant tout au contraire réveiller le manque en elle en évoquant la fin possible du *nous* d'elle et lui. A cet homme elle répond : « Non, cela ne marche plus, je t'ai déjà perdu ». Dans cette facilité crâne à dire la perte, l'évidence de la fin de son amour resplendit. Et c'est comme cela, peut on ajouter, que l'amour persiste pendant des mois et des années dans la tête de la personne qui a été la victime passive de la rupture : comme elle n'entérine jamais la perte, elle revient sans cesse au souvenir de l'amour encore possiblement présent, pour re-dévaler la chute de sa perte, sans toutefois aller jusqu'au bout, où la souffrance cesserait.

Proust est le grand prêtre de cette vision de l'amour. Sa fameuse phrase « Dans tout couple il y une personne qui souffre et une qui s'ennuie » pousse la théorie de l'amour comme manque jusqu'à la conclusion de sa non-réciprocité structurelle. Puisque seul aime celui/celle qui manque de l'autre, seul l'un(e) des deux peut aimer, parce que le manque qu'il/elle éprouve et manifeste interdit à l'aimé(e) d'éprouver un manque symétrique : celui/celle qui m'aime ne me laisse jamais le temps de manquer d'elle/lui, me rassure toujours par avance en m'offrant le spectacle de son manque. Donc je m'ennuie avec ce partenaire définitivement acquis, incapable de me surprendre de la seule surprise qui compte, et qui est celle du manque. « Pourquoi les femmes sont-elles si constamment aimables ? », dit, dans une veine machiste aisément transposable à notre monde symétrique, le comte Almaviva de Figaro.

Lorsque Swann, entendant à la soirée de la princesse des Laumes la sonate de Vinteuil, se remémore soudain l'époque où Odette l'aimait, et fait la différence avec le présent de mensonges et de rares et improbables contacts qu'il connaît, il franchit une étape vers la libération à l'égard de l'amour, en parvenant à expliciter, situer et dater le non-amour d'Odette. Nous ne pouvons manquer amoureusement de l'autre que sous la condition d'une croyance, volontiers profondément enfouie et niée, à l'amour de l'autre : ce n'est que comme nous aimant qu'il peut nous manquer (comme objet *a* identifié et trouvé, comme vicaire validé de la mère ou du père ?).

Proust explique aussi que la guérison de l'amour n'en est pas une : lorsque nous ne manquons plus de l'aimé(e), nous n'éprouvons aucune joie positive à ne plus souffrir de son non-amour, parce que la chose nous est devenue totalement indifférente.

Il explique encore à quel point le fait d'aimer est une raison suffisante pour être rejeté : il décrit l'obstination gauche du narrateur lorsqu'il est amoureux de la duchesse de Guermantes, combien et comment il exaspère celle-ci, notamment en organisant de faux hasards de rencontre ; du seul et simple fait, dans le fond, qu'il l'aime et affiche devant elle le manque d'elle dont il est défiguré. Et il rapporte comment, la première fois qu'il lui arrive de lui parler sans l'aimer, il devient aussitôt intéressant à ses yeux, et se convertit naturellement en ami fêté et recherché.

Tout en passant par Proust, nous avons fait transition de la *théorie* de l'amour comme manque à la *technique* de séduction par le manque : dans ce dernier exemple, le narrateur intéresse et séduit en un certain sens la duchesse de Guermantes en lui manquant.

La tradition de l'amour connaît en effet une maxime, puissamment corroborée par l'expérience dit-on, et qui est celle de manquer de façon militante à de qui l'on veut être aimé(e). « Marche tout droit », dit la chanson de Claude François, « C'est le genre de fille à qui tout le monde fait la cour », et, au bout de considérations du même cru : « C'est comme çà que tu l'auras ». En déclinaison féminine : « Fais-toi désirer » (conseil donné à Morganne par une de ses copines de *Star Academy*, saison 3, afin qu'elle intéresse Lucas). En mode universel : ne pas téléphoner, ne pas bouger vers celle/celui qui arrive dans la soirée et que l'on veut, sembler toujours rester immergé dans ce que l'on fait, concentré sur ceux et celles à qui l'on est. En règle générale, on ne procède pas d'emblée avec cette retenue savamment calculée, mais on apprend à le faire, après quelques déconvenues pendables. On s'éduque à la guerre de la séduction, dont le principe est de faire bouger l'autre au moyen de son immobilité.

Chez Fitzgerald aussi, cette structure est dépeinte avec une rare puissance : je pense, par exemple, à cette nouvelle où il décrit une adolescente parfaite, populaire et scintillante, follement amoureuse d'un jeune homme un peu plus âgé, et que l'on présente au début de la nouvelle comme au sommet du pouvoir de séduction. Elle s'agite, rue dans les brancards, bouscule ce jeune homme qui la trouve trop petite fille et reste assez indifférent. Mais finalement, elle parvient à le toucher par un de ses excès, et il bascule dans l'engouement : il en vient même à lui écrire une longue lettre où il lui professe enfin l'amour longuement demandé espéré par elle. Fitzgerald raconte alors qu'elle pleure de bonheur et d'émotion une dernière fois, puis s'endort, et perd cet amour à peu près instantanément, dans la joie de la conquête, qui lui ôte toute motivation. Le jeune homme lui, sombre dans l'alcool et le désespoir. L'histoire, dans son entame, semble un démenti de la « stratégie du manque », parce qu'on y voit l'adolescente réussir en donnant tout. Mais elle la confirme au second tour, parce que le jeune homme, en dérogeant à la maxime de distance, perd tout.

Dans la culture en carton à laquelle mon livre ne cesse de se référer, persuadé qu'en matière d'amour au moins, elle contient, souvent, les significations que recherche l'ethanalyse, nous avons aussi l'ancienne chanson de Guy Mardel : « Si tu tiens à garder ton bonheur d'amoureux, N'avoue jamais que tu aimes ».

Pourtant l'histoire de Fitzgerald peut être citée à l'appui d'une objection en quelque sorte interne à la théorie du manque : s'il est vrai qu'aimer c'est manquer, et que, donc, se faire aimer c'est affamer, il est faux de penser que l'on peut bâtir une stratégie de séduction sur cette remarque, comme si manquer ou affamer étaient en notre pouvoir, relevaient de notre délibération. L'adolescente joue le rôle de la grande amoureuse, elle le fait éventuellement bien, avec les bonnes couleurs aux joues, les larmes appropriées opportunes, la fougue dans le harcèlement, voire l'abandon sexuel qui conviennent, mais elle ne manque pas réellement de qui elle poursuit, comme le prouve le fait que, dès l'instant où la porte de celui qu'elle veut s'ouvre, il lui devient encombrant. En revanche, le jeune homme accède d'un seul coup, lorsque cède la barrière liée à une première évaluation conventionnelle de sa prétendante, à l'intensité durable du vrai manque. Et cette observation se confirme dans les tentatives que nous faisons de suivre la stratégie hautaine, d'affamer l'autre. Lorsque l'autre est celui ou celle que nous aimons, nous n'y arrivons pas : finalement nous le (la) rappelons, finalement nous allons vers lui (elle). Finalement nous lui demandons, stupidement, de nous aimer comme nous l'aimons, excipant d'un droit de réciprocité, dont, hélas, nous ne pouvons que savoir qu'il n'a pas cours.

Il est clair, pour continuer cette discussion, que la théorie de l'amour comme manque réinscrit l'amour dans l'ontologie, et, donc, contredit profondément la lecture ethanalytique donnée jusqu'ici : l'amour se fonde d'après elle sur un manque qui est manque d'être et de présence, qui, renvoyant à l'espérance impossible de l'*avoir*, se raccorde à la perspective connexe du plus d'être, du *conatus essendi*. Au lieu que selon l'approche ethanalytique développée tout au long de ce chapitre, l'amour est de l'ordre du devoir être, et c'est pour ce motif qu'il suscite une idéalité dont il semble procéder dans l'expérience.

Pourtant, la théorie de l'amour comme manque est crédible, elle a beaucoup d'autorité, et, singulièrement, y compris au plan ethanalytique où nous nous plaçons : que l'amour s'éprouve comme rapport à quelqu'un(e) traversé par le vertige du manque, c'est bien ce que beaucoup de nous non seulement se représentent mais *veulent*. Il y a donc en l'espèce une réelle difficulté philosophique.

Nous commencerons par répondre en tentant de dire la faiblesse de la théorie du manque, faiblesse qui nous semble une faiblesse *a priori*, et qui est intéressante pour l'approche ethanalytique justement pour ce motif. Cette faiblesse recoupe ou redouble, je crois, l'objection interne à la stratégie de l'« affamer l'autre » que nous évoquions à l'instant. La faiblesse est que cette théorie construit *aimer* et *être aimé* comme des réalités incommensurables, dénuées de communication (l'aphorisme de Proust l'exhibe sans ambage), et, simultanément, ne rend pas compte du projet d'aimer et du projet d'être aimé, ou, plus généralement, de la finalité de l'amour.

Puis-je manquer amoureusement de quelqu'un indépendamment de la finalité de l'amour, sans endosser ou assumer en général la volonté d'instancier l'idéalité de l'amour ? Puis-je manquer de quelqu'un sans manquer de l'amour ? On peut verser au compte du leurre l'espérance d'une conjugaison inouïe, qui prendrait sa propre puissance et possèderait sa propre autorité, et qui relèverait de l'amour, mais il me semble que le manque amoureux n'est lui-même que s'il est manque relatif à un tel espoir : s'il appelle l'idéalité de l'amour autant que la présence de l'autre. Quelque part, le manque amoureux est le manque de l'autre qui m'aime et pas un pur manque de l'autre. Il extrapole un possible de l'amour de l'autre pour nous, qui a été saisi, halluciné si l'on veut, mais qui fait partie du sens de l'affaire. Il ne suffit pas que l'autre me manque pour que je l'aime, il faut aussi que je le compte comme s'étant promis. La pure interprétation de ce manque comme tension vers une annexion ontologique est insuffisante, rate quelque chose d'une intrigue où la promesse et l'idéalité jouent leur rôle.

Symétriquement, la théorie, dans sa face pratique au moins, accrédite l'idée que je puisse chercher à être aimé en affamant l'autre de moi. Mais si je peux vouloir l'affamer, c'est que peu me chaut d'avoir ou non commerce avec lui, et dans ce cas, quel sens peut avoir pour moi ma stratégie de séduction ? Dit autrement : n'entre-t-il pas, dans le contenu implicite de cette stratégie, que son énoncé parfait serait « je dois affamer celui/celle dont je manque » ? Que du moins cet énoncé correspondrait à la plus haute espérance subjective en matière d'amour ?

Quelque part, la limite de la théorie du manque est que je veux manquer de l'autre. Je reproche à mon partenaire qu'il ne me tienne pas sur le mode du manque. Le manque n'est pas le critère factuel/ontologique de l'amour, il est une façon prégnante et de grande force ethanalytique dont se « formalise » l'impérativité ou la destinalité de l'amour. En fait, le manque est une des manières fondamentales de vivre et de confirmer la séduction, en sorte que la théorie de l'amour comme manque est plus une théorie de la séduction que de l'amour lui-même. Nous avions vu, dans la section consacrée à la séduction, que l'un des penchants internes à la sémance de l'amour consiste à naturaliser la séduction, c'est-à-dire à interpréter l'impérativité de l'amour en termes d'une force objective qui me lie à l'autre. Le langage de l'*attirance* correspond à ce penchant. La théorie du manque n'est peut-être pas autre chose que la variante métaphysique de cette naturalisation. Les grandes théories cosmologiques scientifiques ont généralement leur double métaphysique, ou, du moins, deviennent peu distinguables de décisions métaphysiques, sur certains confins des unes et des autres. La catégorie du manque, à laquelle je suis supposé être assujetti de manière fondamentale et irréversible, que ce soit en tant que protagoniste du drame oedipien ou en tant que sujet parlant, vaut comme une sorte de force métaphysique qui m'installe dans la condition d'une attirance à laquelle je ne puis mais, si du moins j'identifie quelqu'un comme comblant la place pourtant irrémédiablement vide de mon manque.

Ou plutôt, il y a, me semble-t-il, un débat ou une hésitation interne à la psychanalyse à cet endroit et à ce sujet : si certains sont tentés d'entendre cette histoire de façon nécessitariste, et donc de concevoir ceux qui aiment comme emportés par une mécanique symbolique pour le fonctionnement de laquelle le manque tient en quelque sorte le rôle de l'énergie en physique, d'autres voient plutôt dans la cristallisation qui identifie l'aimé(e) comme l'icône de mon manque une contingence, voire un événement restant sous ma responsabilité. Même si, à peine ai-je usé follement de ma liberté en plaçant sur son trône l'aimé(e), je perds le pouvoir de le (la) révoquer (l'aimé(e) est le prototype du tyran, qui n'organise jamais d'élections, auxquelles d'ailleurs, de toute façon, je voterais à nouveau pour lui).

Nous n'avons pas à prendre position dans ce débat, qu'on peut aussi voir comme un débat entre Sartre et la psychanalyse (sauf que Sartre, à ce que je comprends, n'accepte pas l'assujettissement sous l'égide du manque), parce que c'est un débat ontologique. Pour nous le seul point important est que la tradition « prend » en effet cette conception de l'amour comme manque, elle s'en satisfait parce que cette conception confirme l'exigence de l'impérativité séductrice de l'amour, laquelle fait partie de sa sémance. Et le second point important est celui que nous avons déjà formulé : la conception de l'amour comme manque est fautive lorsqu'elle feint de croire que le manque dont elle parle n'est pas qualifié. Il ne peut que l'être, il est manque de l'autre comme promesse, le manque demande que je manque à l'autre, et que je manque de l'idéalité de l'amour elle-même. Le champ d'exigence et de demande qui charpente la région de l'amour en sa sémance affecte et traverse de part en part le manque dont il s'agit.

On peut en prendre d'une façon différente la mesure en revenant à l'évocation de nos expériences pour faire état d'une autre stratégie de la séduction, trop rapidement méprisée par la théorie du manque. C'est la stratégie apparemment inverse, qui consiste à tout donner d'abord et d'emblée. A encercler l'autre d'amabilités, d'égards, de cadeaux, de témoignages d'affection, etc. Cette mauvaise stratégie, nous le savons bien, marche aussi, elle est de fait employée par beaucoup de gens. Peut-être a-t-elle été plutôt marquée comme la stratégie des filles en un temps, mais elle est à vrai dire l'option spontanée de bien des gens d'un sexe comme de l'autre. Dans l'histoire de Fitzgerald, nous l'avions observé, l'adolescente utilise cette « contre-stratégie » à l'origine. Cette autre stratégie n'est pas complètement étrangère, à vrai dire, à la première. Si je « veux » l'absolu de l'amour, je peux l'appeler en me réalisant moi-même comme voué à l'autre, féal et assujetti, obsédé et manquant de lui. Je peux exprimer cette dissymétrie de

la séduction, symboliser l'impérativité de l'amour en jouant le rôle de celui qui est courbé à l'autre. Cette possibilité est « semblable » à celle de la stratégie du manque, dont toute l'idée est d'éveiller cette posture de la dépendance et de la dédicace chez l'autre plutôt que de la jouer : au lieu de jouer la dépendance, on joue, dans la stratégie du manque, l'indépendance, la hauteur, la suffisance. Mais l'idée commune est de produire dans le réel une connexion comportementale qui symbolise l'impérativité de l'amour, et, par ce biais, convoque l'idéalité, l'absolu.
Cette similitude se prolonge dans ceci que, en fin de compte, chacune de ces stratégies s'expose à l'expérience de l'inauthenticité, qui la retourne : à l'intérieur même de mon jeu de pouvoir en vue d'éveiller le manque, je peux me découvrir foudroyé, happé, aspiré par le rôle de la dépendance, sans que j'y puisse mais (parce que, désormais, j'ai autant envie de me vouer, de me dédier, que j'avais envie d'attirer l'autre à ma loi) ; et, de même, à l'intérieur même d'un volontarisme bien assumé de la soumission amoureuse, je peux découvrir l'effrayante liberté de mon âme, qui a déjà oublié, dépassé le dieu qu'elle s'était donnée, et qui reçoit tout l'amour en sa violence sans l'éprouver, suscitant le manque sans effort et sans joie.

l'amour et la singularité de la personne

Dans Merleau-Ponty, nous trouvons l'indication d'un possible critère de l'amour dans ce que l'on pourrait appeler la *motivation singulière*. S'interrogeant sur le mode phénoménologique sur la possibilité que quelqu'un puisse se tromper sur ses sentiments, il semble penser que si, avec une personne, il y va pour moi de sa singularité, alors je suis dans l'amour vrai avec elle [1].

1. Expliquant le faux amour, il écrit : « Je n'aimais que des qualités (ce sourire, qui ressemble à un autre sourire, cette beauté qui s'impose comme un fait, cette jeunesse des gestes et de la conduite) et non pas la manière d'exister singulière qui est la personne elle-

Un tel critère peut paraître convaincant, parce que, par exemple, il opère la démarcation avec le simple désir sexuel : celui-ci envisage l'autre au plan de l'espèce, dira-t-on, n'en retient que sa conformité technique et appétitive à l'exercice sexuel.
Plus profondément, sa plausibilité provient à mon avis de la façon dont il intersecte ce que nous avons désigné comme le « programme » de l'attention infinie à l'autre. L'amour veut en effet que celui ou celle qu'on aime soit regardé par nous avec une telle acuité, une telle patience, une telle constance, que sa différence absolue d'avec toute autre personne nous devienne connue et vécue, soit sentimentalement discernée par nous, à toute heure et de plus en plus.
Le mystère est que ce devoir, comme tout ce qui appartient au devoir de l'amour, s'éprouve factuellement. Je rencontre quelqu'un, et il me semble que je puis dire, depuis le début, que ce quelqu'un compte pour moi en tant que son unicité bouleversante. C'est ce que dit la chanson *Funny Valentine* : le thème général est celui du « ne change pas », qui enveloppe l'idée que toute apparente modification positive de la personne aimée, l'améliorant sous le rapport de telle ou telle qualité universelle, détruirait l'équilibre subtil de ce qu'elle est, et qui converge sur la valeur singulière à laquelle je suis attaché. Dans cette vision, qui correspond à une manière de vivre, la dévotion envers la singularité de l'autre est comprise comme induite, d'une façon quasi-causale, par cette singularité elle-même. L'amour tendrait donc à se définir en mode ontologique comme ce qu'induit auprès de nous la singularité d'un être comme telle, comme une sorte de résulter métaphysique de celle-ci.
Mais j'objecterai à cela que, si séduisante que soit cette définition, elle ne cerne pas bien la spécificité de l'amour : comme nous l'avons expliqué au début de ce chapitre, le « principe de singu-

même » ; *cf.* M. Merleau-Ponty, *Phénoménologie de la perception*, Paris, Gallimard, 1945, p. 434.

larité » régit tout aussi bien l'amitié, et même plus essentiellement à notre avis. Le traitement conceptuel du problème, ici, est en vérité lié à celui de l'évaluation de la triade amour-amitié-sexualité. L'amitié peut être uniquement fonction de la singularité mutuellement éprouvée et célébrée, comme le dit le « parce que c'était lui, parce que c'était moi » de Montaigne. Elle le peut parce que *amitié* est le nom d'une relation strictement immanente, coïncidant avec son histoire, égale constamment au plaisir et à la force de récurrence de la relation effective. Donc elle est par principe indexée sur la singularité mutuellement reçue, elle ne peut avoir d'autre support, et même, elle refuse tout autre support. En revanche l'amour est compromis originairement avec le trans-individuel de la fonction sexuelle. L'orientation sur la singularité de l'autre y intervient donc comme un supplément, il est vrai absolument requis : nous n'appellerons pas *amour* une relation où chacun ne vaut pas « dans sa singularité » pour l'autre. Mais il n'est pas possible de concevoir l'amour comme développement ontologique à partir de l'efficace symétrique de la singularité. Ici encore, le scintillement de la singularité est l'improbable, requis par la sémance de l'amour, connu comme composante de son idéalité, caractéristique de son ethos.

Nous avons observé cette contradiction entre l'improbable et le requis dans chaque facette de l'identité de l'amour. L'idéalisme de l'amour, dans la mesure où nous y adhérons, veut toujours nous faire croire que « l'amour existe », c'est-à-dire que son programme s'accomplit comme fruit génétique de son être, ainsi qu'on le vérifierait dans chaque cas où est vécu un véritable amour. Et le croyant de cette idée ne se laissera rebuter par aucun contre-exemple, en l'expliquant toujours par la déficience du cas, comme celui qui persévère dans la croyance au socialisme en rejetant les expériences historiques concrètes comme fausses réalisations du modèle. Nous proposons de tenir le même discours, mais en assumant le hors-être de l'idée. L'amour n'est pas le nom d'un scénario de l'être, de la forme psychologique moyenne d'une variété d'expériences humaines, il est le nom d'un devoir-être, partagé dans l'ordre du sens. Cette entrée nous permet de faire droit, dans chaque cas, au pessimisme sceptique *et* à l'idéalisme. Bien des choses, dans l'amour, répugnent à la mise en relief de la singularité de l'aimé(e). Au-delà du sexuel, le partenaire de notre histoire d'amour vaut pour nous pour plusieurs valeurs « régulières » : comme la place de notre mère ou de notre père au gré de l'Œdipe, comme le pouvoir social ou la beauté marchande en tant qu'identifiés selon un mode de la séduction, etc. Mais rien de cela, que le sceptique pourra énumérer à loisir, ne compromet la pertinence de l'exigence de l'attention infinie. Et de fait, mais il s'agit ici d'un fait de second niveau, l'humain engagé dans une histoire d'amour est affecté par le programme, son comportement et ses sentiments prennent la couleur du devoir être, tel est le mystère déontologique de l'humanité. En sorte qu'on peut rencontrer des couples qui nous persuaderaient presque que c'est la nature toute puissante de l'amour qui fixe les yeux de chacun sur la singularité de l'autre.

synthèse de l'ethos de l'amour, retour sur la réduction

Ce qui précède est, au fond, déjà l'esquisse d'une synthèse. Mais si la synthèse devait se limiter à cette observation, elle serait trop courte, et n'apporterait rien à ce qui fut notre analyse dans chaque rubrique. Je voudrais d'abord distinguer entre elles, dans l'après coup, les différentes étapes de ce parcours. Certaines, en effet, correspondaient à un paradoxe de l'amour. D'autres, en revanche, concernaient plutôt un critère de l'amour qui semblait s'annoncer dans l'expérience, la sagesse commune ou la philosophie. En substance, les premières rubriques (*amour /amitié/ sexualité*, *un lien qui est tout*, *la Jalousie*, *la séduction*, *relation amoureuse et relation éthique*) renvoient à une sorte d'identité impossible de l'amour ; les rubriques qui suivent (*l'habitation du présent*, *folie de l'amour, l'amour et le vécu, l'amour et le manque, l'amour et la singularité de la personne*) s'attachent à décrire dans la perspective antifactualiste de l'ethanalyse quelque chose qui semble appartenir au fait de l'amour de manière si intime que cela en fournirait le critère. Ces deux séries d'analyses semblent donc se placer différemment par rapport à l'opération fondamentale de toute phénoménologie, et qui reste, je crois, une exigence incontournable pour l'ethanalyse : la réduction.

En règle générale, la réduction dans la démarche ethanalytique consiste à « empêcher » la validation de la région. Donc à se placer, dans le cas qui nous occupe, avant la certitude vécue, la destinalité endossée de l'amour. Le problème est de savoir par où passe cette assomption confiante, et quelle est conséquemment la voie intellectuelle appropriée pour suspendre l'amour, pour le déshabiliter. Nous sommes partis, dans ce chapitre, de l'idée qu'une manière adéquate de procéder était de disserter sur les « paradoxes » ou les « énigmes » de l'amour. Dans chacun d'eux, la notion d'amour étant soumise à une crise conceptuelle, elle est en quelque sorte révélée comme « venant de nulle part », elle est pour ainsi dire soustraite à l'être par l'impossibilité contradictoire qu'elle enveloppe. Notre approche réductive prend ainsi appui sur une sorte de « dialectique transcendantale » de l'amour : on fait l'hypothèse que les antinomies spécifiques à l'amour ouvrent une fenêtre sur le sens suivant lequel il est donné parmi nous, qu'elles nous ramènent en quelque sorte « avant » la croyance tranquille en une réalité de l'amour parmi les hommes.

Si, en revanche, on considérait de façon plus directe et plus naïve le problème de la réduction dans notre cas, on serait amené à observer que, l'amour étant généralement considéré comme un sentiment, la « validation », pour lui, consiste en l'expérience intime du sentiment amoureux. Nous sommes supposés savoir nous dépeindre et nous déclarer amoureux, nous sommes supposés savoir le faire sans enseignement particulier. Cette règle, qui fait déjà partie de la sémance de l'amour, est sans nul doute ce qui donne matière à réduction : il faut, pour s'engager dans l'ethanalyse de l'amour, revenir de cette bienheureuse utilisation « opaque », « aveugle » du jugement amoureux, déconstruire la conviction que l'on sait l'emploi de la théorie de l'amour assez bien, sans défaut pour notre vie. La réduction en question porte nécessairement, d'un seul et même mouvement, sur la prétendue limpidité de la « théorie de l'amour » et sur le prétendu confort du savoir instinctif du sentiment de l'amour en soi (quand « *mister right* » se présentera à toi, tu le reconnaîtras). Les rubriques de la seconde série touchent toutes à ce qu'on pourrait appeler l'évidence intime et théorique de l'amour : *l'habitation du présent*, *folie de l'amour* et *l'amour et le vécu* s'en prennent plutôt à l'expérience de l'amour dans sa force et sa certitude, *l'amour et le manque* et *l'amour et la singularité de la personne* prennent plutôt en considération des théories identifiantes de l'amour, ayant en quelque sorte vocation à organiser une recognition compétente et non controversée de son fait. La réduction, dans le cas de ces rubriques, où l'on s'en prend directement à la certitude de l'amour au lieu de s'adresser à ses antinomies, consiste simplement en la remise en question de cette certitude, elle paraît coïncider avec le vieux questionnement infini qui définit la philosophie dans une optique « socratique » à laquelle, je crois, nous sommes tous attachés. Nous avons donc eu tendance, à vrai dire, à reconduire les évidences en question à des antinomies, et ce dans des termes tels que la mise en scène de l'antinomique, dans notre discours, était supposée traduire plus fidèlement l'élément ordinairement identifié comme voie ou mode de certitude de l'amour. Par exemple, nous avons tenté de faire valoir que l'idée d'un lieu de certitude vécue de l'amour confiait la garantie de l'amour à l'irresponsabilité volage de la pensée, en même temps qu'elle ne pouvait que « s'opposer » – en un sens à clarifier – à la par ailleurs nécessaire genèse inconsciente de l'amour. Dans chaque cas, nous avons en fin de compte validé la théorie reçue ou le mode de certitude revendiqué *en termes ethanalytiques* : en explicitant une « demande de l'amour » qui force le réel à suivre la ligne en cause malgré qu'il en ait, au prix de l'impossible et de la paradoxalité préalablement explorés. Nos deux voies réductives furent donc, au fond, convergentes, c'est dans chaque cas par le biais de l'« antithétique » que nous avons cherché à faire de la « phénoménologie ».

D'aucuns observeront qu'un tel aveu rend notre démarche très affine à celle de Derrida, en même temps qu'elle dévoile un motif philosophique partageable avec Hegel : nous avouons un « rôle » philosophique déterminant du contradictoire. La remarque est juste, et personne ne devrait s'étonner, au bout du compte, que l'on puisse, en suivant un chemin apparemment fort différent, confirmer ce en quoi et par quoi ces grands discours antécédents touchaient juste. Autant je persiste à affirmer que la philosophie contemporaine, en particulier la française plus menacée en l'occurrence que d'autres, doit se garder de sombrer dans une obédience hégélienne qui, aujourd'hui comme hier, l'empêche tout simplement de penser en la vouant à des ficelles ou recettes rhétoriques noyant les problèmes, autant j'estime qu'il y aurait un tort ou même un danger symétrique à croire produire un point de vue disqualifiant absolument, à tous égards et pour toujours, toute perspective hégélienne.

Mais en vérité, pour être honnête, ce qui est fait dans ce chapitre ne reprend pas le motif de la « logique de la contradiction ». L'antithétique est utilisée comme élaboration préalable à l'explicitation d'une demande qui, répartissant les termes de l'opposition entre l'être et le devoir-être, lève la contradiction. L'originaire, ici identifié comme d'espèce déontique, et, donc, comme dépourvu de prestige génétique, « sauve » en quelque sorte la pensée de l'antithétique logique en se faisant valoir dans la positivité qui lui est propre : la positivité « hors être » de l'impératif. Pour en finir avec ce bref paragraphe de réflexion comparatiste, il nous semble que chez Derrida, il en va presque de la même manière, l'inextricable du paradoxe est évoqué comme voie d'accès à la « donation » phénoménologique dans sa présentation (négative) la plus pure, mais l'originaire (raté) visé par lui l'est *avec sa charge génétique* : la volonté de maintenir le lien en cette matière avec l'horizon de l'être oblige à maintenir le jeu de la contradiction comme ce qui exprime en même temps l'authenticité de la donation primitive et la voie de la genèse du donné, ou plus exactement sans doute comme le ressort du procès interminable de la manifestation, qui s'accomplit comme auto-dérogation permanente.

A l'issue de cette discussion portant sur la réduction, un mot pourra être dit sur l'autre question figurant systématiquement au programme de l'ethanalyse : celle du champ. Nous n'en traiterons ici que de manière brève et déceptive, simplement dans le but d'esquisser une réflexion sérieuse en montrant comment le problème se pose.

D'abord, il se produit avec l'amour quelque chose qui, possiblement, est générique, ou qui, à tout le moins est susceptible de survenir dans nombre de cas : le sollicitant n'est pas seulement le nom de l'enjeu, le porteur de l'appel à laquelle une tradition de sens répond, faisant région, mais il tend aussi à nommer le champ. Le mot amour, en un sens, désigne ou à tout le moins recouvre le domaine multiforme des comportements répondant à l'amour : les gestes, les discours, les sentiments. Mais il faut ne pas céder à cette équivocité, à cette amphibologie du sollicitant pour apercevoir et penser le « vrai » champ, c'est-à-dire le domaine sur lequel s'enlèvent, au sein duquel se spécifient les relances de l'amour. J'aurais envie de caractériser ce domaine, assez facilement je le reconnais, comme celui de la relation humaine : l'amour correspond à l'investissement du champ des relations qui se stabilisent entre les hommes par un programme spécifique, celui de l'amour. Faut-il envisager la relation humaine comme un nom ontologique ou comme un nouveau sollicitant, surordonné à celui de l'amour ? Je laisse une telle question ouverte.

J'en viens donc à la synthèse de l'ethos amoureux. Selon ce qui a été dit, il nous suffit, pour y procéder, de juxtaposer tout ce que nous avons dégagé comme « demande de l'amour ».

Selon ce que nous avons dit, l'amour

1) contient le programme d'une conjonction transcendante de la sexualité et de l'amitié ;

2) exige que le tout d'une vie se redéfinisse comme fonction de lui ;

3) contient l'exigence de l'exclusivité sexuelle en tant qu'il enveloppe le programme d'un abandon non instrumental du corps « égal » à la « mise » d'une vie ;

4) demande que l'on se représente sa genèse comme une séduction, que l'on place une alchimie impérative à sa source ;

5) nous enjoint l'attention infinie à l'aimé(e), une attention qui se porte sur chaque détail misérable de sa fabuleuse particularité.

6) procure un présent extra-ordinaire, protégé de l'ek-statique, et que l'on peut comprendre comme fruit de ce que toute loi cède à la loi de l'amour, tout particulièrement les minuscules lois de la conformité pratique sociale.

7) est appelé à vivre sous la garantie du vécu alors qu'il naît et croît dans ses marges et que la liberté irresponsable de la conscience lui disconvient autant qu'il est possible.

Y a-t-il une unité de cette « loi de l'amour » complexe, variée, et qui fait du programme de l'amour une « mer à boire », qui constitue l'amour en « irréalisable » à la Sartre ?

Il me semble que l'énumération qui précède suggère en effet un motif unifiant : ce serait celui d'une sorte de synecdoque généralisée permettant constamment au partiel de valoir comme le tout.

Dans la conjonction transcendante de l'amitié et de la sexualité, l'amour apparaît comme une partie de chacun d'eux (comme assigné à leur intersection), mais aussi comme capable, en vertu du supplément de sens qu'il porte, d'exprimer la totalité du lien sexuel ou du lien sentimental depuis sa spécificité, son authenticité amoureuse : dans la relation amoureuse je prétends que mon désir amoureux est plus que le désir, qu'il accomplit l'effusion sentimentale dans sa richesse en même temps qu'il meut l'organique avide du sexe, ou bien je prétends que ma tendresse est plus que la tendresse, qu'elle tombe par elle-même dans les plus chaudes figures de l'érotisme.

L'amour se conçoit comme un empire au sein de la vie, comme une chambre secrète d'intimité montée entre deux êtres, à laquelle ils reviennent de leurs multiples autres affairements, mais cet empire prétend finalement être la clef du tout, s'en faire la condition de possibilité inaperçue, colorer tout ce qui entoure son enclos de sa magie.

L'exclusivité sexuelle ne peut pas mieux être définie et comprise dans son programme que par le « tu es toutes les femmes de ma vie », qui signifie qu'en conjurant dans la dédicace unique l'instrumentalité du corps, et en la prenant comme le mode de symbolisation de la mise de sa vie (geste où nous trouvons déjà notre synecdoque), on pense rendre le circuit du désir entre deux personnes « égal » à son infinité velléité (par ailleurs connue), comme si cet homme ou cette femme pouvait valoir pour moi pour la fascination de tous les visages croisés au détour des rues de la vie, dont la profondeur mystérieuse me brûle de son appel.

L'idée de la séduction, d'une manière ou d'une autre, institue pour l'amour une entame où tout son décours est commandé, anticipé, comme la théorie du coup de foudre le dit le plus clairement, mais les autres théories « reviennent au même » : par exemple, elles peuvent postuler qu'un gradient de l'admiration vaudra sans limite et vouera un être à un autre, ce qui implique la synecdoque repliant le tout de l'aventure amoureuse dans le premier face à face.

Le principe de l'attention infinie nous engage à révérer de manière fractale l'aimé(e), à reconnaître dans les fragments toujours plus divisés de lui(elle) celui(celle) que nous aimons, ce qui nous oblige à le(la) parcourir sans cesse dans sa multiplicité.

Le présent de l'amour résorbe en lui le jeu ek-statique toujours local du temps, il le résorbe en un présent exceptionnel, qui est « autant » que le tout du temps, parce que tout devient, au sein de ce présent, libre des lois autres que celle de l'amour, par lesquelles passe en général le repérage ek-statique de la vie.
Le vécu de l'amour conscient de soi, le vécu du *je t'aime*, pauvre vécu fragile, qui ne sait pas pénétrer le fond de sa genèse, et que la diversité luxuriante et volage des autres vécus menace, tend à dissoudre et banaliser, est supposé régner sur le champ de conscience, et veiller au respect et à la relance du sens de l'amour sur toute l'étendue *a priori* non contrôlable de ce flux intime.
Si nous avons bien compris ce motif synecdochique, nous pouvons aussi comprendre, en un sens, c'est-à-dire ici simplement ressaisir autrement, comment et pourquoi l'idéalité intervient ici.
Formellement, l'idéalité se dit de ce qui est un et invariant en face de ses instances : le concept d'idéalité enveloppe la structure « diplomatique » de la représentance, dirait-on en lexique derridien. L'amour s'excepte donc de ses instances, c'est-à-dire des relations humaines qui tentent de se placer sous sa gouverne, pour les prescrire de sa sémance. L'unicité et l'invariance de l'amour, ici, procèdent de sa valeur déontique : ce qui, sans doute, est la vraie théorie de l'idée, la vraie solution de la vieille querelle philosophique à son sujet. Et c'est pourquoi l'instance ne « précède » pas le type idéal, comme on essaie toujours de le faire croire dans l'approche empiriste : une relation amoureuse ne se définit que par la référence assumée à la sémance de l'amour, à défaut de cette référence, rien d'observable ne la garantit.
Le point qui m'importe ici, cela dit, est que le motif synechdochique redouble la structure idéale ou lui fait écho : ce que la sémance de l'amour enjoint, c'est d'organiser la vie en ses différentes dimensions autour d'une construction existentielle concrète qui en soit le vicaire, s'il est vrai que chaque amour est le vicaire de l'amour avec le grand A. Le contenu de l'amour, en quelque sorte, est la réplication au sein de la vie de la structure de

vicariance de l'idéalité. Le « valoir pour » idéal est déjà synechdochique : l'instance dans sa particularité vaut pour le tout de sa répétition infinie. Dans le cas de la sémance de l'amour, il semble que chaque relation prétendant à l'amour s'insére avec légitimité dans la série mythique de l'amour si et seulement si, dans la sphère à sa manière déjà infinie de l'individualité, la part de l'amour arrive à valoir pour le tout conformément à l'exigence du programme, suivant chaque dimension indiquée par le programme.

Mais je suis obligé, pour respecter la sémance de l'amour, d'aller plus loin et d'entrer dans l'absolument paradoxal, si pénible que cela puisse être pour mon esprit qui n'a nullement le goût de la transgression des lois logiques. Ce motif synechdochique est en même temps, de toute nécessité, selon l'exigence même de l'amour, retourné contre lui-même. L'amour est en même temps, tout aussi bien, religion absolue du particulier : le véritable amour préfère ce qu'il est à tout modèle auquel il se réfère. La personne à qui je suis attaché, d'un lien qui me transperce d'un bout à l'autre de toute sensibilité que je nomme mienne, vaut plus comme l'amour que celle avec qui la rencontre, le commerce ou les modes de la jouissance semblent – me semblent, même – plus conformes au modèle. Chacun de nous est prêt, au nom de l'amour, à se battre contre les prescriptions de l'amour, pour défendre son cher amour. Cela fait encore partie de la sémance de l'amour que tout ce qui précède doive être relativisé et renversé : finalement, la règle est que l'exception vécue-pariée comme l'amour devient la règle. Faux jeu, jeu truqué, fausse école où le plus mauvais devoir devient ce d'après quoi l'on juge tout devoir. Fausse idéalité qui s'humilie devant sa balbutiante et fautive instance. Etrange religion.

Comment soutenir une telle folie logique ? Comment assumer cela sans cesser de *comprendre* ?

La difficulté n'est pas seulement que nous paraissons, par cette dernière remarque, invalider tout ce qui a été patiemment dégagé pour composer le portrait de la sémance de l'amour. Elle est aussi que, selon toute apparence, la même remarque nous fait abandonner le point de vue déontologique de l'ethanalyse, nous conduit à donner le dernier mot à l'ontologie : ne sommes-nous pas en train de dire que l'amour se définit en termes de la relation amoureuse qui *est* ? De ce particulier constaté, expérimenté, de l'amour que nous vivons et voulons défendre ? Enfin, une telle thèse ne correspond-elle pas, en même temps, à un retournement ultime en faveur de l'empirisme ? Ne succombons-nous pas, au dernier moment, à l'irrésistible tentation de définir l'amour inductivement à partir de ses cas concrets, empiriques, avérés ?

Le lecteur le devine, un renoncement philosophique aussi absolu ne peut pas être ce que nous avons à l'esprit. Il faut donc reconsidérer les choses en n'oubliant pas comment le supposé retournement radical arrive à notre réflexion. Il arrive, nous l'avons vu, à la suite de notre effort de synthèse sur la sémance de l'amour, qui dégage le motif de la synecdoque, d'un partiel qui demande à valoir comme le tout.

Très évidemment, ce motif synthétique ne peut être avancé qu'à la faveur d'une prise de recul vis-à-vis des demandes de la sémance de l'amour qui viennent d'être énumérées. Et dans une telle prise de recul, ce que l'on recherche est quelle forme ou quel contenu peut unifier l'ensemble des contenus demandés « par » ou plutôt « dans » la sémance de l'amour : on cherche à se représenter sous une catégorie englobante ce que l'amour veut de nous. Dans une telle démarche, on passe naturellement en posture thématisante, et l'on oublie la dimension prescriptive. Rien ne permet donc *a priori* de conclure, de ce que ce qui est demandé réponde à chaque fois au schème synechdochique, que le synechdochique soit justement ce sur quoi porte l'exigence. Et si je passe en régime onto-thématique, pour dire que le procès de l'amour est éminemment le procès par lequel la partie se substitue au tout, j'oublie l'ethanalyse et la notion de sémance, c'est clair. Aussi bien n'est-ce pas ce que j'ai ici tenté d'articuler. Ce que je remarque, en vérité, c'est que la sémance demande à chaque fois que la partie vaille pour le tout (et non pas que cela constitue un fait de l'amour, bien que l'amour s'attache à répondre à la demande).

De là, j'ai esquissé une généralisation qui remonte aux enjeux de l'idéalisme et du déontologisme. Il me semble que la notion d'idée, la vieille notion platonicienne, kantienne ou husserlienne, comporte une « demande » du même ordre : on demande que l'instance vaille pour la série, ou pour l'invariant qui a la puissance de la série. Les présentations purement théoriques de la notion d'idée ont tendance à ne pas avouer clairement que le valoir pour (l'idée) ne peut pas avoir d'autre statut que le statut de demandé. En un sens, c'est ce que Derrida objecte à l'idée husserlienne dans *La voix et le phénomène*, insistant sur le fait que l'idée n'est jamais là, n'est jamais intuitionnée. Dans la perspective post-lévinasienne qui est ici la nôtre, nous dirons que cette fragilité ontologique de l'idée est sa force, sa rectitude et son exactitude déontologique : le valoir pour l'invariant ou la série achevée n'est pas menacé par cette fragilité, nous n'en avons pas moins à prendre la profération du *a* comme convoquant le phonème idéal /*a*/. Nous dirons donc que le motif « synechdochique », en tant qu'il ne peut être soutenu que par le devoir être, est au principe de l'idée d'idée, et que par conséquent l'unité trouvée des demandes de l'amour entre en résonance avec l'idéalisme de l'amour de ce point de vue. On peut d'ailleurs aller encore plus loin, et constater que le sens même de la demande, que notre compréhension de ce qu'il y d'irréductible dans l'obligation, de ce que cela veut dire que quoi que ce soit m'incombe, dépend selon Levinas de la splendeur d'un particulier, renversant toutes les totalités où il se laisse placer : autrui. Le motif synechdochique est donc, à rebours de ce que je laissais entendre plus haut avec pessimisme et mauvaise foi simultanément, complice du déontologisme et de l'idéalisme à la fois.

Cela ne veut pas dire que le déontologisme et l'idéalisme soient incapables de comprendre l'universel : certainement pas, puisque, précisément, ce qu'ils « assument », c'est la demande d'un valoir *pour l'universel* du particulier, d'un court circuit permettant que soit exigé un comportement qui se règle sur l'universel absent, qui prenne le particulier comme la convocation d'un tel absent.

Et ceci nous rapproche de comprendre ce qui nous importe le plus, c'est-à-dire l'articulation possible entre la sémance de l'amour et le principe de la prévalence de l'amour factuel. Ce principe est paralogique, on s'en rend compte sans peine : pour que je puisse considérer mon amour factuel comme le particulier ayant droit de renverser l'universel, il faut que je l'aie déjà subsumé, c'est trop évident. En telle sorte que la sémance de l'amour n'a jamais pu être « vraiment » congédiée, elle a contribué au jugement qui redéfinit tout en faveur du cas, au nom de tel amour particulier. Le principe de la prévalence de l'amour factuel vient simplement problématiser ce que j'ai envie d'appeler la subsomption déontologique : comment fait-on pour subsumer sous une demande ? Cela ne va pas de soi, même si chaque demande de l'amour esquisse un géométral ontico-ontologique. Par exemple, l'amour demande que « toute » ma vie, même ses composantes qui pourraient paraître non pertinentes, se laissent redéfinir par lui, en viennent à prendre sa couleur et dépendre de lui. Mais cela peut-il être jugé dans un cas ? Difficilement, car on ne sait pas, au fil du quotidien fonctionnant, jusqu'à quel point on a passé le tout de sa vie sous la condition de l'amour (on se contente de le découvrir douloureusement dans la perte). Un autre sens de la subsomption est que j'assume cette demande : ayant revendiqué l'amour, j'accepte qu'il soit requis de moi que ma vie passe sous la condition de l'aimé(e). La subsomption déontologique s'entend toujours au sens de l'engagement autant qu'au sens logique. C'est ainsi que l'on peut comprendre que l'amour factuel se retourne contre son modèle : cela revient, à peu près, à privilégier l'entente fidèle de l'appel de l'amour sur la confrontation logique de notre vie avec sa requête. Une telle protestation ne peut pas être illimitée, il y a un moment où je perds mes droits à revendiquer mon amour contre le modèle de l'amour en m'éloignant de ce que sa tradition veut. Mais il appartient à cette tradition, il figure dans la sémance de l'amour que les amants « réinventent » l'amour. En l'absence d'une herméneutique contrôlant la sémance de l'amour (la publiant, l'approfondissant, la modulant au fil des siècles), la revendication de l'amant en faveur de son amour reste toujours possible, elle est pour une part attendue.

Maintenant, soyons concessifs en bouclant de chapitre par un retour sur son propos inaugural : il y a peut-être, malgré tout, une herméneutique autorisée de la sémance de l'amour, une tradition centrale, et qui est tout simplement celle de la littérature. Dans la tradition littéraire sont comptabilisées et versées au dossier de la sémance des revendications de l'amour, liées à des cas, dont le caractère fictionnel ne crée pas de difficultés : je juge de l'amour pour une part de manière jurisprudentielle en me référant à Madame de Rénal et Mathilde de la Môle, ou à Rosanette et Marie Arnoux. Donc, concluons : « Beaucoup de gens ne connaîtraient rien de l'amour s'ils n'avaient lu les romans... ». Dans cette phrase se laisse lire le mystère de la manière dont se nouent dans une tradition la revendication de l'amour factuel et la garde littéraire de la sémance de l'amour.

ethanalyse du sujet

Dans *Sens et philosophie du sens*, je suggère que l'ethanalyse peut aussi servir de mode d'approche pour des « problèmes » répertoriés comme tels de la tradition philosophique, et qui se présentent plutôt, suivant cette tradition, en termes d'être qu'en termes de sens. Dans ce premier volume de recherches ethanalytiques, je me contenterai de tenter d'illustrer une telle possibilité à propos de la question du sujet.

Un tel choix peut se justifier aisément au vu des discussions qui ont dominé le vingtième siècle. Il n'est que trop évident que presque tous les courants ayant exercé une influence durable ont convergé dans une répudiation philosophique du sujet, qui prouvait au moins l'intérêt qu'ils portaient à ce que l'on pourrait appeler « l'enjeu subjectif ».

La philosophie analytique, dès sa fondation, affiche comme une de ses orientations caractérisantes l'anti-psychologisme. Lisant Frege, nous comprenons que ce dernier récuse en tout cas toute reconstruction de la légitimité de la science, de la vérité, de la rationalité en termes du sujet, de ce qu'il éprouve, de ce qu'il fait ou de ce qu'il est. Le plan de la conscience, en particulier, est identifié comme celui où se tiennent nos *représentations*, infiniment variables selon notre humeur, notre personnalité, notre histoire, notre culture : celles-ci ne sont donc pas du tout une base possible pour la détermination des notions et la fixation des critères. Frege leur oppose le plan de ce qui est inscrit et partagé dans le langage, et qui est une voie vers le réel de la référence, à savoir le sens. Ultérieurement, Wittgenstein radicalise en quelque sorte la vue frégéenne en « démontrant », avec son paradoxe du langage privé, l'absurdité de toute idée d'une signification fondée sur l'expérience ou le témoignage intime. Il confirme à cette occasion l'évaluation préjudicielle de ce qui est intérieur, intime, tissé de vécu et de conscience, comme par essence ineffable, non publiable, insaisissable et mouvant. Du côté du sujet tombent pour cette philosophie la contingence et la singularité, rationnellement non monnayables.

La phénoménologie, certes, commence avec Husserl par la réaffirmation de l'expérience interne comme point de départ, et de la valeur fondationnelle de la conscience. Elle se formule finalement en termes d'un sujet transcendantal rassemblant sous sa responsabilité les types intentionnels que la phénoménologie étudie. Mais cette entame est immédiatement dénoncée et renversée par Heidegger. Le phénomène, pour lui, ne doit pas être indexé sur le sujet, il est plutôt comme le montrer-cacher d'une parole. A partir de Heidegger et après lui, il ne se trouvera aucun auteur pour réinstituer le sujet dans les fonctions que lui accordait la tradition kantienne et cartésienne. Au contraire, l'habitus critique, inspiré par le modèle heideggerien, devient dans la figure du sujet un avatar de la figure de la substance, elle-même désormais dévisagée comme la version abusive de l'être par excellence. Le sujet, prétendant au statut de substance, afficherait un trop d'être, une arrogance de stabilité que nous devons indéfiniment punir en traquant la référence à lui, en démontant et détruisant tout perspectivisme spontané prenant sa source auprès de lui.

La « philosophie du soupçon », si l'on s'autorise à désigner ainsi la philosophie se réclamant de la subversion venue de Freud, Marx, et Nietzsche – penseurs ayant travaillé en marge de la philosophie mais à l'école desquels la philosophie, par beaucoup de ses porte paroles, a voulu se mettre à une certaine époque – ne vise pas moins à priver le sujet de sa royauté usurpée. Freud objecte au sujet sa pensée inconsciente, par rapport à laquelle le noyau de délibération conscience et raisonnable auquel il a accès apparaît comme un iceberg ignorant la détermination des profondeurs marines. Marx objecte à la conscience la pratique sociale, vis-à-vis de laquelle elle est toujours en retard : nos formations culturelles, langagières, réflexives, ne font jamais que refléter une dynamique prioritairement économique des rapports et forces de production. Nietzsche montre l'illusion de nos choix et raisons par rapport à la multiplicité de forces et de points de vue en laquelle se résout notre corps, le vivant qui ne cesse d'être le véritable acteur disséminé en lieu et place du sujet.

La philosophie « structuraliste » et « post-structuraliste » française, celle que l'on doit aujourd'hui appeler la *French Thought* à la suite des américains qui ont procédé à son enregistrement symbolique et historial, a conjugué les réticences et les verdicts de la phénoménologie et de la philosophie du soupçon à l'égard du sujet. Chez Lacan, il importe de ne pas céder à la « fausse évidence au nom de laquelle le sujet se fait titre à parader de l'existence ». Chez Derrida, le sujet est l'écran, trompeur et inévitable, d'une identité qui tiendrait sous soi la fuite auto-réfutante du signe-trace, il est une figure de la métaphysique de la présence. Chez Deleuze, le sujet doit être compris comme agencement subjectif, comme individuation dépendante, liée à un mouvement général de l'individuation outrepassant toutes les frontières vers un système complexe pour lequel toute identité revient éternellement : ce qui veut dire aussi, sombre et se dissout éternellement, ne se distingue pas des simulacres. Et ainsi de suite.

Plusieurs choses méritent notre attention, à propos de cette affaire du sujet.

La première est le consensus qui vient d'être sommairement parcouru et exposé, consensus extrêmement surprenant, dans la mesure où il s'établit entre des démarches et des sensibilités absolument incompatibles, à vrai dire ennemies. Cela ne fait pourtant pas de leur rencontre sur le point du sujet une intersection purement homonymique. Si l'on analyse les choses dans la posture de la distance neutre, on constate que les arguments sont souvent convergents : la dénonciation cognitive du sujet au nom de son substrat biologique dans la philosophie de l'esprit contemporaine, canton de la philosophie analytique, rejoint la vision nietzschéenne de la multiplicité des puissances « sous » le sujet, par exemple ; ou la révocation logicienne des pouvoirs du sujet transcendantal chez Frege consonne avec sa révocation herméneutique chez Heidegger, faisant comparaître de part et d'autre le langage en tant que milieu indépassable. Et l'on observe que toutes les dénonciations du sujet s'annoncent comme le succès fondamental d'une pensée nouvelle enfin sortie de l'illusion où la tradition nous maintenait : pour tous nos auteurs, la philosophie subjectiviste est dépassée, et elle est le passé de l'ignorance et de l'asservissement. Le conflit se formule ensuite comme conflit entre des conceptions très différentes, antagonistes, de l'émancipation.

La seconde remarque est que ce désaveu du sujet n'a aucunement signifié un désinvestissement par la philosophie des affaires anthropologiques. Bien au contraire, la philosophie dans son ensemble a suivi une pente « anthropologisante ». La phénoménologie anti-subjectiviste est restée fidèle à ce que l'on peut considérer comme son coup d'envoi, l'ouvrage *Sein und Zeit* de Heidegger, dont tout le propos est d'expliciter le sens d'être distinctif de l'existence, du *Dasein*, c'est-à-dire de l'étant homme tout simplement : le livre, d'ailleurs, analyse les dimensions et modes de l'existence humaine de manière profonde et suggestive. Après Heidegger en effet, Merleau-Ponty, Sartre ou Patocka n'ont pas démenti cet intérêt privilégié pour les diverses strates du monde humain (perceptives, affectives, culturelles, politiques, morales, etc.). La « philosophie du soupçon » était originairement motivée par le cas humain, par le champ anthropologique, qu'elle abordait par le biais exigeant de la science (Freud, Marx), ou d'une vision à la fois biologisante, philologique, anti-métaphysique, artistique et politique (Nietzsche). La philosophie analytique semblait avoir pour mot d'ordre la mise en vedette de structures logiques impersonnelles, et vouer un intérêt exclusif aux problèmes de philosophie de la connaissance les plus abstraits et les plus dégagés de l'ornière anthropologique. Mais, un siècle après ses origines, elle a largement débordé ce domaine natif, pour intervenir de façon remarquée, et sans doute déjà prépondérante, dans la sphère morale et politique : des noms comme ceux de Rawls, Taylor et Walzer, pour ce citer que ceux-là, apparaissent aujourd'hui comme les repères majeurs de la discussion en philosophie politique, ce que l'on aurait difficilement imaginé, au moins en France, il y a encore vingt ans. Mais le développement analytique de la philosophie morale ou de la philosophie esthétique est tout aussi frappant. D'ailleurs, on doit mentionner aussi une autre preuve, de type radicalement différent, de l'involution anthropologisante de la philosophie analytique : l'essor, institutionnel autant qu'intellectuel, de la philosophie de l'esprit complice de l'entreprise cognitive contemporaine. Ce qu'on a pu appeler le « *mind turn* » réoriente en effet les recherches logiciennes et épistémologiques vers l'homme, substrat des compétences cognitives que l'on cherche à théoriser, et qui enveloppent nécessairement tout le fait humain (par exemple, les composantes affectives ne peuvent être mises de côté). Enfin la *French Thought*, sous le prétexte de la référence à l'approche structuraliste, ne s'intéressait à rien plus qu'aux différentes strates découpant le monde humain, à chacune desquelles on pensait, dans cette approche, pouvoir associer une grammaire spécifique. Fortement motivée par un ralliement implicite ou explicite à l'idée de révolution, elle se présentait en même temps comme le laboratoire d'une nouvelle morale et d'une nouvelle politique. Etre antisubjectiviste en philosophie, de quelque manière qu'on fasse profession de l'être, voulait donc toujours dire étudier l'homme et militer contre l'appropriation par le sujet de la réalité ou de l'essence humaine : l'homme était le nom rassemblant tout de qui donnait à penser, mais on prétendrait éviter de traiter le champ de l'humain comme champ du subjectif, voire de l'intersubjectif.

La troisième remarque creuse à sa manière le constat qui fait l'objet des deux premières. Il semble en effet que le mobile de la polémique contre le sujet et la subjectivité, ou encore ce qui, pour la philosophie anti-subjectiviste du vingtième siècle, est inacceptable, soit l'octroi d'un trop d'être au sujet ou à la subjectivité. La question du sujet est celle de l'être du sujet. C'est ce que notre citation de Lacan dit avec la plus grande netteté : on veut éviter d'accorder au sujet un être, une existence illusoire. On ne déboute pas le sujet en soulignant la faille morale de l'approche par lui de toute chose, ou l'inadéquation de ses moyens épistémiques, ou la minceur de sa responsabilité esthétique, mais en niant que le sujet existe autant qu'il le croit, en dénonçant en lui l'illusion invétérée d'être (d'être de façon stable, de façon originaire, etc.).
Kant semblait bien, pourtant, avoir tout dit en faisant valoir, dans les paralogismes de la raison pure, qu'il n'était pas légitime de déduire les propriétés métaphysiques du sujet en appliquant les catégories de l'entendement pur à la fonction transcendantale reconnue en tant que *Je pense* : (...) seule la fonction endossait nécessairement ces propriétés en tant que fonction, mais les prédicats en cause ne revenaient pas au substrat empirique, biologique et phénoménologique du sujet réel ou concret. Le refus de la vision substantive du sujet, pour cette raison, est beaucoup plus à entendre comme une critique de la philosophie hégélienne, envisageant une aventure au bout de laquelle toute la déterminité concrète est récupérée par le concept, celui-ci s'avère en sorte que et se manifeste enfin comme ce qu'il est depuis le début, à savoir la substance-sujet : un contenu auteur-acteur de soi et de son propre déploiement en ses déterminations. Pourtant, l'esprit du vingtième siècle, sous chacun des drapeaux particuliers qui l'ont enrôlé, a toujours imputé la faute de prendre le sujet comme substantiel à la pensée transcendantale, chez Kant comme chez Husserl. Ceci peut et doit nous amener à ouvrir une première et brève discussion sur l'être du sujet et l'orientation transcen-

dantale, qui doit en même temps commencer de préciser l'angle d'approche de l'ethanalyse dans cette affaire subjective.

Suivant le principe général de notre démarche, nous ne posons pas que sujet nomme une classe d'étants ou d'objets que nous cherchons à situer dans le concert de l'être, mais que sujet est un sollicitant : le mot signale un enjeu du sujet, une mission comprise par tout un chacun de se faire sujet et d'interpréter tout un chacun comme sujet, un ethos subjectif au titre duquel la question du sens du sujet insiste, est ouverte dans notre culture et notre histoire. Donc une recherche ethanalytique sur le sujet n'a nullement pour fonction de « rendre » au sujet un surcroît d'être que l'œuvre critique du vingtième siècle s'est attachée à lui retirer. Son point de départ est plutôt que, quoi qu'il en soit de l'être qui revienne légitimement au sujet au vu du critère interne à l'être (ce que l'on appelle sauf erreur la vérité), le mot sujet renvoie à une exigence elle-même liée à un ethos du sujet : nos vies et nos pensées sont déjà commises avec un pôle ou une instance du sujet, quoi que nous en disions ou en pensions, et il nous importe de comprendre quel sens et quelle valeur nous partageons dans cet ethos. Il nous importe, et à vrai dire nous incombe en raison de la normativité propre au sens, de déterminer la sémance du sujet, de dégager le sens et la portée de l'instance du sujet pour nous, les conditions sous lesquelles la « tradition du sujet » se poursuit. Nous prenons donc sujet comme le nom d'une région du sens, l'emblème d'un ethos de la subjectivité qui nous fait dire, vivre, agir en termes subjectifs selon la règle d'un certain sens.

Par la suite, notre façon de croiser la querelle du vingtième siècle contre le sujet transcendantal est à vrai dire étrange.

D'un côté, nous avons envie de réhabiliter ce dernier contre les attaques qu'il a subies, parce qu'il nous semble qu'il n'a jamais été nanti, ni par Husserl ni par Kant, d'un surcroît d'être. C'est seulement la malveillance critique ultérieure qui a fait mine d'entendre que le sujet kantien ou le sujet husserlien était la source ontologique de tout être. Choisissant de comprendre l'insistance de

Kant ou de Husserl sur le moment subjectif comme synonyme d'une affirmation métaphysique de celui-ci, ces lectures critiques se sont attribuées trop facilement l'honneur du renversement de la métaphysique en « rectifiant » une boursouflure ontologique dans des discours qui en étaient dénués. Un cas simple est le cas husserlien : une part considérable de cette mauvaise fois a été déployée à partir de l'entente fourbe du mot *constitution*. On sait bien durant le temps où l'on lit de façon fidèle Husserl que le sujet transcendantal ne « constitue » rien au sens de la fabrique ontologique, et que l'expression signifie seulement que, pour tout type d'objet, le sujet peut reconnaître en lui-même une norme intentionnelle de la réception d'un cas du type concerné. « Constituer » X signifie donc seulement lire et reconnaître les formes d'accueil de X comme telles, et cela ne met pas en jeu une valorisation ontologique du sujet. Il en va de même chez Kant. Le fait que le sujet transcendantal puisse dans chaque cas retrouver quelle organisation spécifique de ses facultés et de ses actes préside à la possibilité des jugements de connaissance valides, des jugements esthétiques légitimes ou des maximes pratiques justes ne signifie pas qu'il devienne par la même origine de quoi que ce soit au sens ontologique. En vérité, un article de base de la démarche transcendantale, repérable dans l'explicitation philosophique de l'un comme de l'autre de nos auteurs, est la mise hors circuit de la valeur ontologique du sujet.

Mais la querelle critique du siècle révolu contre le transcendantalisme a pris une autre tournure : elle a consisté, souvent, à dire en l'argumentant que le sujet n'était pas le sujet transcendantal, ne coïncidait pas avec lui. Elle a consisté à mettre en avant des dimensions de l'être du sujet ignorées par la perspective transcendantale, et que les philosophies en question voulaient au contraire souligner comme essentielles à la subjectivité « de fait ». L'anti-subjectivisme consistant alors en ceci que par et dans ces dimensions, le sujet apparaissait comme dépendant d'autre chose que lui-même, d'un autre plan de l'être. En découvrant un fond ontologique non subjectif vrai de la subjectivité, ces philosophies découvraient la relativité de la subjectivité au plan ontologique ouvert par l'analyse que j'appellerais métaphysique – si elle n'est pas scientifique – de l'étant sujet quant à son être. Ainsi le sujet peut être découvert par l'investigation scientifique ou métaphysique profondément dépendant à l'égard du monde, ou du social, ou du désir, ou de la puissance.

Curieusement, notre enquête ethanalytique est appelée à converger dans une certaine mesure avec ces accomplissements critiques, bien qu'elle n'en partage nullement les présupposés. En effet, la sémance du sujet que nous allons dégager ne coïncidera nullement avec la notion de sujet transcendantal, ce qui peut, si l'on veut, se dire comme ceci : le sujet de l'ethanalyse du sujet n'est pas le sujet transcendantal. Mais il ne s'agit pas véritablement d'une comparaison dans l'être, exprimable en termes d'identité ontologique. La raison de cette non-coïncidence est que l'enquête transcendantale, celle de Husserl comme celle de Kant, est en fait orientée sur la légitimation. On peut la voir comme une ethanalyse avant l'heure, qui s'attache à décrire la signification que nous avons anticipativement placée sous le sollicitant *légitimation* : à caractériser pour nous quant à son sens l'usage de la légitimation (dans l'ordre du connaître avant tout, mais aussi dans l'ordre esthétique et dans l'ordre pratique chez Kant). Et c'est un des résultats de cette ethanalyse de la légitimation qu'elle enveloppe la fonction du sujet transcendantal : que la légitimité a besoin d'un *pour soi* qui la contresigne et en témoigne, et que, pour ce *pour soi*, elle équivaut à un certain réglage *a priori* de ses facultés et comportements. On peut donc bien dire, au bout du compte, que la philosophie transcendantale explicite un « sens du sujet », qui est le sens du sujet comme nœud de l'ethos de la légitimation. Or, dans le présent chapitre, nous allons interroger l'ethos subjectif bien au-delà de l'ethos de la légitimation. Les éléments directeurs du sens de la subjectivité que nous entendons expliciter sont donc appelés à déborder largement la peinture du sujet transcendantal en ses fonctions. Notre enquête se présentera comme une enquête transcendantale, elle proposera un ensemble de traits qui déclineront le sens que le sollicitant *sujet* exige de nous, c'est-à-dire encore ce comme quoi nous ne pouvons pas faire autrement que penser, faire, dire le sujet pour autant que, nous inscrivant dans l'ethos subjectif, nous prétendions le relancer. Et ce sera donc un résultat transcendantal que le sens de la subjectivité ne s'épuise pas dans la notion de sujet transcendantal. Une telle situation n'a rien de surprenant, sauf pour ceux qui ont depuis toujours cru que l'identification par Kant et après lui par Husserl du sujet transcendantal était l'identification de l'être du sujet et de son rôle dans l'être en général, et donc qui reçoivent toute étude sur le sujet, si elle ne coïncide pas dans ce qu'elle obtient avec la « description transcendantale » (locution déjà inexacte, l'adjectif *transcendantal* n'est pas un véritable adjectif ontique dévoilant une détermination à décrire du sujet), comme contredisant la pensée transcendantale. Pour nous, le fait que l'ethos de la subjectivité réponde à une sémance qui excède celle de la légitimation n'est rien qui s'oppose à la pensée transcendantale ou qui la contredise, mais plutôt un élément de nature à en éclairer l'intention vraie : à comprendre mieux l'ethos de la subjectivité en général, on saisit mieux les exigences particulières d'une étude de l'ethos de la légitimation.

Nous en venons maintenant à l'enquête ethanalytique elle-même. Nous tentons, donc, d'élucider l'ethos du sujet, c'est-à-dire l'ethos en référence auquel nous nous efforçons de valoir comme sujets, parlons de sujet, ou encore comptons avec quelque chose comme un sujet : l'ethos dans le cadre duquel le sens de sujet s'adresse et se relance.

Un premier point de repère me semble résider dans l'imputation textuelle de subjectivité.

le sujet de texte

Nous usons, en effet, de la notion de texte de manière en première apparence assez mystérieuse : il nous semble que l'identité de ce qui est un mot ne fait pas problème, et que l'identité de ce qui est une phrase est tout aussi claire, mais qu'une définition de ce qui fait texte ne va en revanche pas de soi. La raison en est, peut-être, que dans la réalisation scripturale de ces entités, mots et phrases viennent avec des séparateurs attitrés, le blanc pour le mot et le point pour la phrase, alors que le texte n'a pas de marque inter-textuelle associée. En fait, si l'on appose une marque entre deux fragments textuels – comme un saut de paragraphe – il se peut fort bien que l'entité textuelle courre de part et d'autre de la marque. Une marque plausible serait celle du volume, mais elle n'est pas absolument sûre (penser aux livres en plusieurs volumes). On comprend bien qu'à la notion de texte est liée une certaine illimitation de principe, source du problème. La philosophie s'est déjà emparée des deux autres paliers, mieux cernables, et leur a fait un sort : le palier du mot donne à la philosophie la bonne prise pour poser le problème de la *référence*, cependant que le palier de la phrase est adéquat pour réfléchir sur la *vérité*. Les mots, ou plutôt la sous-classe des noms, et finalement les expressions du type *groupe nominal*, correspondent à cet aspect du langage suivant lequel il renvoie à des individus. Les phrases – jusqu'à un certain point – sont cette scansion du flux de parole à l'occasion de laquelle se rassemble une prétention à la vérité. Quelle est la figure philosophique comparable qui se tient « derrière » ou avec le texte ? Nous suggérons que c'est le sujet, et, même, que nous saisissons en l'espèce une « expérience » primordiale de la « valeur » de sujet pour nous.

Si nous revenons à la difficulté d'illimitation rencontrée à l'instant, nous pouvons dire, apparemment, que la délimitation du texte est arbitraire. Kant désigne « Je pense » comme le texte unique de la psychologie rationnelle, acceptant donc l'idée d'un texte mono-phrastique. Inversement, le *Talmud* est un texte en état de perpétuelle complétion, refusant à la fois la limite de tout volume et celle de tout temps. Pourtant, un texte suppose une condition de clôture, il n'est texte qu'au gré d'un arbitraire qui, en un sens, l'achève en le publiant. Nous expérimentons très immédiatement ce point à l'heure des « traitements de texte », lorsque nous écrivons, par exemple, un article : l'article est une chose constamment mouvante, indéfiniment reprise et amendée, jusqu'à ce qu'un processus externe (« social ») ne fige ce devenir en publiant. Même si la publication consiste en le dépôt sur un site personnel : le texte est tout de même détaché de la séquence des transformations dont il est la proie. A la vérité, la publication doit probablement s'analyser comme l'inscription du texte dans un autre rythme de modifiabilité (dans le cas du site personnel j'aurai désormais, soit à re-sauver l'ensemble du HTML de mon site, soit à passer par l'interface de mon site dynamique, qui n'est plus celle de mon traitement de texte ; dans le cas de la véritable publication, j'entre dans la série des rééditions s'il s'agit d'un livre, des re-publications s'il s'agit d'un article). Le terme de *traitement de texte* exprime de façon optimale ce dont il s'agit : un texte est ce sur quoi tombe une condition de clôture qui soustrait un résultat à ses traitements. La première évidence au sujet de cette condition de clôture est qu'elle est arbitraire. La seconde, que nous venons de dégager, est qu'elle est de l'ordre de la publication. L'arbitraire consiste à soutirer le résultat à ses traitements pour l'offrir à une réception. Singularisons le cas suivant : je lis un article de journal, et je remarque un passage de cet article, dont je repère une certaine homogénéité de contenu, et je décide d'isoler le passage en le photocopiant à part ou en le ressaisissant pour le donner à mes étudiants, lors d'un contrôle continu, préfacé de la phrase « On analysera et commentera le texte suivant ». Cette procédure n'est autre que la procédure canonique de « constitution » d'un texte. Le texte en cause ne vaut comme texte que d'avoir été, ainsi, soumis à l'interprétation dans la clôture singulière à lui assignée.

En d'autres termes : si quelque chose distingue une suite de phrases quelconque d'un texte, c'est seulement d'avoir fait l'objet d'un acte de clôture l'exposant à l'interprétation dans la clôture reçue. Nous utilisons le mot *interprétation* dans un sens volontairement très lâche. Admettons, si l'on veut, que nous ne savons pas plus ce que veut dire interprétation que ce que veut dire texte. Néanmoins, cette indétermination n'est pas la même, et il y a un gain de compréhension stricte dans la vision du lien entre les deux. Nous appelons textes les suites de phrases offertes dans la clôture de leur publication à l'interprétation.

Franchissons une étape supplémentaire en essayant d'entendre ce que nous comprenons comme *interprétation*, au degré de généralité où se tient notre enquête. Il y a évidemment plusieurs concepts théoriques de l'interprétation, qui ont le plus souvent été dégagés dans une intention normalisante, afin de caractériser ce qui devait compter comme bonne ou authentique interprétation.

Dans le contexte logique contemporain, on formule, par exemple, une conception « dénotative » de l'interprétation, suivant laquelle interpréter une famille d'énoncés, c'est exhiber une structure et une façon de raccorder les énoncés à cette structure qui mette les énoncés en question en position d'être vrais ou faux : le « raccord » en question consiste simplement en ce que les constantes non logiques apparaissant dans les énoncés sont pourvues de référence dans la structure. Interpréter semble donc vouloir seulement dire faire sortir les symboles du langage logique de l'état de suspens à l'égard de la référence qui résulte de l'usage symbolisant formel.

Dans le même contexte logique, on rencontre une toute autre notion, qui est celle de l'interprétation d'un langage (entendez : d'un idiome de la logique du premier ordre) dans un autre. Interpréter veut dire alors purement et simplement traduire : la traduction va des constantes non logiques du langage interprété vers les constantes non logiques du langage interprétant (ou vers des termes, fonctions ou prédicats définis de forme équivalente). Elle comporte aussi la clause d'une relativisation donnée par un « prédicat d'univers », mais cela ne nous importe pas ici. L'idée portante, dans ce second cas, est que interpréter signifie réécrire suivant une autre trame.

Enfin, nous avons la tradition herméneutique, qui retient plutôt, comme paramètre caractérisant de l'interprétation, l'idée d'une nouvelle assomption du texte, qui le reprend depuis la situation interprétante « vers » l'enjeu, entendu dans le texte, par lequel le texte est tenu. L'interprétation est une sorte de dynamique qui implique l'instance interprétante dans le « souci » du texte interprété.

Dans le cas de la première notion, une interprétation se juge essentiellement comme relais vers l'établissement de vérités, elle vaut par la précision et l'effectivité des références qu'elle fourni : son horizon, en tout cas, est le jugement vrai. Dans le deuxième cas, l'interprétation apparaît comme un acte de transposition libre qui n'est relié à aucun enjeu précis. La règle de l'interprétation est seulement que, les noyaux de traduction ayant été fixés, la traduction d'une phrase quelconque s'effectue de manière systématique, en respectant l'organisation syntaxique de la formule traduite, et en revenant à ces noyaux. Reste que l'on peut considérer que l'horizon est l'interprétation d'une théorie dans une théorie, auquel cas on souhaite que les traductions des théorèmes de la théorie traduite soient à nouveau des théorèmes dans la théorie traduisante. Dans ce cas, l'enjeu de l'interprétation est au fond de ramener une proposition de monde (celle de la théorie traduite) à une autre proposition de monde (celle de la théorie traduisante). Cela correspond à peu près à certaines discussions philosophiques de Quine, et cela rejoint dans une certaine mesure l'idée herméneutique de l'interprétation. En tout cas, une interprétation est bonne si elle parvient à récupérer et transposer le sens interprété, elle est bonne en tant que fidèle à une intention de signification globale (celle d'une théorie). L'interprétation au sens de l'herméneutique est quant à elle bonne en tant qu'authentique, c'est-à-dire en tant que la situation interprétante reprend de manière authentique le concernement qui était « derrière » le texte interprété. Elle est bonne si l'horizon interprétant rejoint l'horizon de l'interprété.

Si j'essaie plutôt, maintenant, de réfléchir de façon minimale – transcendantale à vrai dire – sur l'interprétation, je dirai que la tâche interprétative « révèle » le texte comme recelant un au-delà de son effectivité distributionnelle. S'il y a lieu d'interpréter, c'est qu'il ne suffit pas de dire que tel mot se trouve inscrit à telle place dans le message du texte, de re-décliner sur le mode descriptif l'être-là distributionnel du texte. Le texte a une réalité distributionnelle, qui est sa réalité stockable – nous comprenons très exactement ce que cela signifie à l'heure actuelle – mais cette réalité n'est pas suffisante à son signifier, il faut donc interpréter. Lorsque nous prenons le texte comme à interpréter, nous affirmons implicitement un tel excès. On peut reconsidérer les versions de l'interprétation qui précèdent, et vérifier dans chaque cas que l'interprétation marque une telle insuffisance, tend à recouvrir un tel excès.

Dans le cas de l'interprétation au sens de la dénotation (tarskien), le texte est insuffisant parce qu'il est formel, donc les dénotations manquent. Le présupposé est donc qu'un texte non formel n'a pas besoin d'interprétation. Le langage naturel, les « vrais » textes, se présentent comme déjà interprétés, ou encore le fait du langage est supposé forcer par lui-même l'interprétation au sens de la fourniture de référence. Lorsque je reçois « Le chat est sur le paillasson », je n'ai pas à repartir de $S(a,b)$ pour choisir ensuite d'interpréter a par « le chat », b par « le paillasson » et $S(x,y)$ par « x est sur y » : mon insertion dans un usage linguistique déterminé veut que je reçoive d'un seul coup $S(a,b)$ avec son interprétation. Je n'ai pas à interpréter parce que le partage du langage me donne toujours les structures logiques comme interprétées.

Finalement, les choses sont plus compliquées, parce que, en fait, les correspondances sous-jacentes à cette interprétation supposée toujours déjà donnée ne peuvent pas être explicitées, le travail de dé-sédimentation des phrases émises révèle qu'elles sont mouvantes, controversées, fonction du contexte, etc. De toute façon le système implicite des correspondances n'est pas immanent à l'être-là distributionnel, il l'excède : on peut seulement chercher à l'identifier, à le reconstruire, à partir de la donne de cet être-là et de considérations globales supplémentaires, rendant plausibles, par exemple, que le mot *chinois* dénote un ustensile de table plutôt qu'un habitant de la Chine.

Dans le cas de l'interprétation au sens toujours logique de la traduction, ce qui est au-delà de la distribution est le déplacement traductif. Le texte – typiquement la théorie que l'on veut interpréter – appelle pour ainsi dire sa projection linguistique par voie de traduction et la démonstration que les théorèmes traduits restent des théorèmes. Le texte est en quelque sorte refondé dans un environnement syntaxique autre : la façon dont il peut être entendu directement comme actualité distribuée dans sa syntaxe native n'est donc pas suffisante. L'au-delà du distributionnel est ainsi un montage re-contextualisant, tributaire du déplacement qu'est proprement l'interprétation.

Dans le cas de l'interprétation au sens herméneutique, selon Heidegger ou Gadamer disons, l'au-delà du distributionnel se fait doublement valoir, d'un côté comme le vecteur préjudiciel suivant lequel je me rattache au texte, de l'autre côté comme la profondeur d'horizon et de questionnement à laquelle le texte répond, et qui le soutient de part en part.

J'ajoute que, dans tous les cas, la façon qu'a le texte d'être plus que la distribution qui le réalise se manifeste au niveau « global ». Le « supplément », pour parler comme Derrida, se « donne » au niveau de l'agencement complet comme lequel se présente le texte dans sa distribution. En se montrant distribué comme il l'est, le texte montre des figures globales, qui récapitulent en quelque sorte la diversité distribuée dans des lignes, des formes, des solidarités.

Si j'interprète le texte au sens de la fourniture de dénotation, je « vois » dans leur solidarité la liste des positions de constantes non logiques dans les phrases, comme appelant une illustration solidaire et cohérente dans un monde illustrant.

Si j'interprète au sens de la traduction logique, je vois les mêmes constantes non-logiques, mais cette fois comme en attente de leur traduction comme cohérentes vers la cohérence d'un autre idiome. Et je prends en vue les axiomes de ma théorie pour poser la question solidaire de la démonstration de leur traduction dans la théorie hôte.

Si j'interprète au sens de l'herméneutique, j'envisage l'horizon du texte et mon horizon de lecture comme affectant le texte dans sa globalité et comme colorant d'un seul coup tous ses détails et tous ses rapports.

Le pas final consiste à conceptualiser de façon absolument générale l'attitude interprétative comme celle qui entend des lignes, formes, et solidarités dans le texte au-delà de sa distribution, et qui travaille à leur mise au jour. Elle entend ou comprend donc le « supplément » à l'être-là distribué du texte comme quelque chose qui le charge, qui habite à l'état comprimé le texte et appelle son expression, à laquelle précisément elle procède. Et nous définissions alors le *sujet de texte* comme le supplément en cause. Nous prétendons en effet que c'est comme un tel supplément que, suivant un des axes de la sémance subjective, nous comprenons le sujet.

Qu'il puisse y avoir ainsi une équivalence « texte-sujet », cela peut, pour commencer, être rattaché au cercle que Schleiermacher voyait entre interprétation technique et interprétation grammaticale : il appelait interprétation *technique* celle qui, s'appuyant sur le texte, construit l'intention et les sentiments de son auteur, celle qui interprète le texte en tant qu'expression d'un auteur ; et il appelait interprétation *grammaticale* celle qui faisait fond sur les valeurs universelles transmises par le lexique et la syntaxe pour dégager un sens se déduisant de l'être-là distributionnel lui-même, pourvu qu'on le renvoie au système conventionnel et fonctionnel de la langue. Or, Schleiermacher observait que ces deux modes interprétatifs font cercle : je me fonde, bien entendu, sur mon interprétation grammaticale pour inférer ce qu'il en est de l'auteur et de ce qu'il exprime ; mais dans le cas, à vrai dire plus ou moins constant, où une équivocité demeure, je peux faire appel à ce que je sais déjà par l'interprétation technique pour trancher entre les possibles. La thèse soutenue ici est que la reconnaissance par Schleiermacher d'un tel cercle indique indirectement que la construction d'un sujet et d'un sens de texte sont homologues. En fait, *sujet* est le nom pertinent de ce qu'accomplit un texte, la fonction subjective est en quelque sorte l'analogue de la fonction référentielle pour le nom et la fonction déclarative ou véritative pour la phrase. Un texte, s'il fait sens, propose une sorte de moment du sens, offert à l'évaluation ou à l'explicitation de la part des destinataires putatifs. Or, un moment du sens s'offrant sous forme textuelle, nous appelons cela un sujet : c'est quelque chose que toute autre existence peut reprendre à son compte, dans quoi elle peut se couler. Sur la distance d'un texte, se montre une sorte de posture, de cohérence, qui vaut comme un sujet.

Cela, nous le constatons dans l'usage linguistique nôtre, d'abord. Nous constatons que nous formulons des phrases comme « Ce texte proteste que le donné à une profondeur », ou comme « Le roman de Giono exprime l'amour de la Provence », ou comme « Ta lettre est pleine d'orgueil et de distance, elle ne m'atteint pas, elle ne frappe pas à ma porte », etc. Nous prêtons dans nos mots aux textes les sentiments et les actes des « vrais » sujets, ceux que l'on peut appeler les sujets d'existence, par commodité, pour les distinguer des sujets de texte. Pour aller un peu plus loin ou essayer d'être plus précis, on peut dire que le sujet de texte fait l'objet de la même sorte d'identification provisoire, problématique, interminable – et surtout renvoyant à l'abîme de la dissimulation dans une intériorité imprenable – que le sujet d'existence. Par exemple, la discussion pour savoir si Pauline, dans Polyeucte, aime son mari dès le début de la pièce, ou seulement quand elle épouse sa cause, n'est absolument pas différente de celle que l'on peut avoir à propos d'une femme « réelle », « en chair et en os ». Or, un personnage d'une pièce ou d'un roman est un cas de sujet de texte, littéralement identifiable par l'ensemble textuel d'un rôle dans le premier cas (mais les textes des sujets en cause, dans ce cas comme dans tous les autres, doivent être pris et compris dans un contexte). D'un côté, des réponses à une question comme celle de l'amour de Pauline peuvent être tentées, avec des arguments, et, de l'autre côté, toute réponse se brise sur la limite d'un intérieur imprenable de la femme visée, dans le cas textuel comme dans le cas existentiel. L'intérieur en question est seulement, dans le premier cas, celui du texte lui-même, c'est-à-dire son excédent de lignes de solidarité par rapport à l'être-là distributionnel, qui n'est pas assignable parce qu'il n'a pas d'être-là littéral, justement : on peut toujours imaginer le montage de nouvelles solidarités interprétantes sur la base du donné distributionnel. Ajoutons encore que la détermination de l'identité du sujet de texte donne lieu au même problème générique de répartition entre le nécessaire et le contingent que celle de l'identité du sujet d'existence. Ces problèmes sont révélés par le jeu des contrefactuelles, comme nous l'a enseigné Kripke : on fabrique des phrases du type « Si Maïmonide n'avait pas été médecin, il n'aurait pas écrit le *Michnè Tora* », dont on peut ensuite discuter la valeur de vérité, et qui prennent position sur le nécessaire et le relativement nécessaire à propos de Maïmonide. Ce genre de raisonnement est le même selon que l'on parle d'un personnage « réel » ou d'un sujet de texte. La remarque simple selon laquelle les sujets d'existence, après leur trépas, restent des enjeux de pensée pour nous à proportion d'un sujet de texte associé à eux (pas nécessairement celui de leur œuvre : ce peut aussi être celui

de la compilation de la mémoire, mythique et historique) établit une continuité entre sujet de texte et sujet d'existence.
En dehors de ces ressemblances ou équivalences, sujets de texte et sujets d'existence manifestent des degrés de liberté réciproque intéressants et instructifs. Il est bien clair qu'un même sujet d'existence est appelé à porter plusieurs sujets de texte : le sujet *Les mots* succède au sujet *La nausée*. A vrai dire, l'individuation du texte autorise toutes les divisions et focalisations que l'on voudra. Il est loisible de construire un sujet de texte associé à la section « Amphibologie des concepts de la réflexion » de la *Critique de la raison pure*, et de l'opposer au sujet porté par tout le reste du livre. Le sujet de texte peut aussi prendre une envergure trans-subjective, épochale. Nous n'avons pas de difficulté à scruter dans sa subjectivité le dix-huitième siècle français, mystérieusement *un* derrière les écrits libertins et les ratiocinations philosophiques : une constellation de textes est encore un texte, dès qu'on la clôt comme à interpréter. Le temps n'est pas un obstacle : la littérature française est un vaste sujet de texte trans-séculaire, comme le *Talmud*. Parfois, le marqueur existentiel du *je* peut venir marquer une césure, commander une perspective rétrospective sur l'écrit, qui la rassemble en sujet de texte autonome. Ainsi, Kant, dans la *Critique de la raison pure*, prenant la parole dans la célèbre note du § 26 pour faire reconsidérer ce qu'il disait dans l'esthétique transcendantale, donne *eo ipso* cette dernière comme texte à interpréter (et dont il essaie de concilier le message avec celui qu'il est en train d'émettre en un autre moment textuel).
Sujet de texte et sujet d'existence, dans ces chevauchements, se manifestent comme à la fois homologues et mutuellement libres. L'existence vaut à la fois comme synthétiseur et comme analyseur de sujets de textes, et la forme du sujet de texte se prolonge à des figures trans-subjectives et trans-séculaires qui restent en prise sur la signification *humanité* mais qui s'émancipent du niveau individuel et personnel.

Bien sûr que l'existence enveloppe des traits distinctifs que le texte ne « rattrapera » jamais : l'en première personne du vécu, la concrétude charnelle, la mortalité, pour en citer trois qui pèsent déjà d'un poids infini. Mais il reste que le sujet d'existence, pour une part, est sujet au même sens que le sujet de texte, comme intériorité sémantique s'exprimant depuis une clôture de sa manifestation. Dans notre usage de la notion de sujet, nous trouvons, si nous l'examinons avec fidélité, cette détermination *a priori* de la subjectivité comme texte. Nous ne devons pas la comprendre comme un prédicat ontologique anticipant la réalité ontique des sujets, mais comme une directive ethanalytique : le sens de ce que nous décidons d'envisager et de vivre comme subjectivité est prescrit *a priori* par la figure textuelle. Sujets et textes valent normativement l'un pour l'autre dans une région de sens qui est celle de la subjectivité, et dont nous procédons à l'investigation ethanalytique dans ce chapitre. Le jeu du sujet comporte, dans le monde de sens qui est nôtre pour autant que nous le relançons, cette clause de l'interprétation des sujets comme textes et vice-versa, au moins jusqu'à un certain point. La notion de *sujet de texte* est donc à verser au dossier de la sémance du sujet, elle en constitue une première composante.

Je voudrais maintenant, cela dit, en venir à ce qui, sans doute, est plus ordinairement et plus généralement regardé comme lieu-clef de la subjectivité, et qui est le lieu existentiel proprement dit, que j'interrogerai, on le verra, sous l'angle de la temporalité, comme on l'a fait bien souvent au vingtième siècle.

le sujet d'existence : irresponsabilité et méta-vie

Dans ce but, je vais essayer de décrire deux structures qui me semblent décisives. La première est celle de l'irresponsabilité.

Ce que j'ai en tête est simplement ceci : comme sujets, nous souhaitons rester absolument libres de notre passé, nous voulons

ne pas être « assignés à résidence » par ce que nous avons été, et ce, jusqu'à la contradiction.
Par exemple : l'homme qui s'est génériquement construit comme amateur d'opéra, sans accointance et sans indulgence pour la sous-culture musicale contemporaine, peut vouloir très fort user d'une liberté injustifiable pour se vautrer dans l'adhésion à la « danse des canards », ou à quelque autre fleuron de la sottise orchestrée. Ou encore, plus classique : l'amateur de femmes minces, élégantes, cultivées, avec qui l'on discute et l'on admire la beauté des nefs d'église ou des toiles de Klee, peut basculer dans une autre série de soi en compagnie d'une femme joviale, sensuelle et terrestre. Ce que j'essaie de décrire n'est pas seulement l'ambivalence au sens psychanalytique. J'essaie de saisir une certaine forme de relation au passé de ce que l'on a été. On peut avoir fréquenté une ambiance politique de la subversion, au fil de l'adhésion à une succession de groupes très gravement radicaux. Et puis être passé à une autre attitude politique, où l'on essaie de bien gérer le monde tel qu'il est, dans une fonction de pouvoir. Et l'on désire par dessus tout n'avoir aucun compte à rendre sur la transition d'un personnage à l'autre, parce que l'on n'aurait rien à dire, et le fond de ce que l'on pense est simplement : j'étais ceci, cette cohérence, et me voici cela, cette autre cohérence, prenez moi à chaque fois uniquement dans le présent que je vous offre, et ne me demandez rien de plus, mon essence de personne humaine consiste dans ce basculement, dans cet oubli, dans cette non-responsabilité.
Là est le fond de l'affaire : ce n'est pas que, de fait, mon passé me soit devenu opaque, ou que je sois blessé par une contradiction qui m'échappe autant qu'elle me domine. C'est que, en droit, je « sais » qu'il n'est pas légitime qu'on me demande de porter encore la charge de ce que j'ai été. Ce que je suis, je le suis à chaque fois pour moi, et pour le monde qui m'est présent, je ne le suis pas pour le rester ou pour en être dépendant.

L'intuition que je veux défendre ici est l'intuition selon laquelle un sujet est par définition quelqu'un qui n'a pas de compte à rendre sur son passé, qui « par principe » ne vaut pas comme reprise et assomption d'un avoir été. Une telle affirmation pose de multiples problèmes, qui, pour une part, correspondent à diverses manières de mal la comprendre.

Littéralement, ce que je décris pourrait être nommé *immoralité* : le sujet accomplit sa subjectivité en refusant d'avoir à répondre de ce comme quoi il s'est déjà manifesté. N'est-ce pas dire qu'être un sujet, c'est ne pas tenir ses promesses, ne pas offrir la prestation régulière et attendue de son métier, ne pas s'occuper comme on s'y était engagé de ses parents, de son épouse ou son époux, de ses enfants ? Je voudrais ici procéder à une mise au point importante : tenir fidèlement à l'image acquise de soi n'est pas littéralement un article de la morale. Eichmann telle que Hannah Arendt le décrit était « responsable », il suivait la ligne de lui-même dessinée par son passé, et faisait honneur à ses responsabilités familiales et professionnelles. Inversement, ce qui aurait été le plus moral, de la part de beaucoup de gens ayant le malheur de traverser l'époque en cause, eût été de déroger à certaines de leurs responsabilités, professionnelles notamment, pour porter secours à autrui. L'irresponsabilité dont je parle consiste à ne supporter aucune identification de soi agie par soi comme capture de soi, elle consiste à préserver quant à soi la marge d'un inattendu (pour le regard des autres), ou encore d'un oubli et d'un déplacement (pour soi).

On peut saisir ce dont il s'agit dans des cas dérisoires : j'aime le hareng pomme à l'huile ; je le commande avec délectation dans les restaurants, mes amis en préparent pour moi lorsqu'ils me reçoivent ; j'agis et je sens de la sorte pendant six à sept ans, de quinze à vingt deux ans ; et puis soudain je bascule, au contraire le hareng pomme à l'huile me dégoûte, je n'en prends plus jamais, je le refuse lorsqu'on me le sert. Ce qui s'est passé à peu à voir, bien sûr, avec un tort objectif du hareng pomme à l'huile : il y a fort à parier que le «contenu de sensation» (gustatif) lié à sa consommation n'a pas changé. C'est seulement ma configuration symbolique générale de l'hédonique qui s'est modifiée, je suis, en bref, totalement coupable de mon basculement. Mais je suis un sujet qui change, et je n'ai aucun compte à rendre dans cette affaire : en basculant, je fais mon métier de sujet, en quelque sorte, je varie arbitrairement. A y bien regarder, les sujets bougent à cet égard dans tout le champ de l'agrément, du «j'adore je déteste», et ils le font constamment. Quelque part, un sujet, c'est un prince inconstant et arbitraire, en matières d'aliments, de jeux, de spectacles, d'amitiés, d'amours, d'opinions politiques. Ces « sautes » ne sont pas d'étranges exceptions au destin subjectif normal, mais elles sont exactement ce à quoi l'on doit s'attendre avec un sujet. Même si chaque fois que je vais à l'heure du déjeuner au café je demande un sandwich gruyère avec une Leffe, le garçon qui me connaît doit me demander confirmation de ma commande à chaque fois, car je pourrais toujours changer, en tant que sujet.

La remarque ne coïncide pas non plus avec l'observation que je suis libre, et donc porteur *a priori* d'une certaine contingence, ni avec celle qui voit en moi un *Dasein*, toujours en proie à la projection vers des possibles.

Pour ce qui est de la liberté : ma versatilité, bien sûr, peut tout à fait être décrite de façon causale. On peut dire que je varie ainsi parce que je suis le jouet d'influences qui me ballottent : on peut dire que je suis une girouette, comme le fait le langage populaire, me déniant ainsi la responsabilité causale de mes variations. Mais ce n'est pas ce qui compte dans l'analyse que je propose : que j'y sois poussé par des tendances plus fortes que moi, ou que je me modifie au bon plaisir de mon libre arbitre, de toute façon il appartient au sens de ce que nous comprenons comme sujet, et à la «tradition» comportementale de la subjectivité, que je mette en avant ma variation comme quelque chose qui ne concerne que moi et sur quoi personne n'a à me demander quoi que ce soit.

Quand quelqu'un fait pression sur moi, à côté de moi, pour me demander de rester tel qu'il m'a connu et assimilé dans son habitude, même si je le lui accorde par affection pour lui (tout cela arrive, fort souvent), dans le fond, je ne peux pas ne pas éprouver que c'est insupportable et penser que c'est indu, il y va de ce que nous vivons et comprenons comme être un sujet.

Confrontons donc plus précisément notre remarque avec la pensée existentielle de Heidegger et de Sartre.

Heidegger, on le sait, dit dans *Sein und Zeit* que pour le *Dasein* il y va de son être, et que cela s'exprime par la « projection » de l'étant *Dasein* vers ses possibles, vers des possibles siens : le simple fait que je forme le syntagme « mes possibles » exprime au fond ce dont il s'agit[1]. Il y a des futurs contingents qui ne sont pas « objectifs » ou « en troisième personne », mais tels que la polarité vers eux exprime *ma* façon d'être concerné par ce que *je* suis. Ou encore : comment je peux être qualifié, c'est quelque chose envers quoi je ne cesse de prendre position par une projection vers des possibles qui n'a même pas besoin d'être intentionnelle. Il me paraît patent que le sens profond de ce que décrit Heidegger est plutôt une responsabilité qu'une irresponsabilité. Si je suis concerné par mon être, cela veut dire que le mouvement fondamental de moi tend à afficher une qualité de moi qui soit ce vers quoi je me projette. L'existentialité me paraît avoir le sens, originellement, d'une assomption. Certes, ma projection actuelle peut m'emporter loin de ce que comme quoi je me suis montré – c'est-à-dire projeté, récursivement – mais il me semble que cet écart n'intervient jamais comme enjeu, sens, « motivation » de mon existentialité. L'enjeu que reconnaît Heidegger, bien qu'il le donne comme toujours recouvert, tendanciellement raté, c'est celui de l'authenticité, c'est-à-dire celui d'une projection qui ne se laisserait pas guider par le dépôt inerte de l'étant sans

1. Jakub Capek commente avec acuité ce point dans *La décision dans le temps*, Lille, ANRT, Thèse à la carte, 2001, p. 109-125.

existentialité. Bien entendu, on peut interpréter cette clause de manière gauchiste-libertaire : un vrai *Dasein* rompt avec le vieux monde, en somme. Mais rompre avec le vieux monde, ce n'est pas rompre avec la ligne de soi. C'est rompre avec ce qui se fait passer pour du soi, alors que c'est de la réalité : c'est rompre avec la réalité comme quoi à tort je m'interprète. Or, selon ce que j'appelle ici structure de l'irresponsabilité, la demande folle de la subjectivité est de pouvoir à tout instant divorcer du contenu choisi par l'ipséité elle-même, de pouvoir démentir l'ipséité comme telle : ce devant quoi je ne veux pas avoir de compte à rendre, c'est moi-même et les autres, c'est le cercle des usagers et des experts en option existentielle dont je fais partie. Le problème que me pose l'option où je me suis stabilisé, ce n'est pas qu'elle soit devenue réale, chosique, inerte, c'est que j'y sois tenu par une loi silencieuse de la liberté « entre les hommes », ou même par une loi silencieuse encore plus primitive de la liberté intime. La volonté de déroger ne répond plus à aucun critère, fût-il formulé en termes d'authenticité ou de liberté, comme je l'ai dit plus haut. Je veux avoir le droit de céder à un automatisme glouton qui me fait grossir et qui est mauvais pour ma santé même si je me sens et me sais moins libre et moins authentique, plus réal en suivant cette option.

Sartre radicalise en un sens la description existentiale de Heidegger en en faisant explicitement une théorie ontologique de la liberté : le pour soi n'est jamais rien que la néantisation, de soi pour commencer. Toute détermination du pour soi comme en soi est toujours déjà fausse. Donc il rejoint donc en un sens notre vue en déclarant que le *pour soi* « est ce qu'il n'est pas » : le *pour soi* apparaît bien comme congénitalement en proie au désaveu de toute déterminabilité de soi. Pourtant, là aussi, la *Stimmung* n'est je crois pas la même. C'est en tant qu'il est constitutivement « arrachement » que le pour soi se désavoue. Il change parce qu'il ne peut pas être, ou se vouloir et *être*. Dans l'irresponsabilité que j'essaie de cerner, il y a l'idée que nous nous stabilisons toujours dans une certaine identité, un certain comportement, lesquels se prévalent, avec quelques raisons – les meilleures possibles à vrai dire –, de correspondre au choix par nous de nous. Dans la problématique sartrienne, une telle stabilisation appellera son « dépassement » par le pour soi comme transcendance non pas parce qu'il souhaite reprendre les billes de son choix, fuir toute détermination comme choisie, mais parce qu'elle sera assimilée à de l'en soi. C'est, au fond, comme chez Heidegger : le motif pour haïr et fuir ce que l'on est consiste en ceci que ce que l'on est se présente comme de la réalité, de l'inertie. Le ressort est, en quelque sorte, une version nouvelle de l'éternel combat du sujet et de l'objet. L'ipséité n'est pas ennemie d'elle-même, ou alors elle ne l'est qu'à mauvais droit, comme aliénée.

D'ailleurs, on peut dire, aussi, globalement, que les descriptions existentiales de Heidegger et de Sartre sont à double entente par rapport au motif de la « novation » : j'ai évoqué tout à l'heure la lecture du « principe d'existentialité » comme principe de rupture avec « le vieux monde ». Chez Sartre, cette lecture est dans une assez large mesure rendue explicite, et le lien entre sa conception du *pour soi* et l'horizon de l'émancipation auquel il adhère est, pour ce que je crois savoir, construit. Il faut en revanche un choix de lecture, il est vrai souvent consenti en France, pour comprendre Heidegger ainsi. Mais dans l'un et l'autre cas, on peut aussi entendre et comprendre que l'homme est fondamentalement déterminé par et comme la trajectoire acquise de lui, et que la modification de soi dans laquelle il peut s'engager avec la meilleure authenticité est nécessairement « prise » dans cet acquis. Cela donne, à la limite, un heideggerianisme insistant sur l'essence traditionale de l'homme, comme celui qu'on a reproché à Gadamer. Mais un discours de type sartrien, comme celui de Marx en fin de compte, se laisse toujours aussi lire comme cela (pour des raisons ontologiques qui remontent à Hegel) : il fait partie de la dynamique fondamentale de l'existence que je m'annonce à moi-même mes possibles par le biais de l'histoire

déposée de moi. Donc, toute cette pensée décrit autant l'homme comme responsable qu'irresponsable : en fait, elle le décrit comme responsable *sur le mode néantisant* de son passé et de son monde. Je propose en revanche de voir en l'homme une irresponsabilité fondamentale vis-à-vis de la tradition de soi, non pas en tant que celle-ci fait réalité, passé fixe, mais en tant que celle-ci fait soi, et fait soi sous une figure inter-subjectivement assumée.
Ultime exemple en faveur de ma notion : le rapport que l'on peut avoir avec une soirée d'ébriété. Le plus souvent, en raison de la classique levée des inhibitions, mais aussi de la dynamique imprévisible des états seconds conjugués, on se « réveille » de ces soirées avec des souvenirs et des non-souvenirs inassimilables. On garde, avec une saillance surprenante, des fragments de ce que l'on a fait et dit avec untel ou une telle qui ne collent pas du tout avec ce que nous croyons et prétendons être ; et on constate que l'on a totalement zappé tel plus long entretien avec un interlocuteur officiellement important pour nous. L'étrange est que ce n'importe quoi du bilan nous fait du bien, nous allège et nous aide à reprendre le fardeau de nous. Démentir la plus sérieuse, la plus authentique et la plus libre des versions de nous que nous sachions concevoir semble pour nous une sorte de besoin originaire. Comme si le plus important était d'affirmer une sorte de « n'importe quoi » de la subjectivité. Ce « n'importe quoi », d'ailleurs, émerge lorsque nous nous essayons à une rétrospective vraiment large et complète de ce que nous avons été et fait. En dépit de cette superlative faculté à tout boucler et raconter dans une « synthèse » que Freud soulignait chez l'analysant, c'est-à-dire je pense le sujet, nous avons aussi un savoir de l'inconsistance de notre prestation « qui n'est pas une répétition » (*no rehearsal*), mais qui n'est pas optimisée ou homogénéisée pour autant.

La transition est facile : on peut aussi tenter de confronter l'irresponsabilité subjective au sens où elle est entendue ici avec

l'image de l'homme promue par les grands maîtres de la psychanalyse, au moins Freud et Lacan.
En un sens, Freud donne une sorte de soubassement théorique à ce que je dis, lorsque, par exemple, il décrit l'inconscient comme ignorant le temps, la contradiction, et lorsqu'il le compare à Rome, la ville où les phases de l'histoire se mélangent, se croisent, se juxtaposent, se superposent plutôt qu'elles ne se supplantent successivement. L'idée de la cohérence subjective, de l'univocité du désir et de sa stabilité appartiendrait donc seulement au système préconscient-conscient dans son pacte illusoire avec la rationalité. La vérité subjective serait celle de l'inconscient, qui renverse tout cela. Mais, justement, cette retraduction ne convient pas, parce qu'elle fait coïncider le phénomène d'irresponsabilité avec celui du retour de la vérité, ce qui est aussi fautif que le faire coïncider avec la non-moralité, comme l'indiquaient nos commentaires tout à l'heure. On ne peut pas identifier la compulsion à trahir toute authenticité choisie et affichée avec l'auto-contradiction où nous jette l'ambivalence, elle-même conséquence de ce que le psychisme n'est pas seulement conscient. Lorsque je me révoque et me fuis, ce que je mets en avant peut fort bien être une construction sans substance et sans authenticité désirante, alors que ce à quoi je tourne le dos serait l'expression d'une formation lourde de mon désir : je peux « tourner la page » sur le mode de l'irresponsabilité d'une manière qui épouse le mouvement du refoulement, au moins dans son épure théorique, et les « motifs » typiques du refoulement peuvent servir de bonnes explications à ce que je fais. Mais ce peut aussi bien être l'inverse : mon irresponsabilité peut se produire comme « retour du refoulé », et renverser quelque chose qui était mon option revendiquée mais qui n'était qu'une construction défensive. Si on pense de façon freudienne, on ne peut guère s'empêcher de décrire et concevoir l'enchaînement des figures du sujet en fonction d'un être et d'une logique du désir, qui qualifient les épisodes, et ne font pas de l'irresponsabilité le principe premier du changement : l'homme

apparaît plutôt comme mû par une nostalgie contradictoire de son désir et de l'objet de ce désir. La vision freudienne rétablit, au fond, la responsabilité, au prix d'en déplacer le centre à distance du foyer de la conscience et de la rationalité.

Que faudrait-il dire quant à notre affaire de la vision apportée par Lacan ? J'en traiterai comme je suis seulement capable de le faire, à partir du *feeling* transmis plutôt que de la saisie claire et assumée d'un schéma théorique explicite, saisie qui me fait défaut. Il me semble, donc, que le sujet lacanien s'évite moins qu'il ne se méconnaît ou qu'il se post-identifie. Ce qui s'appelle *signifiant* chez Lacan est conducteur de renvois structuraux et de renvois rétrospectifs le long d'une chaîne temporalisant le signifiant, et l'ensemble de ces renvois est dit « signifier le sujet » dans son absence et son inconsistance, vicariée par une auto-identification compulsive et leurrée (justement, la « fausse évidence dont le sujet se fait titre à parader de l'existence »). Dans ces conditions, le rapport de conflit qui est pertinent et pensable s'établit entre l'absence et l'infondation radicale du sujet et la détermination qui s'accumule dans l'ordre symbolique, forcément envisagée comme leurre : mais cette description prend toute la place et n'en laisse aucune pour celle du conflit entre une image assumée de soi devant soi et devant les autres et un résidu rebelle avide de démentir une telle assomption.

Je considère que ce bref parcours des enseignements psychanalytiques est suffisant, non pas à rendre compte de ce que la psychanalyse peut dire à propos du sujet, mais à écarter l'éventualité de la congruence de ses leçons avec notre description.

La structure d'irresponsabilité désigne une forme typique de relation au passé : dans la mesure où mon existentialité fait surgir un passé comme identification agie, subjective, anti-naturelle de moi, je suis porté à la rejeter et à la démentir.

Je vais maintenant évoquer une forme typique de la relation au futur : celle de la méta-vie.

Je partirai, pour cela, de l'expérience personnelle qui fut dans cette affaire pour moi l'équivalent du septième pilier de Claudel.

Un soir que je dormais dans la région lilloise, à l'époque où j'enseignais à l'université de Lille III, je me rendais au domicile d'un collègue chez qui nous devions jouer une partie de bridge, nanti du plan qu'il avait dressé pour moi, et bien au fait de ma mission, qui était d'acheter les boissons. Après être sorti au métro *Mairie de Lille*, j'eus rapidement la satisfaction de constater la concordance de la carte et du territoire, et, donc, de trouver avec une facilité déconcertante l'entrée de l'immeuble ou mon collègue avait son appartement. Un bonheur n'arrivant jamais seul, j'aperçus presque immédiatement une grande surface, à proche distance, paraissant attendre l'honneur que j'allais lui faire en y achetant plusieurs bouteilles de vin rouge. Je me suis donc coulé dans l'accomplissement de la tâche : petite marche, traversée de la rue, entrée dans la grande surface, arraisonnement d'un chariot, etc. C'est alors que, soudain, je me suis rendu compte que j'étais passé continûment du plan spatial légué par mon collègue et ami à un plan temporel finement segmenté, dont je suivais chaque étape avec une concentration et un sérieux insensé, ne cessant d'être projeté d'une étape vers la suivante et la suivante de la suivante, constamment rongé par la violente insatisfaction que l'étape courante ne fût pas déjà dépassée. J'avais transformé l'épisode facile et plaisant de la préparation de la soirée en une angoissante épreuve à tiroirs. Le temps qui me séparait de la retrouvaille de mes amis était devenu une colline escarpée, que mon esprit s'attachait à gravir avec tout le sérieux dont il était capable, mais au prix d'une mobilisation d'énergie et de vigilance inouïe. L'inconsistant et le vaporeux de ce qui promettait de passer avec grâce et facilité s'étaient transmués en un étrange plein, foncièrement constitué de redoublement, de représentation, de surcharge intentionnelle.

J'ai pris l'habitude, au cours des nombreux moments où je me suis remémoré cette expérience, où je me suis efforcé de la méditer *a posteriori*, de l'appeler expérience de la *méta-vie*. Je désigne par là l'idée que la vie cesse de se suffire à elle-même, et paraît exiger un redoublement mental qui la fait tenir « à bout d'idée ». Des interlocuteurs philosophes m'ont parfois dit que ce dont je leur parlais, sous ce nom étrange, était seulement la *protention* prévue par Husserl dans sa théorie originaire de la temporalisation (de 1905). Il y a sans nul doute quelque rapport, mais il me semble néanmoins que la protention husserlienne n'est pas chargée du même volontarisme que ma méta-vie. Nous l'imaginons plutôt comme nous échappant à l'instar de la rétention dont elle est la symétrique. Par ailleurs, les notions husserliennes sont simplement phénoménologiques, et n'entrent pas en compétition avec la vie. La méta-vie est quelque chose qui se substitue à la vie. En général, à ce qu'il me semble, le « train des idées » ne se substitue pas à la vie, je vois à l'inverse la série mouvante des vécus, dans nombre de cas, comme ce par quoi passe le vivre dans son allégresse normale. Mais dans le cas de la méta-vie, le « sujet » se trouve pris dans une mobilisation de tout son être, qui se réalise, de fait, par la voie de l'anticipation mentale explicite, représentative, mais qui, et c'est le point important, semble venir, avec une telle systématicité, à la place de la vie.

Postérieurement à cette expérience, il m'est apparu, et je crois en l'occurrence avoir repris une remarque morale familière à la sagesse des nations, que nos vies obéissaient bien souvent au renversement en faveur de la méta-vie, que la méta-vie était un régime usuel, et non pas exceptionnel et pathologique. Le fond de la méta-vie, son concept le plus pertinent, est que dans et par la méta-vie, le futur proche devient ma corvée, passe sous ma responsabilité non pas au sens heidegeriano-sartrien où je l'invente ou le projette, mais au sens où son décours lui-même, une fois qu'il est arrêté, m'incombe. Au sens où son effectuation, son rythme, sa puissance de dévidement et de passage sont à ma charge : au sens où ce futur n'advient que comme mon obéissance à ce qu'il est (à cette image que j'en fréquente, que je m'en suis faite en le projetant, dissipant son absence). Cette obéissance transporte l'encombrant fardeau de son détail d'un bout à l'autre de sa séquence.

Tel serait, donc, le visage de l'existentialité que je voudrais promouvoir. L'existence est partagée entre deux « ek-stases » – baptisons-les provisoirement de ce nom emprunté –, celle de l'irresponsabilité, qui fixe un rapport au passé, et celle de la méta-vie, qui nomme un rapport à l'avenir. Pas de valeur du présent, ponctuel, épais ou séjournant, dans ce compte rendu.

Quel est, pour aller plus loin, l'apport de cette description, spécialement en regard de l'orientation de l'ethanalyse, qui n'est pas *stricto sensu* celle de la phénoménologie, fût-elle existentielle ? On aura remarqué que nos deux *relations à* ne sont pas thématiquement intentionnelles : l'irresponsabilité n'est pas tant la visée du passé comme tel que son refus, le geste de son évitement ou de la rupture avec lui. Cette rupture évalue le passé comme mien plutôt que comme passé, comme figure éthique de ma subjectivité plutôt que comme passé. De même, la méta-vie n'est pas visée du futur comme tel, mais dégradation du processus de ce futur en ma corvée.

Il ne s'agira donc pas, pour nous, d'utiliser une telle analyse pour proposer un nouveau schème philosophique de la « constitution » temporelle. Ce que je décris est plutôt le temps du sujet, dans l'horizon d'une recherche visant le devoir-être qui se cache sous la notion de sujet.

C'est ici que la tâche de compréhension qui est la nôtre me semble particulièrement délicate. Le temps, en effet, apparaît dans ma description, en tant que temps du sujet, comme source d'impérativité en deux sens tout à fait dissymétriques. Du côté du passé, l'impérativité est celle d'une *identification*. Le temps me fait outrage en tant que temps de ma liberté, de mon projet, parce qu'il en résulte une identification authentique de moi, immédiatement éprouvée comme autorité insupportable, prescription de poursuivre intolérable. Du côté du futur, le temps me fait outrage en se montrant toujours comme un inconsistant à l'inconsistance duquel je dois suppléer : je deviens responsable de son couler même, de sa structure « ontologique » en quelque sorte, bien que nous ne parlions ici que de la séquentialité – ou peut-être l'unilinéarité orientée – a *priori* du temps, donc d'une *forme* revenant à l'absence qu'est le futur.

En d'autre termes, du côté du passé, le temps fait de mon identification ce qui me commande, du côté du futur, il fait de sa forme de non-être, qui est toute son identité, ce qui me commande. Ou encore, cette formulation étant trop narrative, le temps vaut génériquement pour moi comme ce qui suscite à l'égard de moi-même la prescription de mon identité comme passé et la charge de son identité structurée comme futur.

Ceci tend à dire que le temps, regardé sous l'angle ethanalytique en tant que temps du sujet, revêt le sens d'un virage de l'être au devoir être, s'affirmant à deux niveaux et de deux façons : ce que nous avons dit du passé montre la cristallisation ontique du sujet en sujet tel ou tel comme faisant impératif par le jeu de l'autorité du passé (ce que je suis, comme passé, est ce que je me suis mandé à moi-même de demeurer) ; ce que nous avons dit du futur montre plutôt l'esquisse formelle ontologique d'un déroulement de l'à venir comme faisant impératif en tant que ce que je dois à la fois remplir et faire passer. Le futur est projection nécessairement formelle s'adressant à ce qui n'est pas, mais le point est que le sujet ne peut pas projeter cette forme sans qu'elle se retourne sur lui comme sa loi, quant à son contenu certes mais plus encore et surtout quant à son effectuation même comme forme au-delà.

Le virage de l'être au devoir-être se laisse donc décrire plus fidèlement comme ceci : le temps, en tant que dimension ou tension orthogonale à l'étant, comme toute la méditation heideggerienne l'a montré, produit une sorte de partage qui « situe » constamment le passé comme déjà passé à l'ontique et le futur comme ne s'annonçant que sur le mode de l'ontologique. Mais dans la signification plus précise de ce que j'appelle temps du sujet, ce passé comme ce futur persécutent le sujet de leur impérativité. A quoi j'ajouterai que, vis-à-vis du commandement du passé, le sujet s'avère génériquement désobéissance (jouant l'irresponsabilité), alors que, vis-à-vis du commandement du futur, il se montre typiquement obéissance (endurant la méta-vie).

Mais pour être pleinement compréhensive de ce que nous sommes en train de remuer, notre analyse doit aller jusqu'à distinguer correctement les trois plans du *temps*, du *temps du sujet* et du *sujet*.

Le *temps*, ici, est considéré comme temps existential. Il n'est donc pas sans rapport avec le sujet. Les formes de la rétention et de la protention, ou de l'ek-stase de l'être-été et de l'à venir, n'ont guère de sens en dehors de l'analytique existentiale, bien que le second Heidegger ait prétendu « retrouver » les trois ek-stases à partir de la pure venue en présence, sans référence au *Dasein* : en fait, cette description tardive présuppose le souci ou le lieu de l'homme comme berger de l'être, le battement profond du *wesen* ne se conçoit pas en dehors de la compréhension d'être. Mais ce n'est pas ce qui nous importe.

Nous considérons ici un niveau ou un moment du *temps du sujet* qui vient en supplément de ce premier niveau du temps simplement ek-statique. En d'autres termes, ce que nous soutenons est qu'il y a un sens spécifique du temps en tant que temps du sujet (au sens de la mission subjective de l'ethanalyse), qui vient surdéterminer le sens simplement ek-statique du temps (concernant le sujet seulement existentiel). La difficulté est de saisir ce que nous essayons de dire par rapport à l'élément mis en vedette par Heidegger et Sartre, et qui est celui de la projection vers les possibles, ou encore celui de l'avoir à être quoi que ce soit que l'on puisse être. Cet élément, en effet, semble bien déjà indiquer une implication essentielle du sujet dans l'intrigue de l'être. Mais cette implication ne coïncide pas avec celle que nous nous efforçons ici de souligner, et la différence correspond au passage d'un temps ek-statique neutre à un temps du sujet. Lorsque le sujet est marqué par eux comme temporalisant, comme apportant en quelque sorte le sens du possible et animant de cette manière la dynamique de temporalisation du temps (le temps se temporalise à partir de l'à venir), Heidegger ou Sartre nous montrent bien déjà le *Dasein* comme fonctionnaire du temps, et comme en charge de lui-même par dessus le marché. Mais pourtant, il n'a pas, dans cette affaire, la charge du temps lui-même comme tel, ni n'entre en rapport avec l'enjeu de la clôture de son identité personnelle. Dans la description ek-statique de base, l'identité et le temps tiennent le rôle de cadres accueillants. Le temps se meuble et l'identité humaine se détermine sous l'opération existentiale, mais le *Dasein* n'est pas en rapport avec eux. Il va vers ses possibles et agit par là l'être qui lui revient comme existence, mais ce qui compte alors est d'un côté de maintenir l'ouverture qui s'appelle ipséité ou liberté, ou de la trahir, de l'autre côté de soutenir la relance du temps comme battement modal, ou bien la perdre, à nouveau. Le sujet n'est en charge de lui-même que par le biais de l'horizon de subjectivation, mais le sens que peut prendre une figure assignable et plausible de sujet ne compte pas. Le temps est concerné comme battement ou explosion à endurer ou à soutenir, mais la contingence de son identité comme passage de sa forme ne surgit pas. Dans notre description en revanche, l'impérativité conjointe de l'identité formelle du temps et de l'identité matérielle du sujet dégagent ces dernières comme enjeux et fondent la strate du *temps du sujet* au sens de l'ethanalyse comme strate distincte.

Mais quelle conclusion pouvons-nous alors tirer en termes du *sujet* lui-même : quel est l'enseignement sur ce que nous avons toujours déjà compris comme le sens de sujet, et que relancent tous ceux qui, poursuivant un destin de sujet, s'inscrivent dans la tradition propre à la région subjective ?

L'enseignement est que le « programme » qui se cache derrière le mot sujet est précisément celui d'une identité temporelle et impérative : faire sujet consiste à manifester une identité en réponse à une tâche de l'identité, à prendre le temps comme temps de son identité et donc égaliser la tâche de son identité à la responsabilité formelle du temps.

Ce que la compulsion de rupture de l'irresponsabilité révèle, c'est que le temps pour le sujet que je suis prend le sens de la manifestation d'une identité qui me commande dans son contenu acquis. Ma rébellion vaut comme le *factum* supra-sensible négatif de l'impérativité de cette identité. Ce que la méta-vie rend flagrant, c'est que le futur tend à valoir seulement pour moi comme futur d'un déploiement structuré de mon identité en tant qu'historique, que son identité devient dans cette interprétation mon identité, et que, finalement, en raison de l'impérativité de mon identité, la forme séquentielle du futur comme son contenu deviennent ma charge. Mais en anticipant de manière douloureuse l'effectuation du temps, c'est en dernière analyse l'obligation d'assumer, de monter une histoire identitaire que je porte.

Or le mode d'identification de l'identité de sujet historique est nécessairement le mode textuel, et c'est ici que nos analyses bouclent sur elles-mêmes et croisent leurs résultats. On peut revenir sur la notion de texte, et, à la question « Qu'est-ce qu'un texte ? », proposer deux nouvelles réponses :

1) D'une part, un texte est une identité subjective étalée, déployée, c'est-à-dire interprétable dans la donne textuelle ; elle est en quelque sorte une de ces cristallisations d'un soi choisi affiché que le sujet, en tant que tel, cherche à fuir, mais qu'il ressent primitivement comme impérative ; le sujet est comme tel toujours en rapport avec au moins un sujet de texte inscrivant pour lui l'impérativité de l'identité.

2) D'autre part, un texte, envisagé du point de vue de sa production, son écriture, est une forme de futur montée par l'homme, la mise en avant par lui d'une séquentialité renseignée de contenus susceptible de valoir comme programme identitaire du temps pour lui ou un autre. Dans mon expérience originaire des courses avant le bridge à Lille, j'avais interposé entre moi et moi-comme-

futur le texte intime d'un programme, constituant du même coup un épisode de mon identité historique et du temps comme temps de mon identité.

En d'autres termes, la relation du sujet et du texte est plus profonde que nous l'avions jusqu'ici laissé entendre. Ce n'est pas seulement que notre ethos comporte l'habitus de prendre les textes pour des sujets, de compter avec les sujets de texte. C'est aussi que le mode textuel du sujet est le mode adéquat par rapport à la clause centrale de l'affaire subjective, à savoir la clause identitaire. Faire sujet, c'est se rapporter à l'identité comme à un impératif, et nouer la tâche de l'identité avec le temps, devenu tâche assumée de façon positive ou négative (négative à l'égard du passé, positive à l'égard du futur). Mais voilà pourquoi faire sujet passe par le texte. Ou encore, le texte apparaît comme exactement la forme susceptible d'accueillir l'intrigue subjective.

L'irresponsabilité met en vedette un principe de variation qui déboute l'impérativité de tout sujet de texte en train de valoir : elle suggère la rupture, l'enchaînement de sujets de textes contradictoires ou pire incommensurables, comme une part de la loi subjective. Au moins et en tout cas, le principe essentiel selon lequel un sujet d'existence donne lieu à une pluralité libre de sujets de texte est éclairé dans sa possibilité et sa légitimité par l'irresponsabilité. En même temps, les textes donnent lieu eux-mêmes à une textualisation d'ordre supérieur, au gré de la fonction interprétative, qui ne s'en tient jamais à une seule échelle. En telle sorte que la réintégration des sujets de texte de chaque existence dans un unique texte englobant en cours de textualisation, qui serait le texte ultime de l'identité, est une perspective constamment pertinente. La mort du sujet consomme le succès de cette perspective, puisque par elle et avec elle, le sujet d'existence paraît s'égaliser au sujet de texte total de l'identité. Mais peut-être l'irresponsabilité subjective, et l'écart du sujet de texte et du sujet d'existence, se maintiennent-ils même après la mort : la persistance du corps se décomposant marquerait encore cet écart, et le caractère multiplement troué du sujet de texte achevé se laisserait lire comme une sorte d'irresponsabilité revenante, permettant se pressentir partout dans l'assomption rétrospective l'effet de divergence subjective. Bien que le sujet n'ait pas cessé, toute sa vie, seconde après seconde, de dire un texte de son identité, trace n'est pas gardée de tout, en sorte que le legs textuel doit être pensé comme discontinu, et du même coup comme recueillant aussi les relances de l'existence entre ses lignes ou entre ses fragments, au lieu d'être le sédiment d'un seul sujet de texte continu.

La méta-vie révèle la textualisation de soi et du futur comme la grande affaire de la subjectivité. Nous produisons constamment le futur et l'histoire identitaire de nous comme un texte, qui encadre la vie dans son programme et n'est pas loin de l'étouffer.

Ce que tout cela veut dire est aussi, bien sûr, est peut-être d'abord que nous ne devons pas prendre l'identité comme quelque chose qui va de soi, nous ne devons pas nous laisser aller au piège de la fausse évidence logique de la notion. Certes, les théories logiques du premier ordre sont volontiers égalitaires, faisant intervenir un symbole équationnel régi par des axiomes bien connus[1] ; et de plus, les modèles de théories égalitaires sont supposés interpréter la relation égalitaire par la diagonale de l'ensemble de base (l'ensemble des couples de la forme (x,x)), en telle sorte de l'égalité se trouve interprétée par l'identité, comme on dit. Certes, la philosophie connaît et commente un principe d'identité qui affirme les propositions de la forme A=A. Mais tout cela ne veut pas du tout dire qu'il aille de soi que le sujet ait à s'afficher comme une identité, que l'enjeu de l'impératif d'identité, si fortement ressenti de nos jours, au point d'être explicité par le

1. On peut prendre, pour information, les axiomes suivants :
A1 : $u = u$ — A2 : $(u = w) \rightarrow (w = u)$ — A3 : $((u = v) \wedge (v = w)) \rightarrow (u = w)$ —
SA1 : $((u_1 = w_1) \wedge \ldots \wedge (u_n = w_n)) \rightarrow (R(u_1, \ldots, u_n) \rightarrow R(w_1, \ldots, w_n))$ —
SA2 : $((u_1 = w_1) \wedge \ldots \wedge (u_n = w_n)) \rightarrow (f(u_1, \ldots, u_n) = f(w_1, \ldots, w_n))$.

commandement « Sois toi-même ! », largement connu de notre époque permissive, soit immédiatement compréhensible. Ce que c'est qu'une identité d'être humain, comment on se la constitue et en quel sens il est obligatoire de s'y attacher, il faut le clarifier, et c'est ce que, dans une large mesure, nous avons essayé ici de faire. L'identité humaine est *a priori* interprétée comme celle d'un texte, c'est-à-dire d'un divers linguistique supportant une cohérence surmontant sa dispersion distribuée. Cette cohérence est par principe exposée à s'accomplir de manière plurielle, elle peut par exemple provenir de simples récurrences sémiques (isotopies), elle peut, à l'autre bout, se réaliser comme la simple cohérence logique (qui correspond, finalement, à une exigence assez faible, un texte peut être déductivement correct et totalement divaguant). On distingue à vrai dire maints autres modes de cohérence, qui sont précisément les modes d'individuation textuelle, et que nous connaissons bien, la langue fournissant des noms pour certains types, comme thèse, lettre, rapport, sonnet, note à l'académie, etc. Assumer l'ethos subjectif, c'est assumer, même si l'on n'écrit jamais une ligne, de se faire, le long d'une suite d'épisodes, une identité, qui aurait à être dite par un texte, identité constamment reprise et modifiée, ne serait-ce qu'en raison de l'effet perpétuellement déplaçant de l'irresponsabilité. La constitution textuelle de l'identité subjective, en même temps, est constamment ouverte sur un horizon d'unification, qui est celui de la textualisation ultime tissant tous les textes des subjectivations assumées et traversées, et les offrant à l'interprétation ultime pour qu'elle en dise la cohérence singulière. Une vie humaine peut-elle passer à côté de cet impératif de l'identité, c'est-à-dire éviter la subjectivation, dans les conditions modernes notamment ? Il est permis d'en douter. La tradition de la subjectivation n'est-elle pas, à la vérité, largement co-extensive au fait historique de l'humanité ? Si l'histoire humaine commence avec l'écriture et la disponibilité matérielle des textes, l'auto-appropriation des vies comme mouvement de conjugaison et de décentrement textuels n'est-elle pas leur régime inévitable depuis cette invention fatale ?

Il y a sans doute une grande orientation de l'humanité, dont des auteurs comme Schopenhauer et Nietzsche seraient les porte-parole – orientation qui reprend peut-être les vues de certaines pensées ou sagesses, spécifiquement du bouddhisme si j'ai bien compris – pour qui, justement, le bon objectif est d'échapper à la subjectivation au sens où je l'entend ici. Pour la perspective à laquelle je pense, il y a une sorte de synonymie mauvaise entre s'accrocher à son présent, se vivre et se concevoir comme distinct du monde, et s'attacher follement à la subjectivation acquise de soi. La mort montre par avance la vanité de cette attitude, et nous devons chercher à nous réconcilier avec la surpuissance indifférente de l'être, avec l'en vain de ce qui insensément se meut et se change pour rien, dont nous ne sommes qu'un humble fragment ou épisode.

A l'opposé de cette orientation, il y a celle qui célèbre la subjectivation, qui prône l'attention pour ainsi dire sacrée à ces textes de vie qui s'accumulent dans leur géniale incommensurabilité interne jusqu'à la fin des personnes : cette autre perspective conduit, comme le disait Daniel Sibony dans un article où il méditait la condition humaine, à voir la mort comme le moment de la signature par le sujet du livre de soi. Il faut bien signer pour publier, disait-il, essayant de réconcilier les auteurs narcissiques que nous sommes tous avec la finitude.

Autre vision qui coïncide avec la perspective ici défendue, ou plutôt qui la rencontre et l'illustre : celle qui, par exemple, fait voir la vie du Juif comme tellement vouée au Livre qu'à la fin de celle-ci le Juif en vient à se distinguer à peine de la *Torah*, son image tendant à se mélanger à celle de l'écrit saint. Levinas décrit le visage, en tant qu'exigeant notre secours d'au-delà du monde, comme « peau à rides », pour nous faire entendre la sensibilité infinie à autrui exposé à la mort qui sous-tend la relation éthique. Une variante serait celle du visage parcheminé que prend celui qui tend à se confondre avec le livre, variante dont on peut poser qu'elle correspond à la seconde valeur d'autrui : il n'est pas seulement le démuni, il est aussi le maître d'enseignement.

l'infinité du sujet

Le portrait ethanalytique du sujet doit aussi réserver une place à la propriété d'infinitude. Mais ce point n'est pas facile à exposer ni à comprendre dans la précision de sa signification. Commençons par la conclusion : il fait normativement partie de la notion de sujet que le sujet ait à être pensé sous l'angle de l'infini. Un tel énoncé déontique ne peut évidemment pas être confondu avec l'énoncé théorique qui dirait que le sujet est infini. On a dit que l'on ne prenait pas sujet comme le nom d'une classe d'étants mais comme un sens. Mais il demeure une ambiguïté ou une bifurcation dans ce sens. D'un côté, il peut être vu comme le sens corrélatif du programme de subjectivation : le sens de sujet est le sens qui est relancé dans toute tentative de subjectivation, c'est-à-dire de rattachement individuel à la « tradition subjective ». D'un autre côté, il peut être vu comme le sens intentionnel de ce qui est pris comme sujet ou d'ordre subjectif dans le monde où la tâche de subjectivation fait sens. La détermination du sujet comme sujet de texte, versée au compte de la sémance du sujet, relève de cette seconde approche : elle décrit de quelle manière, suivant une prescription partagée, nous explicitons le sujet dans notre monde. La détermination du sujet comme assigné à la tâche identitaire, en revanche, renvoie plutôt au premier aspect de la sémance : pour se faire valoir comme sujet dans le monde de la tradition subjective, il incombe de prendre en charge une identité comme sienne. La description de la temporalité subjective, entre irresponsabilité et méta-vie, se situe sans doute entre les deux : dans une certaine mesure, elle expose la tâche de temporalisation dans le contexte de la subjectivation, mais dans une certaine mesure aussi, elle campe le milieu dans lequel le fardeau de l'identité est assumé, milieu qui vaut comme fond pour la prise en vue intentionnelle de l'identité, c'est-à-dire de la subjectivité du sujet. Lorsque je saisis un aspect comme aspect de ce qui fait un sujet le sujet qu'il est, je me le représente comme aspect accablant que l'irresponsabilité veut dissiper, par exemple.

Cette dualité interne à la perspective ethanalytique constitue une difficulté philosophique majeure pour nos analyses : elle a pour conséquence que celles-ci tendent, sans sortir du propos ethanalytique dans la pureté que nous avons cherché à lui définir, à s'égaliser à des analyses transcendantales, auquel cas l'ethanalyse régresse au rang de phénoménologie transcendantale intersubjectiviste. Nous ne prétendons nullement nier ce voisinage, ce brouillage de la distinction, cette récurrence de l'ancienne phénoménologie au cœur du nouveau programme que nous avons voulu lui fixer. Dans une certaine mesure, ce phénomène de superposition à la frontière nous satisfait, il « prouve » à nos yeux que l'ethanalyse exprime une potentialité profonde de l'orientation phénoménologique : or c'est bien ainsi que nous l'avons conçue et voulue. En même temps, cette superposition ou ce voisinage constituent un vrai problème philosophique, qui nous force à une interprétation plus profonde et plus serrée du transcendantal, de l'essence, de la sémance et du sens dans leurs rapports respectifs. Cette interprétation sera sans doute tentée dans un autre ouvrage.

Pour le moment, acceptons comme un fait de notre recherche cette dualité, et revenons au problème de l'infini. Nous n'allons clairement pas dire que le sujet est infini ou plutôt que tout sujet est infini, affirmant en quelque sorte sur le mode ontologique sa possession d'une âme ou d'une parcelle de divinité, bien que notre propos rejoigne à sa manière cette vieille thèse « religieuse ». Mais nous n'allons pas exactement dire non plus que le sujet est tenu de s'infinitiser, que le « programme » de la subjectivité contient le devenir infini.

La thèse est plutôt, pour commencer au moins, qu'envisager les subjectivités, cela signifie entre autres choses les considérer sous l'angle de l'infinité. Le jeu de la subjectivité, comprenons-le et reconnaissons-le, est biface. Il est le jeu pratique du se comporter de façon subjective, et il est le jeu épistémique du reconnaître comme sujet et du décrire et déterminer en leur subjectivité les sujets. En quelque sorte, le jeu subjectif se décline entre le *Je* et le *Il* : le sens de subjectivité que nous partageons, c'est à la fois un sens de ce qui est attendu de qui s'affiche sujet en première personne, et de ce qui est imputé à qui est pris comme sujet en troisième personne.

L'infinité du sujet lui revient au titre de ce second volet (« en troisième personne ») de la sémance. On pourrait évidemment objecter que, les deux volets correspondant à des champs comportementaux et existentiels disjoints, il y aurait lieu de diviser la subjectivité en deux sémances, celle de sujet agi et vécu et celle de sujet reconnu et décrit. Nous avons néanmoins une excellente raison de ne pas le faire, elle nous vient du père de toute cette pensée du hors-être que nous essayons de faire fonctionner dans les recherches ethanalytiques : de Levinas. Le lien entre les deux volets de la sémance, en effet, passe par le troisième volet, qui est celui du sujet en seconde personne, autrui comme détresse, hauteur et commandement.

Il faut en effet, à mon avis, entendre le discours de Levinas comme nous enseignant que la sémance subjective est originairement éthique, que l'élément éthique enveloppe et unifie les trois dimensions de la subjectivité : il y a une normativité concernant le jeu du rôle subjectif, il y a une normativité concernant la reconnaissance et la détermination des sujets, et il y a une normativité non pas concernant le phénomène d'autrui comme tel mais délivrée par lui, ou une normativité qu'autrui fait retentir au lieu de se phénoménaliser. Le sens du sujet en deuxième personne mande le retournement de la problématique de l'être en celle du devoir-être, et c'est donc de lui que provient l'unité de toutes les normativités. En d'autres termes, si c'est un rôle exigeant que celui de sujet, c'est parce que la subjectivation puise à la responsabilité éthique ; si nous reconnaissons et déterminons de façon singulière les sujets, c'est parce que le sens de subjectivité vaut distinctivement en relation avec le sens d'autruicité. Il ne faut pourtant pas entendre cette unité avec trop de force, en faisant comme si les sens concernés étaient les mêmes : ce n'est certainement pas le cas, les prescriptions définissant le programme de la subjectivation et gouvernant la reconnaissance et la détermination des sujets n'enveloppent pas le sens éthique, et il faut qu'il en soit ainsi. On « doit » pouvoir assumer une ligne subjective sans avoir égard à l'éthique, sinon l'éthique ne pourrait pas se produire dans nos existences comme un commandement que nous avons la liberté d'outrepasser. De même reconnaître et déterminer le sujet comme tel ne peut être qu'une activité théorique en son style principal, incommensurable comme telle tout à la fois à la tâche de faire un sujet de soi, et à celle de répondre à la hauteur-détresse du visage. La sémance subjective n'en a pas moins un mode de circulation entre les trois niveaux. Il « faut » aussi, au nom de ce falloir du sens qui est toujours secrètement un devoir, en tant qu'il exprime ce qui est dû pour que nous persévérions dans un usage des mots et des idées sensible à leur demande, que le sujet éthique « point de l'univers où la responsabilité déborde » soit numériquement le même que le sujet en charge de son identité dans le temps bancal de l'irresponsabilité et de la méta-vie, et que le sujet reconnu comme tel dans une théorie bien ajustée à la sémance subjective. Il le faut parce que cela fait justement partie de la sémance subjective : ce que nous comprenons et célébrons sous le nom ou sous le titre de sujet est la notion d'un répondant unique passant de la première à la seconde et à la troisième personne. Le sens de subjectivité n'est pas réservé à la première personne, la région subjective est la région qui accrédite une convergence sémantique entre les trois valeurs du sujet : existentiale-égologique, éthique-hétérologique, théorique-thématique. Ces trois valeurs correspondent à trois enjeux : celui de l'identité, celui de la bonté, et celui de la reconnaissance ou du respect.

Nous devons donc essayer de comprendre dans les trois registres l'infinité en tant qu'elle revient normativement au sujet, sans que ce soit, jamais, sur le mode ontologique.

Ce qui va de soi, ou plutôt ce qui est déjà dit par Levinas, c'est l'interférence de l'infini avec la figure éthique-hétérologique, dans le contexte de l'enjeu de la bonté : autrui est infini comme tel, infini voulant dire ici qu'il excède par la pauvreté de sa demande toute assignation théorique de lui. Autrui, brisant la totalité du monde, introduit le sens d'un au-delà du théoriquement déterminable, d'un au-delà de la thématisation qui se dit optimalement comme autrement qu'être ou hors-être. L'infini est ici infini d'incommensurabilité, infini qui coupe cours à la toujours perfectible récapitulation prédicative de ce qui est. La subjectivité « prend » l'infinité en ce sens : autrui *vaut* comme infini plutôt qu'il n'en est prédiqué. Autrui s'excepte de mon compte rendu de lui parce que je me dois à lui avant, pendant et après tout ce que je peux savoir de lui, et ce devoir me le restitue comme « plus » : comme mystérieusement indemne, inentamé, au-delà de mon emprise pensante, qui tend toujours à déterminer le contenu de mon commerce, de la relation. L'infini d'autrui déjoue la conversion représentationnelle spontanée du commerce avec l'autre homme, à laquelle Levinas prétend au contraire, nous l'avons vu, que l'amour n'échappe jamais.

L'infini opère encore d'une seconde façon dans le registre éthique-hétérologique : ma responsabilité envers autrui va à l'infini. Je ne suis pas seulement l'obligé de rang 1 d'autrui, en termes de ce qui s'impose comme devant combler son manque, mais aussi son obligé de rang 2, en termes du tort que peut lui faire ou du manque où peut le jeter ma responsabilité de rang 1 par sa façon de s'adresser à lui, et ainsi de suite (et l'aggravation de la responsabilité passe aussi bien par les tiers). Remarquons simplement que cette nouvelle infinitisation, elle non plus, n'est pas actuelle, ne tend pas à inclure dans l'Être quelque chose qui contreviendrait à sa finitude, ou, pour parler de façon plus neutre, qui déciderait d'une infinitude forcément métaphysique. Elle dit simplement que plus je donne plus je dois : que ma responsabilité se creuse et que le jeu ou le mouvement de mon oblation ne secrète aucune résolution.

De là, nous devons passer aux deux autres registres, existentiel-égologique et théorique-thématique. Je prendrai en cette occasion l'exemple, favorable pour moi, d'un colloque au Brésil. Ce colloque, disons que j'y ai été invité, et que je me rends là bas, découvrant à la fois un ensemble de personnes et un monde de la vie humaine. Il me semble qu'on peut énoncer au sujet d'un tel épisode un ensemble d'exigences que nous comprenons tous sans peine :

1) Mon séjour d'une semaine à Rio de Janeiro ne pourra pas être seulement passage instrumental d'un individu par la forme organisationnelle liée au colloque (l'hôtel, la nourriture, les transports urbains, etc.). Je me dois de visiter la ville ou sens fort, et le pays au-delà d'elle, et l'histoire au-delà du pays, et la culture au-delà de cette histoire. Je dois comprendre le rapport au corps des brésiliens, le choc des riches et des pauvres, la spécificité de la musique *chorigno*, le ruissellement de l'imagerie et de l'espérance chrétienne sur la ville, et mille autres choses qui n'entrent pas dans le répertoire fini des maigres souvenirs que je garde encore aujourd'hui. On ne peut pas fixer une limite raisonnable à la prise de connaissance du pays à laquelle on est tenu en venant le visiter. Quelqu'un qui dirait « Une fois glanées trente informations, je ferme mes conduits d'écoute, et je cesse d'accueillir le Brésil » ne jouerait pas le jeu humain de la visite, même dans le cadre d'un colloque. On suppose plutôt que l'oreille de la reconnaissance restera constamment vigilante, et que tout ce qu'elle aura effectivement entendu sera comme entouré d'un halo d'approfondissements et de ramifications envoyant vers l'infini de ce qui peut être entendu.

2) Mon rapport au thème du colloque « Éthiques de la finitude chez Arendt, Heidegger et Levinas » ne peut pas non plus être *a priori* limité à un croisement conceptuel de ce sujet avec mes recherches déjà acquises, donnant lieu à une mise au point où, à la limite, je ne sors pas de ce que je pensais déjà savoir. Je dois, en principe, me mettre à l'écoute du sujet en tant qu'il ouvre sur une diversité illimitée d'éléments inaperçus, inconnus de moi jusqu'à présent. Je suis fondé à y trouver la raison suffisante de la lecture ou relecture intégrale des œuvres des trois auteurs, d'une enquête d'histoire de la philosophie sur le motif de la finitude, dont personne ne sait jusqu'où elle peut me mener, etc. Quelqu'un qui fixe *a priori* de façon raisonnablement limitative le voyage qui m'incombe afin de m'affecter du souci que met en exergue le titre du colloque, dit sans nul doute quelque chose de plausible et de pragmatique, mais il dégrade l'idée que nous nous faisons de la prise de contact approfondie avec un sujet. Idée qui va continuer de nous gouverner, ou du moins qui devrait en principe le faire de notre propre aveu, pendant les échanges intellectuels du Colloque, dont une des fonctions est de nous rappeler de façon concrète cet horizon d'infinitisation : chaque conversation, on peut le prévoir, va nous montrer vivant en l'un des intervenants un approfondissement qui était à notre charge.
3) Vivre un colloque, c'est aussi rencontrer des gens. En principe, chacune de ces rencontres ouvre un nouvel horizon d'infinitisation. Vraiment rencontrer cette collègue avec qui j'ai un centre d'intérêt commun, cela veut dire commencer d'apprendre en profondeur quelle sorte de penseur elle est, comment les choses se disposent et s'enchaînent pour elle, sentir son style, appréhender les acquis cardinaux de sa recherche, lire ce qu'elle a écrit, voir les lignes de fuite qui, à partir de ce qui nous est commun, orientent vers ce qui est sien et pas mien. La rencontre est normativement ouverte sur un horizon d'infinitisation qui, cette fois, est par principe libre du cadre du colloque, qui ne se doit pas au thème de ce dernier. Mais cette rencontre doit être aussi

humaine et pas seulement intellectuelle, il n'est pas humain de rencontrer un(une) intellectuelle seulement au niveau intellectuel : j'ai en principe aussi à jeter un regard sur la sorte d'expérience politique, existentielle qui est la sienne, à esquisser l'ajustement à l'autre qui s'appelle amitié et qui invite à un autre ordre d'approfondissement infini.

4) La suite des jours du colloque ne doit pas être vécue comme finie. Il en va avec une phase symbolique élue de la vie comme avec la vie elle-même, je ne dois jamais la vivre en fonction du peu qu'elle sera, du limité qu'elle ne peut pas en fin de compte ne pas être. Le Jeudi, quatrième jour du colloque et veille de sa clôture, je dois avoir le sentiment qu'un infini colloquial reste à vivre, que l'atmosphère d'ensemble peut changer un nombre indéfini de fois, que des événements de pensée en nombre arbitraire peuvent survenir. Je dois me représenter la chose colloquiale comme toujours ouverte, et cela veut dire ouverte sur un infini : si nous voyons la finitude de ce qui peut se loger dans le temps à venir, si nous la supervisons, il n'y a plus d'ouverture. Certes, cette infinitisation ne peut pas s'*effectuer*, nous ne la vivons que sur le mode d'une expérience entrelacée et congruente de l'indéfini et de l'ouverture, mais telle est précisément la trace « psychologique » en nous de l'infini, cela suffit à produire pour nous le sens de l'infini comme bon cadre d'appréhension de la chose colloquiale.

5) Les affects nés du colloque ne doivent pas mourir, ils ne doivent pas disparaître par la force de la distance, de la non rencontre, de l'effacement mémoriel. Toutes les histoires affectives doivent continuer toujours. Il y a une sorte de crime dans le fait d'oublier ce couple de jeunes étudiants avec qui le courant a passé si fort, qui étaient tellement avec vous et votre épouse pour les caipirinhas des soirées ou les ballades le long de l'océan de *Copacabana*. Et ce, bien que tout le suggère, bien que tout y invite, bien que l'inattaquable analyse des régularités humaines le prédise.

Ces quelques remarques, auxquelles on pourrait en ajouter beaucoup d'autres (infiniment, bien sûr...) sont supposées faire entendre, si elles suscitent l'adhésion identificatoire espérée, que la façon humaine de regarder les circonstances humaines est l'infinitisation, la mise en scène comme infini, avec les moyens finis qui sont les nôtres. La finitude humaine, ce n'est pas la non-relation commode avec l'infini, c'est toujours devoir l'infini, et ne jamais pouvoir lui satisfaire que suivant nos voies finies.

A l'issue de cette description, quelque chose apparaît donc avec une clarté aveuglante : l'infinitisation que nous venons d'évoquer concerne tout ensemble les deux registres non encore couverts, l'existential-égologique et le théorique-thématique. Dans ce qui précède, nous avons caractérisé, en effet, tout à la fois une manière de prendre en charge l'événement du colloque dans une vie, de « textualiser » son existence colloquiale, et une manière d'envisager les sujets qui interviennent dans cet événement. Nous avons même, finalement, à l'intérieur de la dernière rubrique, rejoint le registre éthique-hétérologique : dans le cas du couple d'étudiants, le devoir d'infinitiser le colloque coïncide avec leur approche comme visage, avec l'interdiction de les oublier. Nous trouvons donc en la matière une nouvelle justification de notre abord unitaire de l'ethanalyse du sujet. Il y a bien dans cette affaire un unique et même sens de sujet qui commande la région subjective. Faire advenir dans le monde une sphère de la subjectivité, c'est un programme qui s'adresse par nature à trois registres, qui se détermine solidairement comme une certaine exigence de relation à soi des sujets, comme une certaine manière de thématiser les sujets, et comme une certaine manière des les accueillir en tant que demande inconditionnelle. L'infini explicité par Levinas dans ce troisième registre rejaillit sur les deux autres. A le lire, on a certes le sentiment que l'infini de l'obligation envers autrui est ce qui vient à la place de la reconnaissance d'autrui comme ceci ou cela, de la « thématisation » d'autrui. Mais cet enseignement ne peut pas limiter la responsabilité hors du domaine de la thématisation, en raison même du creusement « à l'infini » ou « vers l'infini » qui en est un trait majeur : je ne peux pas ne pas être responsable aussi vis-à-vis d'autrui de comment je le thématise, je me trouve nécessairement embarqué par l'éthique dans une nouvelle façon de connaître, régie par le principe d'ouverture infinitisante autant que par le principe adéquationniste. Je dois thématiser le sujet en termes de l'ouverture infinie du possible, sinon je m'en rends maître, d'un côté, je ne le laisse pas valoir comme mon maître d'enseignement, de l'autre. Bien entendu, ceci veut dire aussi, en un sens, ne pas adopter l'attitude thématisante et théorique stricto sensu : si l'on fonctionne dans le registre de la connaissance standard, on n'est pas tenu de laisser surgir toujours un supplément à déterminer du côté de l'objet, on ne fixe pas *a priori* ce que l'on est en train de découvrir de manière connaissante comme chargé du possible d'une nouvelle manifestation ouvrant de nouvelles dimensions, où viendront se situer de nouveaux éléments à entendre et à comprendre. En d'autres termes, cette connaissance déterminative des sujets selon un impératif d'infinitisation peut être qualifiée de pseudo-connaissance, refusant la dégradation du sujet en objet, et lui re-donnant toujours la parole comme dans un dialogue. A quoi l'on ajoutera alors, pour compliquer encore les choses, que ce modèle infinitisant n'est en vérité jamais expulsé de l'attitude théorique stricte, de la science pour être explicite : c'est en un sens ce que j'ai plaidé avec beaucoup d'insistance dans mes premiers travaux [1].

Mais, quoi qu'il y ait à dire de légitime à ce sujet, je ne pense pas néanmoins que ces modalités du « retour » de l'infinitisation dans le discours et la démarche de science rendent ceux-ci similaires à la connaissance « infinitisante » des sujets. L'infini, dans le cas scientifique, n'est pas l'infini de l'objet lui-même,

1. Cf. *L'herméneutique formelle*, Paris, Editions du CNRS, 1991 et *Le temps du sens*, Orléans, Editions Hyx, 1997.

mais d'un cadre mathématiquement interprété de la présentation des phénomènes, il est logé, pour faire bref, dans un sens intentionnel intervenant directement ou indirectement dans l'attitude objectivante. Et même si l'infini se dit de l'objet parce qu'il s'agit de la mathématique, il faut distinguer en principe l'indéfinie ouverture de la question de cet infini du sens infinitaire de l'infini en cause : l'infini qui affecte le continu selon l'enseignement de l'herméneutique du continu ne coïncide nullement avec l'infini de l'indéfinie ouverture de l'herméneutique du continu. Dans le cas de la thématisation du sujet conformément au sens partagé de la chose subjective, c'est en revanche ce qui se produit : l'infini sous l'angle duquel nous avons à voir les sujets coïncide avec ce que déploient les modalités concrètes de réouverture de l'investigation de ces sujets. C'est uniquement dans la mesure où nous ne nous arrêterons jamais à un dossier complet de qui que ce soit, mais susciterons toujours la nouvelle perspective, en la laissant s'imposer à nous comme enseignement du sujet en cause, que ledit sujet vaut thématiquement comme infini, ainsi que le jeu partagé de la subjectivité le requiert.

On peut essayer d'ajouter encore une remarque, qui s'efforce de distinguer dans cette affaire l'infini tel qu'il revient au registre existential-égologique et tel qu'il revient au registre théorique-thématique. En m'appuyant sur le colloque, ce que j'ai surtout présenté, c'est la façon dont j'expérimente comme exigeant d'être pris sous la perspective de l'infini le colloque et son sujet, le Brésil et les brésiliens, les collègues participant au colloque, etc. L'accent principal se situe à ce niveau, celui de la fréquentation thématisante de tout ce qui a trait à une entreprise humaine, mettant en piste des sujets : ce ne sont pas seulement les sujets en cause eux-mêmes qu'il faut prendre sous l'angle infinitaire, c'est aussi l'ensemble des éléments de culture, de symbolique, d'institution, ainsi que le monde artefactuel qui gravitent autour des sujets auteurs et acteurs de l'entreprise. Mais en même temps, cet impératif infinitisant revient vers moi, vers le sujet que je suis : je ne puis satisfaire à la demande de voir sous l'angle de l'infini la constellation humaine et spirituelle du colloque si je ne me laisse pas infinitiser suivant les voies de mon enquête dévoilante : c'est en moi, dans la connaissance que je vais acquérir et savoir restituer, que « résidera » l'esquisse de l'infini en cause. Et je suis par avance responsable du succès, de l'effet de conviction s'attachant au « rapport » que je suis capable de faire sur les choses humaines, sur les choses incluant des sujets : c'est de moi que dépend qu'elles vaillent comme il se doit comme infinies, ou non. En telle sorte que si je ne montre pas moi-même emporté dans un mouvement d'enrichissement indéfini et illimité, je n'ai pas satisfait à l'impératif du jeu subjectif : l'infini qui revient sur le mode thématique aux sujets et à leurs affaires ne peut donc éviter d'être aussi l'infini que je manifeste comme infini de ma sensibilité, de mon ouverture compréhensive, de mon invention illimitée de la profondeur et la richesse des sujets.

Dans l'ordre existential-égologique, il y a aussi une modalité de l'infini d'un autre ordre, déjà plus ou moins évoquée ici dans la longue discussion qui a été menée sur la temporalisation propre au jeu subjectif. Par exemple, le mode de l'irresponsabilité, caractéristique de la relation d'un sujet à son passé en tant qu'identifiant, signifie à l'évidence la revendication de l'infini : l'infini a aussi, dans l'affaire subjective, le statut de ce que je revendique contre l'ordre des objectivations. L'objectivation du sujet que je suis, sa réduction à un dossier, se produisent en effet constamment et nécessairement, de mon propre aveu, lors de mon retour sur ce que j'ai choisi et affiché. Je ne peux que me heurter à ce que j'ai choisi de moi : je n'ai pu le choisir sans arrêter ma déterminabilité à la distinctivité de ce pour quoi j'optais plutôt que pour toute alternative, distinctivité qui se révèle à moi comme limitation insupportable, à la fois par l'entremise de ma mémoire et par celle des attentes des autres. En revendiquant le droit de démentir et trahir tout acquis du sérieux de mon moi libre, je revendique l'infini pour moi, sous la forme impuissante et prisonnière de la négation toujours réactivée du fini que je ne cesse d'être en l'affichant et le produisant.

Peut-on analyser de façon similaire la relation au futur, caractérisée par la figure de la méta-vie ? Je pense que oui. La méta-vie est la prise en charge du futur dans sa forme et dans son contenu, qui en viennent à incomber au travail phénoménologique de la conscience intime. Mais le futur, il est banal de l'observer, est en principe ce par quoi le nouveau advient au monde vécu. Une signification de la méta-vie est que, par sa mise en œuvre, le sujet fait du renouvellement de son identité, dont il a la charge en tant qu'il lui incombe de se manifester comme une identité, quelque chose qui serait totalement sous son contrôle représentationnel. Une telle prise de contrôle équivaut au malheur, elle est invivable, et paraît porter tort à un aspect essentiel du sens de la nouveauté : celui de la surprise, de la contingence, de ce à quoi il faut faire accueil plutôt que le produire en l'épelant. Néanmoins la structure de la méta-vie, faisant du futur pour le sujet quelque chose qu'il doit conduire, l'engage *a priori* dans un rapport au nouveau qui passe par la forme de la *construction*, mode qui donne sens à une certaine infinitisation. Depuis mon fort intérieur je prolonge les lignes de ma vie suivant des opérations qui ouvrent des temps illimités de novation. Dans la méta-vie aussi, donc, je témoigne d'une relation originaire de la subjectivité vécue à l'infini comme infinitisation.

Il est sûr que l'infini en question ne s'accorde pas bien *a priori* avec le sens lévinasien de l'infini éthique, et, d'une manière générale, il ne faut pas avoir une vue irénique du concernement du sujet par l'infini, ce n'est pas une affaire uniformément rose, ni une affaire non-conflictuelle, les divers modes (l'existential-égologique, le théorique-thématique et l'éthique-hétérologique) peuvent entrer en compétition, ou en tout cas donner lieu à une tension[1].

Le point qui nous importait dans ce paragraphe était seulement d'expliquer pourquoi le sujet, dans tout ce qui le concerne, appelle une considération sous l'angle de l'infini : il en va ainsi pour des raisons qui sont liées au sens que nous avons investi et partageons dans la tradition de la subjectivité, sans que cela contredise jamais un certain finitisme ontologique, rationnellement inévitable. Ce que nous appelons infini est chose que nous ne pouvons jamais attester comme étant, *par définition*.

l'action du sujet

Reste à tenter de compléter la fresque proposée en parlant de la dynamique qui habite le sujet, qui passe en tout cas pour l'habiter, et qui est, en principe, celle de l'action. Cette action étant généralement supposée, c'est un volet pris en charge par la philosophie depuis longtemps en tout cas, pouvoir être l'action libre, l'action de la liberté.

Mais il faut commencer par une mise en garde. Ce qui vient maintenant ne relève pas à proprement parler de l'ethanalyse, même si le discours tenu est réglé sur un regard ethanalytique. Je vais essayer, tout simplement, de reprendre de manière synthétique, dans le présent exposé, ce que j'ai dégagé dans mon ouvrage de 2000 consacré à l'action[2]. En principe, les analyses conduites se situaient alors à un niveau simplement transcendantal : il

1. Il y a aussi une infinitisation proprement éthique du sujet, décrite dans son principe par l'ouvrage *Autrement qu'être* de Levinas. Comme sujet anarchiquement voué à l'éthique, je suis appelé à la reponsabilité pour autrui d'une manière qui dénie tout replis nodal de mon identité, qui interdit la reconnaissance d'un jardin secret de l'économie identitaire. Cela signifie en particulier que je ne peux jamais m'afficher comme sans ressources pour le service d'autrui, que je vaux toujours comme disposant de fonds dans lesquels puiser : ce qui est littéralement une façon de compter comme infini.

2. *Cf.* J.-M. Salanskis, *Modèles et pensées de l'action*, Paris, L'Harmattan, 2000.

s'agissait de dépeindre sous quel schème absolument général des actions pouvaient être identifiées, conformément à quelle forme et dans quel cadre une part de réalité pouvait être épinglée comme action. Et non pas d'envisager le mot *action* comme un sollicitant, symptomatique d'un sens, affecté à une région. Dans ce livre, je ne me penchais pas sur une tradition ou un *ethos* de l'action, dont il y aurait à expliciter les directives implicites.

Ce que je vais faire ici, dans un premier temps, c'est m'efforcer de présenter les actions relevant des trois modes distingués alors en tant qu'*actions du sujet*, au sens où l'ethos subjectif vient d'être défini. L'hypothèse encadrante est que nous tenons peut-être là un cas où une prestation objectivante, virtuellement scientifique, s'articule à un *ethos*, symptomatique d'une région de sens. Toute connaissance de l'action qui veut être compréhension de l'action du sujet doit avoir égard au sujet, mais celui-ci dans un tel contexte tend à être pris comme un sens et pas comme le nom d'une classe d'objets. D'où la nécessaire articulation d'un découpage transcendantal avec l'ethanalyse du sujet.

Le point de départ du livre en cause est ce que l'on y dénomme la *définition générale* de l'action : une action est une *impulsion résultative* (ce qui, rappelons le, signifie qu'il y a continuité de l'impulsion au résultat, de l'acte à l'action) *en laquelle un suppôt s'implique et se rassemble*. La définition est supposée exprimer ce que nous exigeons *a priori* pour reconnaître quelque procès comme action. Elle dit une forme suivant laquelle est attendu le divers rencontré dans l'expérience afin que son multiple se laisse qualifier d'action. Elle prescrit une réception présentative et représentative de l'étant, au lieu d'expliciter, comme une sémance dégagée par l'ethanalyse, des modes de relance d'un sens conformément à sa loi ou sa tradition.

Dans un tel contexte, l'action est identifiée comme action du sujet à travers la référence qu'elle fait à un « suppôt », qui s'implique et se rassemble en l'impulsion résultative qu'elle est. Le livre envisage que le suppôt puisse être déterminé de plusieurs manières : au moins comme corps ou comme conscience, par exemple.

Du point de vue ethanalytique en revanche, la tâche subjective est l'identité. Il semble donc qu'une action ne puisse être considérée comme action du sujet que si elle s'inscrit dans la mouvante histoire de l'identité, que si elle vaut comme épisode, enregistrement, mode de transformation de l'identité. Regardons d'un peu plus près ce qui peut être dit à cet égard dans le contexte de chacun des trois modèles, constructions théoriques de l'action satisfaisant la définition générale envisagée dans le livre.

Référons nous d'abord à la *version dynamique de l'action* : l'action est la stabilisation d'un système dynamique en un attracteur, sous réserve que l'on puisse considérer que le milieu de la dynamique est l'homme suppôt de l'action, qu'il est psychologique ou neurophysiologique notamment, comme on essaie de le plaider en sciences cognitives morphodynamiques. Dans le livre même, je discute quelque peu ce modèle, en évaluant ce qu'il en est des critères de l'implication et du rassemblement : peut-on réellement soutenir, lorsqu'on se donne une image dynamique de l'action, que le suppôt s'implique et se rassemble en l'action ?

Il semble bien que, pour être pris comme le milieu de l'action, le suppôt doive être déjà donné dans son unité. Sauf si l'on dit que la « qualification » acquise par la stabilisation en un attracteur identifie le suppôt sous cette qualité et le rassemble sous et derrière l'aspect acquis (on dira ainsi que mon système psychique me rassemble sous la bannière de la colère, si *colère* est le nom correspondant à l'attracteur où je suis tombé). Même si une telle manière de parler a du sens, il ne lui vient pas du seul modèle dynamique, c'est clair. Si on passe du cerveau au corps, les actions peuvent être vues comme les épisodes dynamiques ayant dégagé un résultat, un achèvement topologique du processus qu'ils étaient. Une blessure est de ce type. La pénétration d'un glaive dans le corps se laisse lire comme une évolution dynamique qui, d'une certaine manière, se dépose dans la topologie de la blessure, marquée sur le corps. A nouveau, on peut concevoir ces épisodes comme occasions de rassemblement, et comme identifications du corps sous un aspect. Le rassemblement est subjectivement vrai dans la douleur : toute ma psychologie passe dans le processus en tant que la douleur le redouble et me l'annonce, en particulier la douleur me projette dans le lieu de mon corps où elle agit. Pareillement je peux dire que la blessure passe dans l'identité du corps-suppôt, que la balafre ou la claudication se constituent, comme un aspect de lui. De telles considérations, qu'il s'agisse du corps ou du cerveau, me paraissent en fait présupposer un texte des épisodes mentaux ou un texte des blessures : on pense la psychè ou le corps comme recueil d'épisodes, de cas de stabilisation, comme englobant textuel où s'affichent les stabilisations encourues.

Pour ce qui concerne l'impulsion, l'analyse du processus comme dynamique dégage en un sens une impulsion, qui réside dans le champ de vecteur, spécialement considéré au point où la trajectoire s'amorce dans le plan de saisie qui est le nôtre. Soit je pense pouvoir associer ce point avec le *fiat* de la volonté, reconnaissant celle-ci, ou l'agent, comme observatoire privilégié, soit l'*initium* de la trajectoire dynamique n'est déterminé que relativement à un observateur (en général externe) de l'action. Dans le premier cas, se pose alors la question de savoir dans quel cadre je prends connaissance du *fiat* comme tel : ne dois-je pas renvoyer à une délibération du sujet, qui elle-même ne peut qu'appartenir au discours intime, c'est-à-dire à un texte ? Dans le second cas, l'action paraît cesser d'en être une, parce que ce n'est pas à proprement parler le suppôt qui s'implique, on ne sait pas définir une fonction, agissant sur la dispersion que le suppôt est déjà et procédant de lui, pour l'envoyer sur une date et un lieu d'entrée dans la dynamique.

Considérons maintenant le second modèle, celui de l'*acte de langage*. L'impulsion est l'énonciation, et le résultat est l'énoncé dans sa valeur illocutoire. L'implication et le rassemblement consistent dans l'enrôlement du sujet en faveur de la mission que lui donne le scénario illocutoire, et dans l'identification à un tel rôle, sous le visage duquel il assume de se présenter, auquel il veut bien se réduire, rassemblant tout ce qu'il est dans l'image correspondante. L'élément d'implication, cette fois, apparaît clairement parce que la notion d'acte de langage est éthique, elle enveloppe celle d'une implication au sens de la responsabilité (infiniment susceptible d'être trahie, cela dit). Qui est le suppôt dans cette affaire ? C'est le sujet envisagé au sens des micro-sociétés dessinées par les contrats illocutoires, micro-sociétés dans lesquelles il peut s'engager. Le sujet se rassemble avec plus que lui-même : non seulement il engage ce qu'il est dans le rôle, mais il entre dans le rassemblement dramaturgique du lien de l'illocutoire (formant une micro-société avec le destinataire de son ordre ou de sa promesse, par exemple).

Y a-t-il une conception de l'identité du sujet que je puisse associer à cette vision de l'action ? Il faut imaginer que le sujet constitue une identité comme enfilade de rôles, qui à chaque fois le rassemblent en lui-même et avec les partenaires de la pièce jouée. L'identité apparaît alors comme un texte théâtral, et pas un texte épique comme tout à l'heure : le drame identitaire enchaîne des mondes sociaux et des figures pour le sujet en ces mondes, au gré de la précipitation de ces mondes par le truchement des actes de langage.

J'en arrive au troisième modèle, celui de la construction mathématique. La façon dont l'impulsion est continue avec son résultat, dans ce nouveau cas, tient dans l'arbre que l'on peut toujours dresser pour récapituler une construction suivant les règles, en affichant les éléments de base auxquels on a eu recours et en symbolisant par l'arche d'un nœud et de ses fils chaque application de règle de fabrication : le label de la règle étiquette le nœud dominant, et les sous-arbres des objets déjà constitués sur lesquels agit la règle se rattachent aux arêtes qui descendent depuis ce nœud. L'arbre retraçant ainsi la fabrication est à la fois l'exposition de l'objet finalement construit dans la structure que lui imprime l'historique de sa construction et, comme récapitulation des règles librement sélectionnées pour être mises en œuvre à chaque étape, l'affichage de la séquence d'impulsions sédimentée dans cet objet. L'impulsion comme choix et activation de règle et le résultat comme construit structuré sont donc co-présentés d'une manière qui révèle leur entrelacement essentiel dans la « construction » mathématique envisagée comme mode de l'action.

Comment cette action est action de sujet, encore une fois, doit se comprendre et s'analyser au niveau de la façon dont, dans cette action, un suppôt s'implique et se rassemble. Dans le livre, je suggère que toute construction superpose et assimile trois niveaux auxquels on peut l'envisager, la saisir : le niveau *noétique* des actes mentaux de sélection-activation de règles et de prise en vue des éléments symboliques pertinents, le niveau *discursif* des énoncés successifs en lesquels la construction peut se déposer et se formuler, et le niveau *scriptural* de l'inscription et l'exposition publique de l'arbre suivant les règles de notation. Les règles sont, au premier niveau, règles mentales, au second, règles d'inférence, et au troisième, règles d'écriture.

Le comportement constructif est le *comportement formel* de base, celui qui s'implique dans toute activité de langage en tant qu'elle est pour une part activité formelle, et dans toute activité logique ou mathématique bien évidemment. Dans et par les actions de type constructif se déploient des espèces très particulières de textes qui sont les textes formels, secrètement arbres d'arbres (arbres déductifs d'arbres formulaires, par exemple), mais que nous présentons usuellement comme des textes bilinéaires semblables aux autres. Une subjectivité de texte spécifique est donc très clairement mise en œuvre par ce type d'action. La question est évidemment de savoir en quel sens l'enjeu de la production textuelle formelle pourrait être rattachée à l'identité du sujet, à l'affaire de l'identité du sujet. Pouvons-nous considérer en un sens quelconque, en d'autres termes, que développer des textes formels est manière pour le sujet de travailler à sa tâche identitaire ?

On le peut, mais uniquement par délégation à une instance subjective spécifique. Dans la relation à certaines questions gouvernant une région du champ logico-mathématique, comme je l'explique dans *L'herméneutique formelle* [1], les textes formels écrits prennent le sens d'un témoignage au sein de la relation historiale-herméneutique à l'énigme. On peut donc considérer, par exemple, que les écrits de Dedekind et de Cantor sont à placer dans l'histoire herméneutique du continu, et que, donc, dans ces textes, se poursuit, se corrige, se reprend, se réinterprète une identité qui serait celle de l'investigation pensante du continu, de la pensée du continu. En fin de compte tel est bien notre seul résultat : les textes de la construction peuvent être versés au compte des identités de la pensée, il sont des textes jalonnant certaines des identités de la pensée. On arrive à dire métaphoriquement que l'identité de la pensée du continu est en un sens en charge d'elle même dans et au travers de l'herméneutique du continu. Mais tout ce langage est déplacé. L'identité de la pensée du continu n'est pas directement ce qui prescrit son remaniement et son élaboration, c'est l'énigme du continu qui gouverne l'herméneutique du continu. C'est en cela que la situation de la mathématique, en dépit de la liberté littéraire qui est celle de cette discipline non empirique, diffère profondément de la situation artiste, s'il est vrai que l'expression artistique peut avec quelque plausibilité passer pour un enjeu de l'itinéraire et de l'action esthétiques. L'identité de la pensée n'est pas directement la tâche du sujet de pensée que l'on peut introduire, c'est du côté de l'énigme et pas des versions de l'énigme que ce situe en droit ce qui est à interpréter.

1. *Cf.* J.-M. Salanskis, *L'herméneutique formelle*, Paris, Editions du CNRS, 1991.

Le rapport de l'action comme construction avec la tâche de l'identité, ethanalytiquement caractéristique du sujet, se laisse en revanche bien localiser et saisir si nous envisageons la textualité comme toujours « au fond » formelle, donc constructive : c'est en substance la perspective offerte originellement par la grammaire générative, qui envisageait toutes les phrases grammaticalement correctes de toutes les langues comme des constructions au sens évoqué ici (les variantes vernaculaires résultant de stocks de symboles terminaux différents et de spécifications du schème de la grammaire universelle).

De ce point de vue, si la tâche de l'identité s'accomplit toujours en mode textuel, et si le texte, comme texte linguistique ou *comme si* linguistique, en passe toujours par un usage « constructif » du symbole, l'identité de sujet se met toujours en œuvre en un sens et à un niveau comme *construction*, en telle sorte que toute action de sujet, fût-elle action dynamique ou acte de langage, est pour une part construction. Ce que l'on pourrait encore dire en profitant des mots en affirmant que toute action est comme action de sujet assomption de la tâche identitaire se laissant nommer *construction de soi*.

Rien n'interdit alors de rattacher une telle conclusion à l'enseignement de la psychanalyse, fût-ce celui de la psychanalyse lacanienne, dont l'anti-subjectivisme jure *a priori* avec cette formule de la construction de soi : n'envisage-t-elle pas en effet quelque chose comme l'accumulation inconsciente d'un chiffre du sujet, et ce suivant une trame formelle et textuelle ?

Du point de vue du présent ouvrage, qui s'achève ici, l'important est de voir comment se pose le problème de la pensée d'une action comme action du sujet (et pas seulement de l'agent), dans le contexte de chacune des trois illustrations théoriques de la notion transcendantale d'action : il faut, à chaque fois, rejoindre à partir de l'action ou des actions telles que l'on se les est données une textualité où un « sujet de texte » puisse travailler à une tâche identitaire.

bibliographie

BALZAC H., *La peau de chagrin*, in *Balzac La comédie humaine X Etudes philosophiques*, « Bibliothèque de la Pléiade », Paris, Gallimard, 1979.

BENMAKHLOUF A., *Frege, le nécessaire et le superflu*, Paris, Vrin, 2002.

BÉRA M.-A. (ed.), *Husserl Cahiers de Royaumont Philosophie III*, Paris, Minuit, 2003.

BLANCHOT M., *La communauté inavouable*, Paris, Minuit, 1983.

CADIOT P., VISETTI Y.-M., *Pour une théorie des formes sémantiques*, Paris, PUF, 2001.

CAPEK J., *La décision dans le temps*, Lille, PUS, 2001.

DESCOMBES V., *Grammaire d'objets en tout genre*, Paris, Minuit, 1983.

FINKELKRAUT A., *La sagesse de l'amour*, Paris, Gallimard, 1982.

GIRAUDOUX J., *Amphitryon 38*, in *Jean Giraudoux Théâtre complet*, « Bibliothèque de la Pléiade », Paris, Gallimard, 1982, p. 113-195.

HEGEL G.W.F., *Phénoménologie de l'esprit*, présentation, trad. fr. et notes par Bernard Bourgeois, Paris, Vrin, 2006.

HUSSERL E., *Idées directrices pour une phénoménologie*, trad. fr. par Paul Ricœur, Paris, Gallimard, 1950.

LECLAIRE S., *Psychanalyser*, Paris, Seuil, 1975.

LEVINAS E., *De Dieu qui vient à l'idée*, Paris, Vrin, 1982.

– *Autrement que savoir, Emmanuel Levinas*, Éditions Osiris, 1988.

– *L'au-delà du verset*, Paris, 1982.

LÉVY J., *L'espace légitime*, Paris, Presses de la FNSP, 1994.

LYOTARD J.-F., *Economie libidinale*, Paris, Minuit, 1974.

– *La condition postmoderne*, Paris, Minuit, 1979.

MERLEAU-PONTY M., *Phénoménologie de la perception*, Paris, Gallimard, 1945.

SALANSKIS J.-M., *L'herméneutique formelle*, Paris, Éditions du CNRS, 1991.

– *Le temps du sens*, Orléans, Éditions HYX, 1997.

– *Modèles et pensées de l'action*, Paris, L'Harmattan, 2000.

– *Sens et philosophie du sens*, Paris, Desclée de Brouwer, 2001.

– *Extermination, loi, Israël*, Paris, Les Belles Lettres, 2003.

– *Herméneutique et cognition*, Lille, Presses du Septentrion, 2003.

VANEIGEM R., *Traité de savoir-vivre à l'usage des jeunes générations*, Paris, Gallimard, 1967.

table des matières

ACHEVÉ D'IMPRIMER
EN MAI 2007
PAR L'IMPRIMERIE
DE LA MANUTENTION
A MAYENNE
FRANCE
N° 155-07

Dépôt légal : 2e trimestre 2007